Der Geschichtenerzähler

Eine Sammlung von Erzählungen,
mitgeteilt von Ramtha

Deborah Kerins

IN DER TAT VERLAG

Titel der amerikanischen
Originalausgabe:
The Spinner of Tales

Aus dem Amerikanischen von
Brigitte Silberhorn

Einband und Buchdesign: Deborah Kerins
Einband und Illustrationen zu den Erzählungen: Genevieve Glassy

Besonderer Dank an: Ramtha, JZ Knight, Genevieve Glassy, Diane Munoz, Vicky Culkin und Thelma & Ed Kerins dafür, daß sie geholfen haben, dieses Buch möglich zu machen.

Hinweis des Herausgebers der amerik. Originalausgabe: Es kommen Wörter in diesem Buch vor, die unbekannten Ursprungs sind, bzw. die den Eindruck erwecken, es handle sich um Druckfehler. Diese Wörter wurden in ihrer ursprünglichen Form belassen, um die Schwingung der Erzählungen festzuhalten und sie in ihrer reinsten Form zu erhalten.

Für Informationen in Bezug auf Veranstaltungen mit Ramtha wenden Sie sich an: Ramtha Dialogues, P.O. Box 1210, Yelm, WA 98597, USA.

ISBN 3 - 9802507 - 1 - 7

Müllerstraße 32 - 86971 Peiting

Printed in Germany

Widmung

Dieses Buch ist meinen Eltern gewidmet, die mich all die Jahre hindurch viel über mich selbst gelehrt haben und die innere Anmut und Geduld besaßen, mir zu gestatten, mein eigenes Leben zu leben - ich segne sie dafür, daß sie sind, wer sie sind.

Allen meinen Freunden, aus der Vergangenheit und Gegenwart, und all den Menschen, die Teil meines Lebens sind, seit ich umgezogen bin nach Yelm, Washington... Danke, daß es euch hier gibt, und danke, daß ihr mich daran erinnert, daß Lachen gut für die Seele ist.

Und allen von Euch, die Ihr in jene Fußspuren tretet und den Mut habt, Euch zu erheben und Veränderung durchzuführen, ungeachtet dessen, was die Welt um Euch herum darüber denken oder dazu sagen mag. Das ist es, was ein Individuum ausmacht, und ich preise uns alle dafür, jenen Schritt getan zu haben.

Anmerkung der Übersetzerin

Der außergewöhnliche Sprachstil, den Ramtha in der Anfangszeit seiner Lehren benutzte, in der viele der Erzählungen mitgeteilt wurden, rührt zum einen daher, daß er die amerikanische Sprache lernen mußte und zum anderen, daß er das *lebendige* Wort ist, d.h. jedes Wort ist bewußt gewählt, entsprechend seiner Energie und Schwingung, jedes seiner Worte ist Manifestation. Er *ist* unbegrenztes, göttliches Bewußtsein jenseits von Raum und Zeit und ... Worten. Sprache ist unsere begrenzte Ausdrucksform von GEDANKE. Jedem Wort geht der Gedanke voraus. Gedanke, nicht das Wort, ist die Kommunikationsform auf unbegrenzteren Bewußtseinsebenen. Gedanke ist es, was sich in der Materie als Wirklichkeit manifestiert.

Begriffe wie "gleichsam in der Tat - as it were indeed" wurden von Ramtha aufgrund ihrer bedeutsamen Schwingung benutzt. Neue Wortschöpfungen sind ebenfalls im Text zu finden. Ramtha wechselt häufig von der Erzählform der Vergangenheit zur Gegenwart und umgekehrt, auch mitten in einem Satz. Die grammatikalische Struktur entspricht oftmals nicht dem, was wir kennen.

All dies stellt für eine Übersetzung eine beträchtliche Herausforderung dar, besonders dann, wenn man unter allen Umständen dem Anspruch gerecht werden möchte, daß nichts von der Aussage verfälscht wird bzw. verlorengeht. Ramtha legt sehr großen Wert darauf, daß seine Worte in ihrem ursprünglichen Gehalt weitergegeben werden.

Sein einzigartiger Sprachstil bringt für jeden Übersetzer seiner Lehren und Erzählungen eine große Verantwortung mit sich. Aus diesem Grunde wurde die deutsche Übersetzung nach bestem Wissen, entsprechend dem amerikanischen Originaltext, in die gleiche ungewöhnliche Form gefaßt.

Anmerkungen der Übersetzerin sind mit *eckigen* Klammern <...> gekennzeichnet.

Inhaltsangabe

Teil 1 - Die Zeiten des Ram . . .

Teil 2 - Dies ist eine wahre Geschichte . . .

Einleitung

Es war einmal.... an einem Sonntag Nachmittag 1977, als sich das Leben von JZ Knight für alle Zeit verändern sollte. Ihre Küche glich dem "Warenlager einer Großhandlung" und schallendes Gelächter hallte durch das Haus, als plötzlich, in der strahlenden Pracht von funkelndem Licht, Ramtha auf erhabene Weise in Erscheinung trat.....

Ramtha lebte vor 35.000 Jahren auf dieser Ebene. Er wurde in ein unglückliches Volk hineingeboren, bekannt als die Lemurier, und lebte in den Slums von Onai, einer großen Hafenstadt von Atlatia <Atlantis>. Die Lemurier unterschieden sich von den Atlatianern. Sie hatten nicht den Fortschritt hinsichtlich Technologie, denn ihre Gesellschaft beruhte auf Gedankenübertragung. Sie besaßen ein großes spirituelles Verständnis und liebten eine nicht sichtbare Essenz, die sie *Unbekannter Gott* nannten. Die Lemurier wurden dafür, daß sie diesen Gott verehrten, von den Atlatianern verachtet, denn jene spuckten auf alles, was nicht fortschrittlich war.

Als Ramtha ein kleiner Junge war, war das Leben sehr mühsam. In den Straßen von Onai war die Mißhandlung von Kindern und die Vergewaltigung von Frauen ein alltäglicher Anblick. Die Lemurier galten weniger als Straßenhunde, da sie kein intellektuelles Wissen über Dinge wie Gase und Licht hatten. Dieserart waren die Zeiten, als er hier auf dieser Ebene lebte.

Seine Mutter war auf der Straße vergewaltigt worden und brachte ein Mädchen zur Welt, das der Mutter die Kraft wegsaugte. Das Kind, mit Diarrhöe geboren, verlor ebenfalls sein Leben, da es nichts von dem, was es zu sich nahm, in seinem kleinen Körper halten konnte. Ein Gebet für seine Mutter und Schwester sprechend, legte Ramtha ihre Körper sanft auf das Holz, das er gesammelt hatte, und entzündete es. Denn wären sie von den Atlatianern entdeckt worden, dann hätte man sie in die Wüste geworfen und Hyänen hätten sie in Stücke gerissen. Ramthas

Haß wuchs unermeßlich, als er dastand und seine Mutter und Schwester brennen sah. Er dachte über den *Unbekannten Gott* seines Volkes nach und konnte nicht verstehen, warum ein solch großer Gott zuläßt, daß so etwas geschieht. Er machte dem *Unbekannten Gott* keine Vorwürfe - er haßte ihn! Und so brach er auf, um mit diesem einen Kampf zu führen, die einzige Sache, die er je kannte, durch die zu sterben er seiner wert empfand.

Weit entfernt ragte ein großer Berg auf, und Ramtha dachte, daß, wenn es einen Gott gäbe, er dann dort leben würde. Also machte er sich auf den Weg und reiste viele Tage lang. Als er den Berg erreichte, forderte er, daß der *Unbekannte Gott* ihm sein Antlitz zeigen solle, doch dieser ignorierte ihn. Er sank auf die Erde und weinte bitterlich, und als er aufschaute, erschien vor ihm eine wundersame Frau, die ein Schwert in der Hand hielt. Sie reichte es ihm und sagte zu ihm: "Erobere dich selbst." Er kam herab von dem Berg mit dem großen Schwert in der Hand, kein Junge mehr, sondern ein Mann.

Als er nach Onai zurückkehrte, blickten ihm seine Leute in Ehrfurcht entgegen. Ein schrecklich strahlendes Licht ging von ihm aus, das sie dazu inspirierte, ihr armseliges Werkzeug aufzugreifen und ihm in die Stadt zu folgen. "Der Schreckliche Tag des Ram" hatte begonnen. Onai wurde zerstört, da der Zugang zu den Kornspeichern verwehrt wurde und ihm die Atlatianer als Antwort nur ins Gesicht spuckten. Die Kornspeicher wurden geöffnet, die Atlatianer niedergemetzelt und Onai bis auf den Grund niedergebrannt.

Noch immer war ein großer Schmerz in ihm und so lief er vor den Menschen davon, um sich in den Bergen zu verstecken, aber sie folgten ihm, trotz all seiner Verwünschungen und trotzdem er sie anspuckte. Sie hatten kein Zuhause mehr, und sie würden "dorthin gehen, wohin auch immer er ginge." So war dies der Beginn der großen Armee des Ram. Ihre Zahl belief sich zu dieser Zeit auf nahezu zehntausend. Von dem Augenblick an fühlte er sich getrieben, Tyrannei niederzuschlagen. Die Armee wuchs mit der Durchquerung der Länder und der Befreiung der Menschen. Von seinem Volk wurde er "der Ram" genannt, was in der Alten Sprache jener Zeit "der Gott" bedeutet.

In den darauffolgenden zehn Jahren befand er sich auf dem Marsch, seine ganze Abscheu gegenüber Tyrannei und die mächtige

Emotion namens Haß mit sich tragend, die bis auf den Grund seines Wesens reichte. Er war ein Barbar und wurde zum Eroberer. Und aufgrund seines Zornes war er genau zu dem geworden, was er verabscheute. Er kämpfte und brannte seinen Weg quer durch die Länder, bis er von einem großen Schwert durchbohrt wurde und dem Tod überlassen war.

Als er dort auf dem kalten Marmorboden lag, vernahm er eine Stimme, die ihm sagte, er solle aufstehen. Und wie er da stand mit der Faust in seiner klaffenden Wunde, flohen die Angreifer vor ihm davon, in der Überzeugung, er sei unsterblich.

Man übergab ihn dem Frauenhof seines Heeres und dort sorgte man für ihn. Während er sich von seiner Wunde erholte und nichts anderes tun konnte, begann er, über die ihn umgebenden Elemente nachzudenken. Das LEBEN wurde zu seinem Lehrer. Im Laufe seiner Genesung saß er sieben Jahre lang auf einem Felsen und beobachtete die Natur. Der Wind wurde zu seinem Ideal, als er beobachtete, wie dieser pfeifend durch Schluchten zog, neben ihm eine Säule aus safranfarbenem Staub entstehen ließ, mit dem Rock eines jungen Mädchens spielte. Jeden Abend saß er auf seinem einsamen Plateau und starrte hinauf zu den Monden und dachte über den Wind nach.

Da kam der Augenblick, als er sich, zu seiner großen Überraschung, plötzlich dabei wiederfand, wie er auf seinen Körper hinuntersah. Er war zu seinem Ideal *geworden* und niemals wieder sollte er jenen herrlichen Moment vergessen. Allmählich, über Jahre hinweg, wurde der Gedanke, zu diesem Ideal zu werden, die ganze Lebenskraft in seinem Wesen, und dreiundsechzig Male ist er aufgefahren, bevor er endgültig Abschied nahm.

Er begann, sein Volk über den *Unbekannten Gott* und über die Quelle allen Lebens zu lehren. Und dort, am Fuße eines großen Berges, sprach er mit seinem ganzen Volk 120 Tage lang. Er lehrte sie und drängte sie zu erkennen, daß dieses Wissen Wahrheit ist. Aber alles, woran ihnen lag, war ein Heim - das Bestellen der Felder und das Aufziehen ihrer Kinder und Tiere.

Am letzten Tag entbot er ihnen seinen Abschiedsgruß und drängte sie zu lernen, wie auch er gelernt hatte, und das zu werden, was auch er geworden war, jeder auf seine eigene Weise.

Dreiundsechzig Jahre lang war er marschiert und hatte zweidrittel der bekannten Welt erobert mit einer Armee, die sich aus über 2 Millionen Menschen zusammensetzte. Vor allem aber, er hatte sich selbst erobert und war zu dem unsichtbaren Prinzip geworden, das frei und eins mit allem Leben ist.

Er ist zurückgekommen, um ein Versprechen zu erfüllen. Ein Versprechen, das aus Liebe und Mitgefühl heraus gegeben wurde. Er ist hier, uns zu lehren, was er gelernt hat und geworden war.

* * *

Ramtha hat, was das Erzählen einer Geschichte angeht, einen einzigartigen Stil und hat damit jahrelang viele Zuhörer fasziniert. Dieses Buch ist eine Sammlung von über 30 Erzählungen. Sie sind vollständige Transkriptionen, die in ihrer Originalform verblieben sind, so wie sie von Ramtha während der jeweiligen Veranstaltung erzählt wurden. Auch wenn ihre Sprache Ihnen am Anfang beim Lesen etwas ungewöhnlich erscheinen mag, werden Sie doch bald feststellen, wie Sie zu einem Teil von ihnen werden - wenn die Schatten des Gestern durch Ihren Geist tanzen und die Bilder einer anderen Zeit sich zu entfalten beginnen.

“Geschichten waren die Form, in der tiefgründiges Wissen
weitergegeben wurde,
oftmals in sehr einfachen Darstellungen.
Und jene Geschichten stellten den Schatz für Generationen dar
...über Jahrhunderte hinweg, nicht nur Jahrzehnte.

Und für denjenigen, dem eine Geschichte begegnete,
sollte die Deutung in den Geschichten immer
genau auf die Wirklichkeit oder die Einstellung
des Lesers abgestimmt sein.

Eine der großartigsten Möglichkeiten, den Geist außerhalb
der Peripherie seiner Schranken zum Arbeiten anzuregen,
bestand darin, eine einfache Geschichte mitzuteilen
und dann über diese Geschichte, so wie sie ist,
weder entstellt noch geändert,
nachdenken zu lassen, denn der erste Eindruck
entspricht niemals dem letztendlichen Verstehen.

Sie existieren zu dem Zweck, denjenigen zu lehren und
zum Einsatz zu bringen, der in der Tat im Leben
noch nach etwas anderem sucht, abgesehen von all dem, was die
Gesellschaft anzubieten hat oder nicht.

Ich habe euch in der Vergangenheit
viele, viele Geschichten mitgeteilt.
Sie sind Schätze meines Seins.

Jede Geschichte barg in sich eine profunde
und tiefe Erkenntnis für die aufrichtige Wesenheit,
die bereit war, sie zu fühlen . . . “

Teil Eins:

Die Zeiten des Ram . . .

Kapitel 1

ICH WAR UND BIN DER RAM

Ich bin Ramtha der Erleuchtete. Ich war bekannt als Ram <deutsch: Widder>. Warum, fragt ihr, war ich bekannt als Ram? Weil ich, als ich gleichsam auf einem hohen Berg gesalbt wurde, benannt wurde als der Ram, der vom Berg in die Täler herunterkommt. Ich stürzte nicht Königreiche, ich ließ sie sich selber stürzen. Bereitet euch vor, wir werden hier offen sprechen.

Es gab eine Zeit, da war ich, meinen Gehorsam und meine Bildung betreffend, ein verwahrlostes Kind. Ich war zart, was die Festigkeit meines Körpers betraf. Hatte nicht, gleichsam in der Tat, die Kraft das Anzündholz, gleichsam in der Tat, für die große Kohlenpfanne herbeizutragen. Warum ich so war? Weil ich so etwas wie Nahrungsmittel nicht zu essen hatte. Ich hatte nicht das, was man Leinen- und Pelzgewand nennt, um mich zu wärmen, wenn der Winter und die weiße Stille ihren Einzug nahmen. Ich besaß diese Dinge nicht, und so war ich welk in meiner körperlichen Statur.

Aber das Sorgenvolle, das mich bedrückte, war, wie es meiner Mutter ging. Denn so geschwächt war sie, daß es für das Kind, das sanft an ihrer Brust saugte, keine Milch gab. Denn in der Tat, sie hatte gleichsam gehungert, und meine Schwester, die an meiner Mutter Brust saugte, wurde sehr schwach.

Warum, so fragt ihr, ist unser Leben so! Weil wir die Landarbeiter sind, wir sind die Unwesentlichen. Wir sind die Nicht-Wesen eines beherrschten Landes. Wer beherrschte dieses Land? Jene von Wohlstand, die all dieses auf ihrem Grundbesitz und ihren Feldern hatten, und bewahre! sie würden uns nicht einmal einen Halm geben für unser eigenes Wohlergehen. Und was, so fragt ihr, taten sie mit diesen Dingen? Sie sperrten sie weg in Kornspeicher und siehe! sie aßen es selbst mit ihren mäkeligen Fingern auf ihren mäkeligen Gesichtern. Denn ich sage euch: "Dies war ungerecht, und wer soll dieser Gott sein, von dem sie mir erzählt haben? Ich bin voll Zorn!!! Denn meine Mutter weint, weil keine Milch in ihren Brüsten ist."

Ich laufe fort aus jener meiner Hütte, und in weiter Ferne ist da ein großer Berg, den ich kaum sehen kann. Und meine Reise hat gleichsam in der Tat neunzig Tage gedauert. Neunzig Tage lang, gleichsam in der Tat, Heuschrecken und Wurzeln und Ameisen verzehrend, bis ich diesen Berg fand. Denn wenn es Gott gibt, dann würde er dort leben, über uns allen, so wie jene, die über unser Land herrschten, über uns lebten.

Und siehe, ich forschte nach ihm, doch er war nicht dort, nur die große Kälte. Und ich suchte unverdrossen weiter bis sich das weite Weiß gleichsam in der Tat auf meinen Tränen in Eis wandelte. "Ich bin ein Mensch! Warum habe ich nicht die Würde eines Menschen!"

Und siehe, da erschien vor mir diese liebliche Frau, wie ihr noch keine gesehen habt. Deren goldenes Haar tanzte gleichsam in der Tat um sie. Und die Krone auf ihrem Haar war keine aus Lilien oder Rosenknospen oder Iris, sondern eine unbekannte Blume. Und ihr Umhang, in der Tat, ihre Robe war lichtdurchschimmernd und weich und frei wehend. Siehe, sie kam zu mir, und siehe, sie reichte mir ein großes Schwert. Es sang. Es sang!! Und es brauchte nahezu, gleichsam in der Tat, neun Hände, um seinen Griff zu halten, so groß war es, und sie reichte es mir. Dies ist es, was sie zu mir sagte: "Oh Ram, oh Ram, ich bitte dich inständig. Du, der du ersehnt hast und der du bist gebrochen im Geiste, zum Erbarmen unseres Seins. Wahrlich, wahrlich, da muß es eine Wahrheit geben, die im Lande verweilt. So sind deine Gebete gehört worden, und du bist ein Mensch mit Mitteln und Überzeugung. Nimm du dieses Schwert und trage es auf rechte Weise."

Und sie entschwand, und ich war geblendet in meiner Aufgeregtheit und meinen Erscheinungen und davon, was ich gesehen hatte. Und nicht mehr länger zitterte ich in der schneidenden Kälte, sondern fand Wärme statt dessen. Und als ich wieder hinsah, denn meine Tränen waren zu Eis geworden, da wuchs eine Blume von solch lieblichem Duft und lieblicher Farbe, daß ich wußte, die Blume sollte gleichsam in der Tat, das sein, was man Hoffnung nennt.

Ich stieg herab von dem Berg, mit meinem großen Schwert in der Hand, zurück zu der Hütte meiner Mutter, die gestorben war.

Sie öffneten die Tore, als ich dort meinen Einzug nahm. Und nicht mehr länger war mein Körper schwach in seiner Bewegung oder gebrechlich, so daß ich ein Ram war im wahrsten Sinne des Wortes. Und wir brachten Gerechtigkeit in das Land ... in all die Länder. Und die Blumen, wo auch immer wir schritten, sie wuchsen frei ....

* * *

Kapitel 2

ARMENUS

Als da gleichsam in der Tat der große Tag nach der großen Eroberungsschlacht kam, und alle sich gleichsam in der Tat wieder versammelten, mit einer neuen Vitalität, die heftig durch ihre Adern strömte, und mit der neuen Hoffnung und vielleicht auch der Selbstzufriedenheit darüber, daß sie das, wie man sagt "böse Auge" bezwungen hatten, da kam ein höchst weiser Mann mir zu Diensten, der in seinem Lande gleichsam zu einem wohlhabenden Kaufmann geworden war. Und ein Gelehrter der damaligen Gesetze des Landes war er, und war gleichsam ein Redner, noch dazu vor dem, was angemessenerweise als eine Art Senat bezeichnet werden kann.

Und der weise Mann, der zu mir kam, erkannte immer deutlich den Patriotismus, mit dem ich mich zu seinem Land und seinem Volk geäußert habe. Und die Wesenheit hieß, mit tiefer Wehmut, den Untergang der großen Stadt willkommen, aber gewußt hatte er, daß es einmal dazu kommen würde und darüber gesprochen hatte er gleichsam lange schon vor der Empfängnis des Ram und lange schon, bevor dessen Vater diese überhaupt nur erwartet hätte. Diese Wesenheit also, die ihr betagtes Alter recht würdevoll erlangt hatte, war so etwas wie ein Prophet; und als nun alle gleichsam in der Tat sich versammelten, erblickte ich, in der Tat, in der Nähe diese Wesenheit, die gleichsam abseits von allen anderen dastand und mich unter Augenbrauen hervor studierte, Augenbrauen, die buschig waren und nur schwer die Augen erkennen ließen. Und als er sie über seinen Augen hochzog, sah ich, daß er mich beobachtete. Und wie ich den Mann so betrachtete, ging ich zur Seite und fragte ihn, ob er lieber sterben oder sich mir anschließen möchte. Und der alte Mann stand einen Augenblick lang da und sann darüber nach, wie töricht ich war, und kam zu mir herüber und zog seine buschigen Augenbrauen hoch, so daß ich seine kleinen Augen sehen konnte, und dann sagte er: "Junger Mann, ich muß wohl mit dir gemeinsame Sache machen, denn ich halte es bei dem Stand der Dinge für äußerst verhängnisvoll, mich gegen jemanden zu richten, der so übermäßig mächtig ist, wie du. Und ich bin bei weitem nicht der Tor, schon jetzt das Ende meiner Tage sehen zu wollen."

Und während sich die buschigen Augenbrauen wieder über seine Augen senkten, schaute ich ihm ins Gesicht und fragte ihn, ob denn das, was geschehen war und sich zugetragen hatte, seine Zustimmung fände? Nun, er überlegte einen Augenblick. . . "Ich bin mir nicht ganz sicher, ob ich dem zustimme oder nicht, aber eines kann ich nicht bestreiten, nämlich daß es geschehen ist und zwar mit allen Folgen, die daraus entstanden sind, also muß ich schlußfolgern, daß es wohl so sein sollte. Und als ein Mann, der gerne einen klaren Kopf behält, wäre es schon mein Wunsch, ein Teil von dem zu sein, was erst noch im Entstehen ist."

Nun, hierbei handelt es sich nicht um Zustimmung oder Ablehnung, es handelt sich schlichtweg um den Wunsch, sich mit dem Gewinner zusammenzutun. Ich ging auf den alten Mann zu, und liebte ihn ohne Zögern, und nahm meine schmutzigen Hände und legte sie ihm auf die Schultern, auf seine Tunika, und als ich sie wieder wegnahm, verzog er keine Miene, als er sah, daß seine edle Tunika befleckt worden war - im Gegenteil, ich denke, er mochte mich. Und so sagte der alte Mann zu mir: "Wenn du ein klein wenig warten mögest, ich gehe und sehe nach, was von meinem Haus übrig geblieben ist. Ich will nur ein paar wenige Bücher holen, die ich für die Nachwelt gerettet habe, und dann möchte ich mit dir mitkommen." Und obwohl ich sein Heim niedergebrannt hatte, seine Schafe verjagt hatte, er durch mich seine

Konkubine verloren hatte, und ich sein Gold verteilt hatte, war er in keinster Weise erzürnt, doch ich wage zu behaupten, daß ich, hätte ich seine Bücher verbrannt, in ihm einen gewaltigen Feind gehabt hätte. Und gleich darauf wandte sich der alte Mann mit großer Behendigkeit und Statur um und war schnell, in nur einem Augenblick, außer Sichtweite. Und als ich mich gleichsam in der Tat wieder dem zuwandte, was ich zu tun vorhatte, jetzt da ich gleichsam in der Tat gewissermaßen zu einem Helden für die Armen geworden war, und als wir uns wieder sammelten und in der Tat das zu entzünden begannen, was man, in der Tat, Begräbnis-Scheiterhaufen nennt, und als der beißende Geruch vom Wind über den Fluß getragen wurde, da sah ich im Schein des Feuers eine wundervolle, herrliche Wesenheit entschlossenen Schrittes auf mich zukommen. In der Tat, mit so etwas wie einer Tasche, so heißt das wohl, unter seinem Arm, mit einem Umhang, der lose von seinem Haupt herabfiel und mit einer Flasche von seinem edelsten Wein, der es irgendwie gelungen war, sich selbst bei der Herausgabe der Güter zu retten. Und er kam mit mir, öffnete seinen Wein, setzte sich mit mir nieder, sprach einen Trinkspruch auf eine neue Zeit und eine neue Ära; und von jenem Tag an war er für immer mein engster Berater, war er mein engster Ratgeber - er, mehr als alle anderen Wesenheiten, äußerte besonnen seine weisen Ansichten, ohne sich von Emotionen hinreißen zu lassen, und war manchmal auch, gleichsam in der Tat, ein Vater für mich, den ich nie kannte.

Die Wesenheit lebte, gleichsam in der Tat, bis zu der Stunde meines zehnten Marschjahres und starb, gleichsam in der Tat, auf jenem Plateau, wo er mich in langen mühsamen Stunden lehrte, angemessen zu sprechen. Nicht mehr zulassen wollte er, daß ich weiter zu einem unwissenden Menschen werden würde, sondern vielmehr lehrte er mich mit seiner weisen Unterrichtung die Wege der Welt: Regierung, Wissenschaft, Mathematik, und vermittelte mir Philosophie, wie auch - wahrscheinlich deshalb, um in mir, dem Heiden, einen Geschmack zu kultivieren - das Verständnis über Kunst und ihre Werte. Als mein Freund von dieser Ebene verschied, tat er es in einer Weise, wie er immer alles tat: in der Weise reinster Würde. Er hatte bei sich, gleichsam in der Tat, all das, wessen er bei seinem Dahinscheiden bedurfte. Er hatte seine Bücher hergerichtet und hatte sie in guten Zustand versetzt und gereinigt und an einen passenden Ort gelegt, damit ich sie finden würde. Begab sich allein, gleichsam in der Tat, hinaus in die stille Nacht, mit einer weiteren Flasche nicht von seinem edelsten Wein, sondern einem, den wir aufbringen konnten, trank auf seine Gesundheit und auf das, was auch immer kommen würde, und mit seinem wundersamen Schlaf vom roten Wein schloß er dann die Augen, um niemals wieder aufzuwachen. Die Wesenheit verstarb im, wie ihr es bezeichnet, Monat April.

Sein Name war Armenus, Redner des Senats von Onai.

* * *

Kapitel 3

GUSTAVION UND ETHOL

Zu einer, was gleichsam in der Tat, Jahreszeit genannt wird, vor langer Zeit eurer Zeitrechnung nach, und eben zu dieser Jahreszeit, sie heißt Sommer, da geschieht es, daß die Blüten der Frühlingsblumen sich offenbaren und die Samenkörner befruchtet sind von ihrem sogenannten eigenen Blütenstaub, und daß sie bereit sind, ihre sogenannten wundersamen Blütenblätter hervorstrahlen zu lassen und sich in einer Vollendetheit des neuen Heranwachsens zu verankern. Und der Wind weht über die Ebenen und erfaßt den Staub, und er zieht ihn hinauf in die Luft; safrangelb ist ihre Färbung. Und wenn das, was ihr Sonne nennt, durch sie hindurchscheint, dann meint man, sie ist das, was Handarbeit eines wundervollen Zauberers und seines Zauberstabes genannt wird.

In jenem Sommer gleichsam in der Tat vor langer Zeit, da gab es eine Wesenheit, die eine höchst wundersame Wesenheit war, und sie diente einem großen und mächtigen Herrn. Sein Name war Gustavion Monocolus. Und diese Wesenheit namens Gustavion Monocolus, gleichsam in der Tat, war ein mächtiger Kriegsherr, und so mächtig war er, daß es gleichsam in der Tat nahezu keinen einzigen Mann in seinen Legionen gab, der geschwinder, schlauer, behender gewesen wäre als er. Und seine Überheblichkeit, gleichsam in der Tat, war oftmals erstickend für die, die ihm folgten. Aber in seinen eigenen Augen war Gustavion Monocolus das, was man als Kriegsherrn bezeichnet, der, wenn er in eine Schlacht oder einen Belagerungszug gesandt wurde, immer als der Eroberer und der Sieger hervorging. Infolgedessen war er ein Gewinn für das, was man gleichsam in der Tat eine übergreifende Armee nennt, denn er tat, wie man ihn hieß und versagte nie. Er hatte, wie man es gleichsam in der Tat bezeichnet, einen Bruder bei sich.

Der Bruder jenes sogenannten Gustavion Monoculus wurde Ethol gerufen. Und dieser, wenn auch von derselben Mutter stammend wie jener sogenannte Gustavion, war gleichsam kein Kriegsherr, sondern war vielmehr das, was man als Helfer in der Armee bezeichnet. Er kümmerte sich um die Wunden und Verletzungen und um das, was man schlechtes Wasser nennt, und um das, was man gleichsam in der Tat verrotteten Wein nennt; er war der Fürsorger der Armee. Er liebte die, wie ihr es bezeichnet, Gefolgschaft dieses großen und wundersamen Eroberers. Sein Bruder jedoch verachtete ihn, weil er kein Schwert führen wollte. Ihr müßt verstehen, in diesen Zeiten beruhte *Männlichkeit* nicht auf einer schlauen Zunge, sondern sie beruhte auf einem sogenannten äußerst kraftvollen Körper, äußerst kraftvollen Gliedmaßen, behende genug, gleichsam in der Tat, um sich selbst verteidigen zu können. Sie beruhte auf Männern des Krieges, niemals auf Männern des Friedens. Und Ethol war gleichsam in der Tat ein Mann des Friedens, und sein Bruder verachtete ihn dafür, daß er dieserart war. Und nichtsdestoweniger lag in dem, was man gleichsam in der Tat als die Stärke von Ethol bezeichnet, eine sehr große Kraft und Liebe und Mitgefühl. Größe läßt sich an ihrer Demut erkennen, nicht an dem Gewicht des Schwertes, das man führt!

Gustavion führte einen sogenannten blutigen Marschzug gegen einen, wie man es bezeichnet, mongolischen Stamm, der das mit sich führte, was man das *"schwarze Schwert"* nennt. Ein schwarzes Schwert ist eines, das gleichsam in der Tat geschmolzen wird aus, wie man es bezeichnet, Eisen und nicht aus Bronze. Es war weitaus stärker, als, wie man es bezeichnet, Gustavions Bewaffnung. Die Zahl der Verluste war sehr hoch, denn nahezu alle, gleichsam in der Tat, von den Herausragenden, die mit ihm an jenem Tag in jenem Sommer marschiert waren, wurden vernichtet, weil das schwarze Schwert aus Eisen war - hart, hartgegossen im, wie man es nennt, Feuer. Und sie brachen die Schwerter und Streitäxte und jene Eiferer von Gustavions Bewaffnung entzwei. Gustavion, gleichsam in der Tat, erlitt große Verluste und kehrte, den Stamm verfluchend und verachtend und Pläne schmiedend, in einer Art inneren Besessenheit zurück. Sie nahmen die, wie es bezeichnet wird, Tapfersten in seine Gefolgschaft auf und gingen zurück für einen weiteren Feldzug, *ohne* meine Zustimmung, und diesmal nahmen sie seinen Bruder Ethol mit. Und sein Bruder, gleichsam in der Tat, zog in einen Belagerungsmarsch, unvorbereitet einen Kampf zu führen, und fand aus diesem Grunde einen vorzeitigen Tod.

Das Volk der Wüste, sie sind Krieger, die nichts kümmert, denn sie schlagen einen in Stücke und nehmen das, wie man es gleichsam in der Tat nennt, Gold weg, das man am Körper trägt. Und wenn es ihnen nicht gelingt, gleichsam in der Tat einen Ring oder einen versteinerten Krebs von einem Finger abzuziehen, dann schlagen sie die Hand in Stücke, bis sie ihn haben. Aber eine Besorgnis um menschliches Leben gibt es da nicht. Und Ethol, gleichsam in der Tat, wurde übel von einem sogenannten großen schwarzen Schwert durchbohrt und fiel gleichsam in der Tat in einen heftigen Todeskampf. Und Gustavion, gleichsam, stieß zu ihm vor und hob seinen Bruder hoch und zog sich von der Schlacht zurück und hatte nur noch eine sogenannte Handvoll Männer, die diesen zweiten Angriffszug überlebten, und brachte seinen Bruder in das Lager zurück.

Der Bruder gleichsam entfaltete hinsichtlich seiner Wunde einen, wie es genannt wird, üblen Geruch. Und das ist der Sterbeprozeß der Haut und des Fleisches, und es ist mit solch üblen Gerüchen verbunden. Gustavion beklagte tief seinen Bruder, und er verwünschte seinen Bruder, weil dieser so "unvernünftig" war und sich geweigert hat zu kämpfen. Ethol indessen, gleichsam in der Tat, der nie wieder einen sogenannten bewußten Geisteszustand erlangte, verstarb von dieser Ebene in einem kummervollen Schlaf.

Nicht lange danach wurde der Bruder Gustavion Monocolus in eine Schlacht gesandt und wurde von einer zerstörungswütigen Armee enthauptet, und sein Schwert wurde ihm fortgenommen.

Diese Geschichte, für euch zum Nachdenken, ist sicherlich nicht von der Art, woraus gleichsam in der Tat süße Träume gemacht sind, aber es läßt sich Mut in dieser Geschichte finden und Schönheit und Vertrauen auf das, was die Einfachheit eures Seins genannt wird. Denn in meinen Augen war Ethol ein großer Soldat, und zwar deshalb, weil er Mitgefühl und Liebe besaß und er sich um jene vielfältigen Bedürfnisse von denjenigen kümmerte, die nicht für sich selbst sorgen konnten.

* * *

Kapitel 4

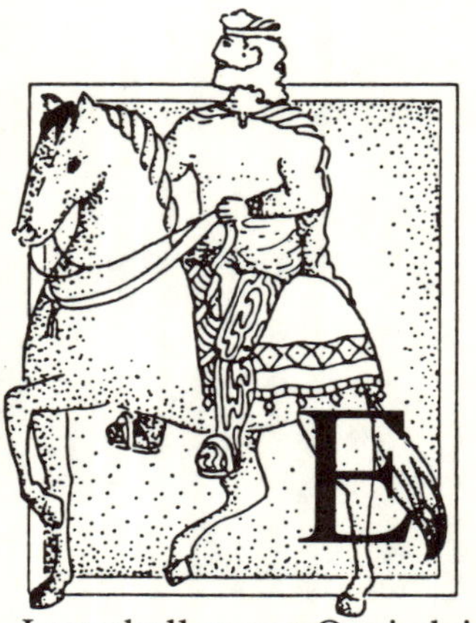

DAS BEIN AUS EICHENHOLZ

Es gab einmal eine Zeit, als die sogenannten Lagerhallen von Onai gleichsam in der Tat noch gefüllt waren. Und sie standen unter Verschluß, gleichsam in der Tat. Und all das getrocknete Fleisch war dort versiegelt. Und, gleichsam in der Tat, all die Früchte, die gleichsam in der Tat herabgefallen waren, waren in Glasgefäßen gelagert worden. Und all das war süß und reichhaltig. Und als die aufgehängten Keilbalken gleichsam in der Tat unter dem Schwert fielen und wir die Stadt belagerten, da kam der Punkt, gleichsam in der Tat, daß der Gierige erschlagen worden war, und der Schlächter erschlagen worden war, gleichsam in der Tat, und daß die Tore geöffnet worden waren. Und die Menschenmenge gleichsam in der Tat glich einem, wie man es bezeichnet, äußerst aufgeregtem Mob, eifrig damit beschäftigt, gleichsam in der Tat, den Weizen in ihren Röcken, in ihren Hüten, in ihren Waffenausrüstungen wegzutragen, zusammen mit allen anderen Sachen, die sie darin unterbringen konnten.

Da ertönte, gleichsam in der Tat, hinter einer der Lagerhallen, gleichsam in der Tat, sehr schwach, neben all den Aufregungen und dem Lärmen und dem Gezänk und dem Eigennutz und dem Hin-und-Her-Geziehe und dem Spötteln und dem Fluchen und dem Wortwechsel und neben allem anderen, das mit einer aufgeregten Menge einhergeht ... ein furchtbarer Schmerzensruf, ein Schrei.

Ich war damals, als ich ein junger Mann war, meinen Körper betreffend sehr hager, sehr dürr, wie ihr es nennen würdet. Und das Schwert, das ich trug, war manchmal eine ungeheure Last, denn ich konnte es nicht auf meine Hüften binden, sonst wäre es auf dem Boden entlanggeschleift. Also band ich es auf meinen Rücken.

Und als ich gerade mittendrin war, gleichsam in der Tat, beim Beobachten dessen, wie es allen gutging und erging, und wie sie heftig, rasend, begierig alles restliche vernichteten, was meine armen, unglückseligen Freunde nicht brauchen konnten, da hörte ich einen Schmerzensruf. Und ich blickte gerade auf ein Buch, das kopfüber dalag. Ich wußte nicht, wie es hieß - ich konnte nicht lesen -, aber ich wußte, daß es sich um ein bedeutendes Buch handelte, denn ich hatte gleichsam in der Tat beobachtet, wie sich zwei darum gestritten hatten. In dem Moment, als ich das Buch aufhob, es betrachtete und überlegte, gleichsam in der Tat, es in meine Schärpe zu stecken, da hörte ich erneut den Schmerzensruf und nahm das Schwert von meinem Rücken herunter, legte es über meinen Vorderarm, hielt es an seinem Heft, gleichsam in der Tat, und begann gleichsam mich - laut vernehmbar - heranzupirschen, um herauszufinden, woher das Geräusch kam. Bis jetzt, gleichsam in der Tat, nahm ich dort aus der Dunkelheit lediglich das wahr, was einem verwundeten und armseligen Tier gleichkam, und was, gleichsam in der Tat, etwas stärker roch, als der Geruch von vergorenem Getreide, von Fleisch, das gleichsam in der Tat getrocknet worden war. Blut und dessen beißender Geruch war bereits in meiner Nase.

Und als ich angestrengt dort hineinstarrte, stocherte ich mit meinem Schwert in die Dunkelheit, um auf dem Boden entlangzustochern, und als ich dies tat, gleichsam in der Tat, stocherte ich hiflos, gleichsam in der Tat, auf ein armseliges Etwas, das dort in der Dunkelheit verschluckt war, gleichsam in der Tat. Und es stieß einen Schrei aus. Und ich, gleichsam in der Tat, erschrak durch den Schrei und wich zurück und forderte gleichsam in der Tat, daß es zum Vorschein kommen solle. Als nichts geschah und erst als gleichsam in der Tat der Schrei etwas schwächer und schwächer zu werden begann, da schaute ich angestrengt durch die Dunkelheit und entdeckte, gleichsam in der

Tat, in einem Teil des Kellers einen Überhang. Irgendein armer Kerl war da halbtot, gleichsam in der Tat, denn sein Bein war gleichsam in der Tat direkt über dem Knie abgetrennt. Und was abgetrennt war, gleichsam in der Tat, war sauber geschnitten, aber das Bein hing gleichsam in der Tat noch dran.

Und gleichsam in der Tat es herrschte die heiße, erstickende Wärme von Blut vor, gleichsam in der Tat, so wie eben Blut, wenn es aus einer Wunde wie dieser hervorströmt, zu etwas Stickigem wird. Und ich ging hinein und wußte gleichsam in der Tat, daß es sich um etwas Furchtbares handeln würde. Der Kerl war leicht zu erschlagen. Er war ein Bastard.

Und ich blickte hinunter, gleichsam in der Tat, und dieses "Ding" hatte seine Schärpe genommen und sie sehr fest um seine Beine gewickelt und hatte damit gleichsam in der Tat dafür gesorgt, daß nur sehr wenig von dem, was gleichsam in der Tat Blut der Hauptschlagader genannt wird, hervorströmt, aber dennoch, es kam hervor. Und ich blickte auf die Wesenheit, die ich kaum sehen konnte und er sah zu mir hin, gleichsam in der Tat in einer Weise, wie es die Zauberin <Mond> an manchen Abenden macht, wenn die Schatten auf ihrem Gesicht sehr tief sind und sie sehr hohl aussieht. Er sah aus wie der Tod, noch um sein Leben ringend, wißt ihr. Die Augen waren eingesunken; sie leuchteten nicht auf von dem Licht, das hinter mir war. Als ich die Wesenheit nahm und dorthin bewegte, wo ich sie etwas besser sehen konnte, nun, als ich das tat, da war der Schmerz in dem Körper groß, und ich bewegte ihn behende. Und ich schaute hin, und wißt ihr, was ich sah? Einen jungen Mann, meines Alters, der ein Teil gewesen war, gleichsam in der Tat, von irgendwelchen Ausbildungsübungen und von einem gewitzten Gott ... um alles mögliche zu tun; sie kämpften nie wirklich, sie waren lediglich zum sogenannten Vergnügen der Aufseher da, wie auch dazu, um deren Befehle auszuführen! Und der junge Mann ... sein Mund war wie ausgetrocknet; er hatte gleichsam in der Tat den Speichel von seinem Mund genommen und das Blut auf seiner Stirne getrocknet, gleichsam in der Tat, und seine Finger waren scharlachrot und sie waren rissig geworden von dem Versuch, sich selbst zu helfen.

In nur einem Augenblick wußte ich, daß diese Wesenheit ein guter Mensch war. Und vielleicht war es das starke Gefühl, daß wir ein und dasselbe sind, das mich veranlaßte, gleichsam in der Tat, etwas zu unternehmen. Ich ordnete an, daß das, was gleichsam in der Tat ein brennendes Stück Holz genannt wird, herbeigebracht werden solle, was bereitwillig getan wurde.

Wir brachten, gleichsam in der Tat, einen Teil von dem, was man gleichsam in der Tat als Schwert bezeichnet, das gebrochen war und das nun in dem brennenden Holzstoß lag. Und es war nicht weiß vor Hitze, aber es begann gleichsam in der Tat an der Spitze seiner kantigen Schneide scharlachrot zu glühen. Wir nahmen es und legten es gegen das Bein. Und mein lieber Freund schrie auf und dann verließen ihn die Sinne. Denn der rohe Schmerz, gleichsam in der Tat, und der Gestank allein reichten aus, um mich nach Luft ringen zu lassen. Er fiel in eine Bewußtlosigkeit und wir legten das Schwert sogar noch tiefer an, und es versengte die Haut und das Haar, und es roch, gleichsam in der Tat, wie Hühner riechen, würde man sie lebendig verbrennen. Und als das getan war, schlugen wir den Rest des Beines ab und verbrannten es.

Eine gute Frau kam mit einer Schale jenes beißend riechenden Heilkrauts und begann, das Bein damit sanft zu betupfen. Und sie beginnen, es in das einzuhüllen, was gleichsam in der Tat loses Leintuch genannt wird. Das Leinen hielt gleichsam in der Tat das einwirkende Heilkraut fest, und gestattete auch gleichsam in der Tat, daß es zur Zufuhr von Sauerstoff kam. Er wurde in Pflege genommen. Ich vergaß jenes Geschöpf, als wir mit Onai abgeschlossen hatten.

Und ich blickte gleichsam in der Tat hinaus auf eine ungewisse Ebene und einen ungewissen Berg und einen ungewissen Horizont ... was werde ich jetzt tun? Ich erinnerte mich meiner Verzweiflung und ergriff gleichsam in der Tat das, was man, hm ... Schulterbeutel nennt, und er war vollgepackt gleichsam in der Tat mit einigen lebensnotwendigen Dingen für meinen Körper, und ich begann loszuwandern. Und als ich loszuwandern begann, da hatte sich mir ein höchst studierter Lehrer angeschlossen, zusammen mit seinem Wein und seinen guten Büchern und einem forschen Schritt, und als ich zurückblickte, da war da eine ganze Schar, und sie kamen tatsächlich ... von überall her. Ich sah Frauen mit ihren Säuglingen auf ihren Hüften. Ich sah wie alte Männer, die kaum mehr laufen konnten, ihre Bettlager auf ihre Rücken luden und nachfolgten. Ich sah wie junge, begeisterte Männer gleichsam in der Tat sich sammelten, meinen Namen rufend! Und dann sah ich, gleichsam in der Tat, als ich zurückschaute, jenen jungen Mann auf einem sogenannten Haltegurt und auf einem Esel sitzend und den Esel leitend, und in höchster Verwunderung blieb ich stehen.

"Wohin gehen all diese Leute?" Und als ich stehenblieb, blieben auch sie alle stehen und schauten zu mir hin. Ihr hättet sie sehen sollen!

Da gab es einen alten Mann, der dort stand und der so alt war, daß seine Knie tatsächlich so groß wie seine Füße waren, und daß seine Beine dünn waren, und sein Haar auf ihnen grau war, und seine dürftige Lendenkleidung gerade so eben auf seinen formlosen Hüften festgehalten wurde. Und er stand dort in seinem Leinenhemd, und seine feurigen schwarzen Augen tanzten, und sein Haar wehte wild im Wind. Speichel war auf seinem Bart, und da war eine Gespanntheit an ihm, und er stand da mit etwas in seiner kleinen Hand, das wie der Teil von einem Schwert aussah, und beobachtete mich. Und dann gab es da noch eine ganze Reihe makelloser, gut gepflegter Beine. Und andere, die voller Schwielen von der Feldarbeit waren. Und Frauen, und der kleine Junge, der mit größerer Stärke dastand als alle anderen, währenddessen noch kein Haar auf seiner Brust hervorlugte. Einhundert an der Zahl standen da ... und sie alle schauten ......

"Wohin geht ihr?!" Und der alte Mann wandte sich um und blickte auf die Nachfolgenden, und diese gingen weiter nach vorne, und er ging weiter nach vorne. Und zahnlos begann er mir mitzuteilen, daß er dahinginge, wo auch immer ich hinginge, daß er keine gute Schlacht mehr gesehen hätte, seit er Onai verlassen hätte, und daß er sich brennend wünschen würde, eine weitere Kostprobe davon zu bekommen.

Und ich blickte auf sie alle. Die alte Frau kam mit dem Esel heran, und der junge Mann wandte sich zu mir und sah mich an und sagte zu mir: "Ich werde dir dorthin folgen, wohin auch immer du gehst. Und so wie ich es zu tun vermag, werde ich dir dienen. Denn du hast mein Leben gerettet, eines, das nichts zählte, und hast mir gestattet zu sein, und ich werde mir ein Bein aus Eichenholz zimmern und es mir an die Hüfte binden, die wendig ist, und ich werde nahezu so behende sein wie ein Junger, um dir bei deinen Vorhaben zu helfen. "

Ich schaute zu dem ähm ... hochgeschätzten Mann, der seine

Bücher und seinen Wein geholt hatte und vorhatte, mit mir gemeinsame Sache zu machen, und er sah mich unter seinen Augenbrauen hervor an und sagte zu mir: “Es ist geboten, daß du etwas hinsichtlich dieser wirren Lage unternimmst, und ich würde vorschlagen, daß du damit beginnst weiterzuwandern.” Und auf sein Geheiß hin, tat ich dies. Und während ich wanderte, war mir fast bange, hinter mich zu schauen, denn solch großer Lärm war da - Ochsen brüllten, Gänse zeterten, Kinder schrien, Frauen jammerten, Männer ließen sich eifrig schwatzend über alte Erinnerungen aus, die ihnen entfallen waren, und kleine Jungen hoben Stöcke auf und fochten miteinander, und es wirbelte großer Staub auf ihrem Weg.

Noch bevor wir die Ebene von Sharon verlassen hatten, besaß der junge Mann ein Eichenbein. Es war auf sorgfältigste Weise geschnitzt, damit es wie ein Fuß aussah. Und nicht ein Klotz war es, sondern es war ein Fuß, und er trug sogar eine Sandale. Und so hervorragend war das Bein, daß er, als wir gleichsam in der Tat in den Sudan hineinkamen, von einem gleichsam in der Tat wundersamen Volk dort, eines aus Mahagoni geschenkt bekam, poliert gleichsam in der Tat bis hin zu dem schimmernden Glanz von Ebenholz. Und äußerst schwankend war er in seinen Lendenkleidern mit dem sogenannten Bein aus Perlmutter oder dem anderen aus Ebenholz, aber nichtsdestoweniger war er behende auf dem Bein und dem Fuß.

Als Reiter in den großen Eberoberungszügen ritt er sehr gut. In einem speziellen Fall war es gleichsam in der Tat so, daß das Bein ihm das Leben rettete, als er auf seinem Pferd saß. Ein Schwertkämpfer, gleichsam in der Tat, stieß eine Lanze in seine Richtung und sie drang in das Holz ein, nicht in ihn; und als er von seinem Pferd abstieg, mußte er es sehr vorsichtig tun, gleichsam in der Tat, denn die Stichwaffe steckte in seinem Bein, und er hatte das Bein einfach nur losbinden und entfernen müssen, und es hinterließ ein häßliches Loch.

Und was er zu meinem Marsch beitrug, war seine Tapferkeit, gleichsam in der Tat seine Überzeugung, und ungeachtet dessen, daß er gleichsam in der Tat nicht zwei Beine besaß, brachte er es fertig, daß das eine gut funktionierte, und manchmal sogar besser, als jene, die zu faul waren, sich von ihrem Hinterteil zu erheben, um etwas hinsichtlich ihres Elends zu tun.

Er lebte gleichsam in der Tat über den Tag meines Auffahrens hinaus und ließ sich nieder, gleichsam in der Tat, nicht weit von dem, was gleichsam in der Tat der Fluß genannt wird, der der Hauptteil des Indus ist. Jene Wesenheit gleichsam in der Tat erzählte seinen Kindern bis in alle Einzelheit von den Tagen der Tapferkeit und des Heroismus und von den ersten Tagen des Marsches des Ram.

* * *

Kapitel 5

EIN LIED ÜBER DIE HOFFNUNG

Nachdem wir Onai erobert hatten, brauchte es, wie man es bezeichnet, lange Zeit, um dessen Überreste und auch die Überreste der Getöteten zu verbrennen. Der Gestank, der über das Wasser wehte, wehte nicht in das Land hinein. Das war sehr gut. Wasser reinigt Gestank. Wißt ihr, ich wollte weinen, denn ich wußte, ich hatte etwas Entsetzliches und etwas Schreckliches getan, und ich trug ein furchtbares Schwert, das nach wie vor ein Geheimnis für mich war. Ich wollte weinen, denn dies war eine schreckliche Sache. Ich war genau zu dem Schrecklichen *geworden*, das ich gehaßt hatte.

Und sobald sich der Gelehrte mir anschloß, mit seinen buschigen Augenbrauen und seinem Wein und seinen Büchern, war er der schweren Aufgabe gegenübergestellt, einen Barbaren zu unterrichten, denn das war ich. Ich war kein sehr stattlicher Krieger, wißt ihr. Ich war von sehr kleiner körperlicher Statur in jenen Tagen, später jedoch wuchs ich.

Und ich lief das entlang, was gleichsam in der Tat eine Straße genannt wird. Und ich verließ die Straße, gleichsam in der Tat, und wanderte auf der gegenüberliegenden Seite jener Berge, wo ich mein Schwert erhalten hatte. Und ich konnte die Leute nicht loswerden. Ich wanderte eine gewisse Strecke, und wenn ich dann über meine Schulter zurückschaute, da liefen sie alle hinter mir her, und wenn ich anhielt, dann hielten sie alle an. Und der Staub wirbelte um sie herum. Und das Tuch, das die alten Männer um ihre Gesichter und ihre Köpfe gewickelt hatten und das an den Seiten zusammengebunden war - der Wind wehte es umher, und der Staub lag in den Falten ihrer Gewänder ... manche waren barfuß und manche trugen Sandalen und manchen war das Glück beschert, Stiefel zu besitzen. Und sie alle hatten Gepäck bei sich, ihr wißt schon, ihre Kochgeräte oder ihre Waffen. Und sie stellten sich in einer Linie auf, wenn sie mich ansahen, und ich war meiner Auffassung nach doch ein kleiner Junge, keinesfalls ein Mann.

Und einmal rannte ich sehr schnell weiter ... und ich sah einen Hügel, und ich rannte über den Hügel, und ich nahm den direkten Weg und ging hinauf zu einem kleinen Plateau und kletterte zum Kamm empor - erst als ich auf dem Boden entlangkroch, um über die Kante hinaus nachzuschauen, ob ich sie hinter mir gelassen hätte, da mußte ich feststellen, daß sie zu mir hinaufschauten und mich dabei beobachteten, wie ich heimlich zu ihnen hinunterspähte. Und Hunde bellten und Esel schrien und Pferde wieherten, der Staub wirbelte wild umher.

Und schließlich stand ich auf und schaute sie an und schrie auf sie ein: "Warum folgt ihr mir nach?!" Und da verstummten sie. "Ich will nicht, daß ihr mir nachfolgt! Ich mag keinen von euch. Ihr gehört nicht zu mir! Ich hasse euch! Ich hasse jeden! Folgt mir nicht mehr nach. Laßt mich in Ruhe!" Ihr wißt schon, wie ein kleiner Wutanfall. Und wißt ihr, ich fühlte, wie meine Augen brannten. Und sie alle schauten zu mir hinauf. Zu dieser Zeit betrug ihre Zahl nahezu das, was man als fünfhundert bezeichnet. Und sie alle schauten zu mir hinauf. Alte Männer zahnlos grinsend. Junge verschleierte Frauen, verborgen hinter ihrem Schleier. Man hätte nicht einmal sagen können, ob es sich um Frauen handelte oder nicht. Kinder, mit großen leuchtenden Augen und offenen Mündern, an den Röcken ihrer Mütter klammernd, voller Erwartung, daß etwas geschehen würde. Am Proviant schnüffelnde Hunde, die nach etwas Eßbarem suchten. Wehende Fahnen ... Lendentücher. Leute aller Art standen da. Und schließlich wischte ich mit meinem Arm über meine Augen und schaute zu ihnen hinab, und ich sagte zu ihnen: "Ich weiß nicht, wohin ich gehen werde. Ich bin nur ein junger Mann. Ich bin ein Barbar. Ich habe keine Seele. Ich werde nicht geachtet. Folgt mir nicht nach."

Und dieser eine junge Mann kam mitten durch die Menge und bahnte sich seinen Weg durch sie hindurch. Er hatte eine kleine Harfe, und er war sehr gewandt mit seinen Fingern. Und er war bekleidet mit einer sogenannten Tunika, einer aus sehr grober Wolle, deren Farbe ziemlich armselig war; sie besaß nicht einmal eine gute Einfärbung, eher einen bräunlichen, erdfarbenen Ton, und sie war um seinen Körper gerafft, und seine Arme waren stark und rund und sie glänzten, als wären sie eingeölt. Und seine Tunika reichte über seine Knie hinaus und ließ sehr stämmige Beine erkennen, wie die eines Bauern, und von der Sonne war er ziemlich stark gebräunt. Und sein Haar, es war sehr lockig, und es war sehr schwarz, und die Locken fielen ihm bis zum Ansatz seines Nackens - er war fast schon als schön zu bezeichnen. Und er begann, dieses ... dieses wundersame kleine Lied anzustimmen und zu spielen. Und ein Flüstern ging durch die Menge, und sie machten Platz und ließen den jungen Mann hervorkommen. Und sie fingen zu singen an, und ich drehte ihnen den Rücken zu, und er sprach zu mir: "Großer Ram! Höre. Ich habe ein Geschenk für dich."

Und ich drehte mich zu ihm, und er begann zu singen. Und er sang ein Lied über die Hoffnung und über die Hoffnungslosen. Hiervon sprach er: "Wir sind die wegen unserer Abstammung von ungenannter Spur über Land und Meer hinweg Geächteten, wir sind die von allem was da ist Ausgestoßenen, aber wir haben es geschafft, das zu überleben, was alle anderen dahingerafft hat. Wir sind die wegen unserer Hautfarbe und Überzeugungen Verachteten, und das Verlangen danach, unsere Freiheit zu erringen hat uns zusammengeführt. Und du große Wesenheit, die du uns alle befreit und mit Nahrung versorgt hast, du bist es, der immer unsere Familie sein soll. Und wo du bist, da wollen wir sein, und wo du schläfst, da wollen wir uns niederlegen. Und wo du deinen Durst stillst, da wollen auch wir uns laben, und wohin auch immer du gehst, dahin gehen wir mit dir."

Und die Leute und die alten Männer fingen zu singen an. Manche konnten sich nicht an den Text erinnern, sie sangen trotzdem. Und alsbald verschmolzen sie alle miteinander zu einer wundervoll klingenden Harmonie, und ich fiel auf meine Knie, und ich weinte. Und sie besangen den *Großen Tag des Ram*, den Eroberer, der ein Knabe war.

Und sie sangen und sangen und sangen, und die Frauen fingen zu tanzen an. Und die alten Frauen machten Feuer und begannen ihre Brote hervorzuholen und in ihren Händen zu kneten und auf das Feuer zu legen. Und bald darauf war die Luft erfüllt von gutem Fleischbraten, ungesäuertem Brot, säuerlichem Wein! ... Schweiß, Gesang, ausgespucktem Tabak, etwas Dung, und hin und wieder von einem gutem Duft von Jasmin. Und sie errichteten dort ein regelrechtes Lager. Und ich ging und setzte mich auf die Kante, und ich wußte nicht, was ich mit all dem anfangen sollte. Ich hatte nicht einmal für meine Mutter sorgen können, wie sollte ich mich dann um all dies kümmern können! Und die Lieder, sie gingen weiter. Ich konnte nicht schlafen. Ich wachte auf und sie sangen nach wie vor dasselbe Lied...

Und bald schon stand ich auf, und ich hörte, wie jemand von hinten heraufkam. Es war mein alter Lehrer. Er hatte sehr buschige Augenbrauen. Man kann nie erkennen, wohin seine Augen schauen. Das erinnerte mich an einen Zauberer. Und er kam zu mir herauf, und er rollte dieses Fell aus, und er setzte sich darauf und machte es sich bequem; er war ein Mensch von Behaglichkeit. Und er holte eine Flasche von seinem guten Wein hervor, und er trank ihn aus seinem Kelchglas und reichte es mir. Ich trank ihn aus der Flasche. Ich war unkultiviert. Und er schaute mich mißbilligend an und sah dann weg, und er gab mir ein Stück Käse und ein Stück Brot, und er sagte: "Ich habe dir jemanden mitgebracht." Und da verwünschte ich ihn, doch er nahm nicht einmal zur Kenntnis, was ich sagte. Und hier kam also der junge Mann mit der Harfe zum Vorschein. Und schnell und behende kam er herüber und nahm einige Schritte entfernt Platz und wandte sein Gesicht ab und schaute zu den Sternen und fing zu spielen an. Und ich war sehr gereizt. Und der alte Mann forderte mich auf leerzutrinken und noch etwas mehr davon zu nehmen. Und das tat ich. Und wie ich so trinke, wurde die Musik besser und besser ... die Töne klangen besser und besser.

Und als ich am Morgen aufwachte, stand die Sonne bereits hoch am Himmel - boshafte Sache, das der Sonne anzutun. Und als ich auf den Boden schaue, war da ein Insekt, das über meine Schulter und um meinen Arm herum nach unten gekrabbelt war, und ich entfernte es schnell. Und dann gab es da eine Hand, die mit sehr gutem Wasser erschien und es mir reichte. Es war derjenige, der die Harfe spielte, und ich weigerte mich, mit ihm zu sprechen, und er sagte: “Herr, gestatte mir. Wir alle sind eine große Familie und wir lieben dich. Höre ihre Rufe. Sie brauchen dich. Sie lieben dich. Wir kommen zusammen für einen großen Zusammenschluß. Wir werden dorthin gehen, wohin auch immer du gehst, und wir werden mit dir sterben. Höre ihre Rufe. “

Und ich machte meine Ohren auf und sah hinunter. Und da war allerhand Geschrei im Gange. Und die alten Männer grinsten nach wie vor, und die Frauen grinsten, und die Kinder spielten. Also bat ich sie, ruhig zu sein, falls sie ruhig sein könnten. Und ich fing an, zu ihnen zu sprechen. Ich sagte ihnen, daß ich nicht wüßte, wohin ich gehen würde, aber irgendwohin würde ich jedenfalls gehen, und daß sie, wenn sie kein Zuhause hätten, mir nachfolgen könnten. Und da ertönte ein großer Schrei, der heraufhallte. Und alle bauten ihre Lager ab. Und ich kam herunter, und ich ging querfeldein, und als ich anfing, mich umzusehen, blieben sie stehen und beobachteten mich. Wenn ich einen Schritt lief, liefen sie einen Schritt. Wenn ich rannte, rannten sie. Wie dem auch sei, was ich wußte war, daß sie mit mir gingen, wir marschierten.

Wir eroberten gleichsam in der Tat eine sogenannte Burganlage nicht weit entfernt vom sogenannten Onai. Und noch nie hatte ich derlei Krieger gesehen. Ich hatte nie gewußt, daß alte Männer so behende sein könnten, wenn sie es sein müßten. Ich hatte nie zuvor erfahren, daß Frauen gleichsam in der Tat so wendig sein könnten, daß sie den Anblick von Verstümmelung jedweder Art aushalten könnten, sie aufgreifen und wieder zusammenflicken könnten ohne auch nur den Atem anzuhalten, gleichsam in der Tat, ohne “mit der Wimper zu zucken”. Und ich hatte nie gewußt, daß Kinder gleichsam in der Tat so still sein könnten. Und als das vollbracht war, hatte es sogar weit mehr hervorgebracht: veränderte Leute ... und ich hatte meine Familie.

Und nach jeder Schlacht, wenn für alles gesorgt worden war, vollführten sie den gleichen Jubel und das gleiche Tanzen, und die Frauen und ihr uneben geknetetes Brot, und die Männer und ihr Spucken und ihre Wettspiele. Und ich hatte eine gute Familie.

Nie kannte ich den Namen desjenigen, der die Harfe spielte, aber er war bei mir die Gesamtheit meines Marsches hindurch, die ganze Zeit bis hin zu meinem Auffahren. Und auch noch als alter Mann sang er die

Lieder über den *Tag des Ram*, über die große Familie ... "wir gehen dorthin, wohin du gehst, legen uns dorthin, wohin du dich legst, trinken dort, wo du trinkst." Die Armee wurde größer und größer. Zum Zeitpunkt meines Auffahrens zählte sie über zwei Millionen. Das sind viele Rufer. Ich bin kein kleiner Junge mehr. Ich bin kein Barbar mehr. Ich bin kein Eroberer mehr. Ich bin.

* * *

Kapitel 6

DER FLÖTENSPIELER

Zu einer Zeit gleichsam in der Tat, als ich in meiner Existenz noch das war, was man als jungen Mann bezeichnet, und ich gleichsam in der Tat in meiner Entwicklung fünfzehn Jahre war, und gleichsam in der Tat noch kein Mann war, da waren es nicht Freundlichkeit und Liebe und gedankenvolle Überlegtheit, die mich lenkten, und auch nicht - vorzugsweise - kluge Umsicht, wie es ein Arzt nennen würde. Ich war gleichsam in der Tat eine dumme Wesenheit. Ich war ein Possenreißer. Ich war gleichsam in der Tat ein unmenschliches Wesen voll Haß. Keineswegs angebracht oder zumindest "in der Mode" gleichsam in der Tat für einen jungen Mann, der versuchte, bei einem Gott seine Spuren zu hinterlassen.

Und wir waren gleichsam in der Tat zu einer Hochebene gelangt. Und das ist ein große Hochebene, die den Blick gleichsam in der Tat auf einen weiten Horizont zuließ. Wißt ihr, das Gebiet, über das ein Großteil dieser Hochebene hinausragt, war damals statt eures Ozeans ein Flachland namens Sharon. Und diese Ebene Sharon, gleichsam in der Tat, ging über in das, was in der Tat Onai genannt wird, die wundersame Hafenstadt eines Landes, das jetzt gleichsam in der Tat unter Milliarden von Tränen ruht. Nun ... auf jenes sogenannte Plateau, welches das

Flachland von Sharon überragte, gingen wir hinauf - und die Zelte und der Geruch gleichsam in der Tat von Fleisch, das gebraten wurde, und Wein gleichsam in der Tat, und Getreide und betrunkene Benommenheit gleichsam in der Tat, neben all den anderen Dingen, die wir, was das angeht, dort taten.

Bei den meisten aus meiner Gefolgschaft, wißt ihr, es handelte sich bei ihnen um ältere Männer. Sie waren gewissermaßen Krieger, die auf eine Rechtfertigung dafür warteten, es zu sein. Und, gleichsam in der Tat, durch ihr Zusammenkommen mit mir, dem Barbaren, hatten sie einen heiteren Zusammenschluß, aber sie fürchteten mich meines Schwertes und meines schrecklichen Gesichtsausdruckes wegen. Und <bin> gleichsam auf die Ebene hinaufgegangen. Und stark herrscht gleichsam in der Tat das vor, was ihr Gefühl nennt. Und als ich auf den Hafen von Onai hinunterschaute, wißt ihr, da konnte ich die Lichter sehen, bis hinauf in den Himmel. Das ließ den Himmel beinahe so aussehen wie bei einem Sonnenuntergang. Und ich schaute dort hinaus, denn da gab es eine Dame meines Seins, die nach Onai zurückgebracht worden war und gleichsam in der Tat da wußte ich, daß meine Dame ihren Körper und das, was als Elend des Geistes bezeichnet wird, verlassen hatte.

Und das, was die Seele meines Seins ist, ich, weinte gleichsam in der Tat, denn alles, was in meinem Sein gewesen war, war von mir fortgenommen worden.... Nichts war mir geblieben. Kein Stammbaum. Keine Familie. Und keine Frau. Ich hatte gleichsam in der Tat auf den Boden das gelegt, was als weiter Umhang bezeichnet wird, und breitete ihn flach aus und vergrub gleichsam in der Tat meinen Kopf darin und verwünschte den *Unkannten Gott* nach wie vor wegen all dieser Grausamkeiten. Und als ich so schluchzte, gleichsam in der Tat, an einem jener versteckten Plätze, da wandte ich mich um und legte mich auf meinen Rücken und weigerte mich, Onai noch länger anzusehen.

Ich schaute zu den Sternen empor. Und ich beobachtete, wie sie sich von einem Platz zum anderen bewegten. Und ich sah gleichsam in der Tat, wie sie funkelten und in welch ungeheurem Ausmaß ihr Licht dort oben glühte. Und ich fragte mich, weshalb ich nicht wie sie sein konnte. Haß hat die Menschen noch nie froh gemacht. Er machte sie sehr einsam. Licht machte die Dinge froh.

Als ich gleichsam in der Tat im Gras lag, auf dem Umhang, wie man ihn in der Tat bezeichnet, und in den Himmel hineinschaute.... da vernahm ich einen höchst wundersamen Klang. Und ich hörte ihn aus dem Wind heraus, und in manchen Augenblicken war der Klang gleichsam in der Tat laut und dann wieder war er sanft. Und schnell stehe ich gleichsam in der Tat auf und blicke um mich und sehe doch niemanden. Ich höre den Klang. Ich gehe in die Richtung des Klanges, dort, wo ich gleichsam in der Tat den Pfad heraufgekommen bin, der gleichsam in der Tat von unserem Lager wegführt.

Und siehe, gleichsam in der Tat völlig unbemerkt von der Wesenheit, die da saß, näherte ich mich ihm von hinten, und hier sitzt nun ein wundersamer Mensch. Ein Junge, gleichsam in der Tat, praktisch nahezu so alt wie ich. Er sitzt da gleichsam in der Tat in seinem Umhang, der, während ich erst spät am nächsten Tag entdeckte, gleichsam in der Tat die wundersame Farbe von Lavendel hatte, grau zu sein schien. Und er war in den Umhang eingewickelt, gleichsam richtig ordentlich.

Und er sitzt auf seinen Hinterbacken und er hatte ein Knie oben und das andere Bein unter sich. Und er hatte eine wundersame Flöte. Er machte Musik. Und die Flöte barg einen Klang von Trauer und Verheißung und Hoffnung und Schönheit in sich. Und ich hörte zu. Während ich zuhörte, sah ich, wie er die Flöte zum Himmel hochhielt, und er spielte sein Lied. Als er sie von seinen Lippen wegnahm, blickte er zu den Sternen empor, und ich hörte ihn weinen. Und er senkte seinen Kopf.

Die Wesenheit hatte Haar voller Locken, und das Haar, es war lang bis über den Ansatz seines Rückens, und sein Umhang umhüllte ihn, und er senkte seinen Kopf, und seine vom Kopf herabhängenden Locken fielen aus seinem Nacken zur Seite seines Gesichts. Und ich konnte seinen Gesichtsausdruck nicht erkennen, aber ich wußte, daß er weinte. Und ich sah, wie er seinen Ärmel nahm, und er wischte es weg, und er hob seine Flöte hoch und er spielte ein wundersames Lied. Welch ein Lied! Und er spielte und spielte und spielte...

Ich setze mich nieder, um ihn zu beobachten, der stille Zuhörer. Und als ich das tat, da war das, was gleichsam in der Tat Busch genannt wird, auf den ich mich setzte, bereits locker, und er begann gleichsam in der Tat umzukippen, wodurch Erdwerk losbrach, und ganz unerwartet kam gleichsam in der Tat von hinten ein derartiger Schrecken und eiskaltes Entsetzen auf den jungen Mann zu. Ihr wißt ja, wir alle versuchen Helden zu sein in den Augenblicken, in denen wir überrumpelt werden. Aber er sprang auf, gleichsam in der Tat, und in dem Moment, als er das tat, verlor er sein Gleichgewicht und fiel vorwärts, und als er zum Stillstand kam, gleichsam in der Tat, da lag er kopfüber da und sein Umhang hatte sich über seinen Kopf hochgewickelt, und seine Rückseite war zu sehen, gleichsam in der Tat, und er hatte eine Sandale verloren, und ich komme zu ihm herbeigelaufen. Und, wißt ihr, er kämpft sich seinen Weg aus dem Umhang frei, um sich anzustrengen und herauszufinden, wer ich bin.

"Fürchte dich nicht, ich bin der Ram."

"Oh, Herr..."

Und er versuchte, sich zu verneigen und noch immer konnte man seinen Kopf nicht sehen. Ich sagte zu ihm: "Verneige dich nicht!"

Wir entfernten den Umhang von seinem Kopf, und Erde war in seinem Auge, und auf seinen Zähnen lag der Schlamm, und er schaute schnell um sich, und ich dachte, daß er nach seinem Schwert Ausschau hielt. Das Schwert war ihm gleichgültig, es war die Flöte, die er suchte. Also gingen wir beide los, sie zu suchen. Und die Nacht war schon sehr stark über dem Land und es war schwierig, sie zu finden. Und auf unserer Suche nach ihr tappten wir herum. Mitten im Herumtappen, gleichsam in der Tat, rutschte ich im Geröll aus, gleichsam in der Tat, und mein Umhang fiel nach oben und all die Steine und das Geröll fielen auf meinen Bauch. Und ich lag da wie ein armes, rührseliges Häufchen Schlamassel, und wir fingen zu lachen an. Lachen! Wir beide hatten einen schmutzigen Mund und schmutziges Haar, und wie wir so daliegen und über die Albernheit unserer selbst lachen, da fanden wir seine Flöte.

Und er ergriff seine Flöte und er sagte: "Ah, laß mich ein Lied für dich spielen." Und er kam und setzte sich neben mich. Und da legte ich mich auf den Rücken, mit all den Steinen in meinem Bauch und meiner Hose, und dem Schmutz in meinem Haar und meinen Zähnen. Und ich lag da und er spielte ein Lied für mich, während ich zu den Sternen sah. Wundervolle Wesenheit! Und als er fertig war, stand ich auf und ersuchte ihn mitzukommen zu meinem Zelt, zu meinem Lehrer, einem alten Mann mit buschigen Augenbrauen. Er ist eine wundervolle Wesenheit.

Mein Lehrer kam zu dem Zelt, gleichsam in der Tat, und warf einen Blick auf uns, hielt kurz den Atem an und führte uns zum Fluß hinunter und ordnete an, gleichsam in der Tat, daß wir, sollten wir in seinem reinen Angesicht sitzen wollen, nicht wie Schweine zu erscheinen hätten, sondern rein zu sein hätten. Und dort machten wir beide gleichsam in der Tat uns sauber.

Und wir gingen zurück zu dem alten Mann, gleichsam in der Tat. Und die Locken jener Wesenheit waren noch immer naß und in meinem Bauch, da waren noch immer Steine. Und wir setzten uns hin, und er servierte uns beiden guten Wein. Und der alte Lehrer, gleichsam in der Tat, er ist derjenige, der uns die Wissenschaft über die Sterne lehrte, diejenige von den Sprachen und Sprechweisen, damit wir nicht Barbaren sind in dieser Welt, hinter der wir so her sind. Und er behandelte uns gleichsam in der Tat als Freunde, und liebte uns und sorgte für uns und lehrte uns beide.

Nun ... wißt ihr, ich lachte über ihn, denn er hatte ein gütigeres Herz als ich. Und wenn gleichsam in der Tat Haß in mir wütete, spielte er einfach auf seiner Flöte für mich. Und wenn wir zusammen in einer Schlacht waren, hörte ich immer seine Flöte spielen, und ich fragte mich, wo er denn sein Schwert, abscheulich wie es war, hatte, anstatt seiner Flöte! Und gleichsam in der Tat, eines Tages würden sie ihm den Kopf abschlagen und die Flöte würde noch immer an seinen Lippen hängen!

An den Tagen, an denen wir zusammen ausritten, nahm ich ihn von seinem Esel und setzte ihn auf ein richtiges Roß. Und wir ritten zusammen gleichsam in der Tat wie wahnsinnige Männer über die Ebenen.

Und dann brachen die schrecklichen Kriege gleichsam in der Tat der Wüstenleute aus. Wißt ihr, das einzige, wofür sie je Lust zu kämpfen hatten, sie, die in der Zukunft die Spartaner waren, war Freiheit. Und sie waren tückische Leute.

Und wir planten, daß gleichsam in der Tat das, was als östliche Flanke bezeichnet wird einen Angriff reiten soll beim Aufgehen der

Sonne, wie man es bezeichnet, damit sie ihre Augen blenden würde, wenn wir ihre Zelte überraschen. Ein äußerst kluges Manöver. Und es funktionierte, aber als die Flanke sich auf sie zubewegte, gleichsam in der Tat, spielten mein Freund und seine Flöte vor sich hin, und verflixt noch mal, gleichsam in der Tat, wo sein Schwert hätte sein sollen, da war immer nur seine Musik zu hören. Inmitten gleichsam in der Tat von all dem Tumult schreiender Männer, da flogen sie zu ihm hin! Sie würden auf ihre Rösser springen und zu ihm hinFLIEGEN!!! Sie würden ihn am Nacken packen. Sie würden sein Pferd festhalten. Sie würden ihm das Haar ausreißen. Seine Augen aushöhlen. Und immer versuchten sie, ihn mit einem Schwert zu enthaupten! Sie sind gewalttätige Leute.

Und es war zu Ende. Oh, da gab es so vieles, was gestorben war: Pferde, Kinder in der Tat, meine Armee. Wir sahen uns um und der Geruch von Blut ist, sogar wenn es noch nicht alt ist, widerlich. Und das, was Todesqual genannt wird, und das, was Dung genannt wird, es kommt aus ihren Eingeweiden hervor, denn sie halten es nicht mehr zurück, denn ihr Körper ist vollständig ohne Leben. Und die Bussarde ... Ich hörte die Flöte nicht mehr!! Und ich ging los, um meinen Freund zu suchen.

Ich fand meinen Freund. Sie hatten ihm nicht den Kopf abgeschlagen. Sie hatten seine Arme abgeschlagen. Und da lag er, und seine Augen waren noch immer sanft und gütig. Und sein Haar, es ist noch immer lockig und schön. Und da ist Friede auf seinem Gesicht. Und ich nahm ihn hoch und weinte an seiner Brust und liebte ihn so innig ... und schwor, daß ich denjenigen finden würde, der ihn tötete.

Wißt ihr, denjenigen, der ihn tötete, fand ich nie, aber ich fand seine Flöte. Und ich fand seine Flöte gleichsam in der Tat erst zweiundzwanzig Jahre nach dem Zeitpunkt seines Dahinscheidens. Und ich fand sie gleichsam in der Tat bei den Sachen, die der alte Mann gleichsam in der Tat zurückgelassen hatte, als er von dieser Ebene verschied. Wie er zu der Flöte gekommen ist? Sagte, er entdeckte sie gleichsam in der Tat auf dem Marktplatz, der nach Nizea hineinreichte, und kaufte sie für mich und hinterließ sie mir gleichsam.

Die Flöte, die ich so liebte und die mir Freund war, existiert noch immer. Ebenso wie gleichsam in der Tat eine Robe, die ich hatte, und sie ist gleichsam in der Tat in einem, wie man es nennt, alten Tempel, der im Begriff ist zu verfallen, <und sie> endete, wie man es bezeichnet, als ein Andenken. Und sie ist in dem Land, das nicht weit entfernt ist von dem, was man Indus nennt, dort wo es auf die andere Seite der Grenze hineinreicht - jetzt ist euer Grenzland im Indus - nicht weit weg von einem Dorf an einem Ausläufer eines sehr großen Flußes. Da ist es, wo sie vergraben ist.

Und auf meinem Freund zurückkommend: Wir teilten einen Stern miteinander und Musik miteinander und Krieg miteinander. Und ich bin gleichsam in der Tat der Herausforderer und er gleichsam in der Tat mit seinen lachenden Augen und seinem Lied gleichsam immer der Friedliche bei mir.

* * *

Kapitel 7

DIE OLIVENBÄUME

Als ich das war, was man als unwissende barbarische Wesenheit bezeichntet, da begab ich mich auf das, was man als ... als Marsch bezeichnet, wie es redegewandt heißt, und räumte eine Menge auf.

Der Marsch gleichsam in der Tat galt meiner Verachtung für Tyrannei. Davon gab es sehr viel im Lande; und da ich das war, was man als unbändigen jungen Mann bezeichnet, der ich durchaus war, marschierte ich also zehn Jahre, bis ich zum Höhepunkt meiner Unbändigkeit kam. Aber bevor das geschah, Wesenheit, da zogen wir ein in das, was gleichsam in der Tat bezeichnet wird als die oberen Gebiete von Ägypten, wie ihr es jetzt nennt, und fand es besetzt vor gleichsam in der Tat von den, wie man es nennt, rechtmäßigen Besitzern jenes Landes. Beeindruckend große Wesenheiten, euren Maßen entsprechend fast sieben Fuß groß <2,13 m> und mehr. Und zu dieser Zeit nanntet ihr sie Watusi. Und sie, Wesenheit, waren herrlich mahagonifarbene Wesenheiten mit grünen Augen, und sie, gleichsam in der Tat, waren die rechtmäßigen Bewohner jenes Landes bevor die Priester, und Hermes, und die ganze Vereinigung von Onai hinzog.

Wir sind noch ein kleinwenig weiter gelaufen als bis dahin, und ich erlebte meinen ersten Anblick eines Olivenhaines. Wißt ihr, was ein Olivenbaum ist? Er ist ein fruchttragender, gesegneter Baum aus Alter Zeit. Und wir sind auf einen, wie man es bezeichnet, Gipfel gelangt, und waren sehr feindselig, und sehr heiß war uns. Und ich beobachtete gleichsam in der Tat, wie der Staub sich neben uns niedersenkte, und unter mir sah ich einen Strom von Silber. Und das Silber flimmerte hin und her, von Silber zu Grün. Und ich sah dem in großer Verwirrung zu, denn ich wußte nicht, auf was ich da schaute. Und mein geliebter Lehrer kam zu mir und fragte mich: "Schau Ram, was siehst du dort in der Ferne?"

"Silber. Silber!"

Er sagt: "Ahh, das sind Bäume!"

Ich konnte es nicht fassen, daß das Bäume sein konnten! Denn seht ihr, in dem Tal hatte der Wind durch sie hindurchgeweht und die Blätter hatten sich alle umgewendet und man konnte ihre Stämme nicht erkennen. Und so sah es aus wie ein wundervolles Tal von strömendem Silber mit der Hitze des Ra drückend über dem Land. Mit großer Neugierde ritt ich los, um das Phantom vor meinen Augen zu betrachten, denn in dem Land, aus dem ich gekommen war, gab es solche Bäume nicht, sie bargen nicht solch eine Wundervollheit, wie es diese Bäume taten. Und wir ritten mit großer Erregung voran, mit meinen Augen weit offen vor Erwartung, und meinen Männer bereit für was auch immer kommen mochte. Und wir erreichten gleichsam in der Tat den Baumgarten. Das einzige, was es dort gab, waren diese Bäume und man konnte durch ihre Dichte nicht hindurchsehen. Und ich setzte mich hin und schaute ihnen zu, während der Wind durch sie hindurchpfiff, und sie waren wunderschön.

Und als wir dort saßen, da kamen, wie man es bezeichnet, gleichsam in der Tat ein sehr alter Mann und eine sehr schöne Frau, die vielleicht so alt wie er war, aber sehr schön in ihrem Wesen war, schleppenden Schrittes herbei, um mit uns bekannt zu werden. Und sie hatten bereits davon gehört, wer wir waren. Und inständig ersuchte der Mann um Frieden. Und in seinem Karren brachte er mit sich den gleichsam in der Tat größten Käse, wie man es nennt, den seine Ziegen zusammenbringen konnten, und die größten Lammbraten, aber die Krönung war nicht der Wein, sondern große und wundervolle Gefäße mit einer wundervollen Frucht namens Olive.

Und jene Frau hob mit großem Vergnügen den Deckel hoch und sah mich an und lächelte und fragte mich, ob ich diese wundervollen Dinge mit Freuden entgegennehmen möge. Ich war eine sehr arrogante Wesenheit. Aber ich stieg doch ab und ging hin und roch am Käse und sah mir die, wie man es nennt, Lämmer an, die gebraten worden waren, und meinen Männern lief bereits das Wasser im Mund zusammen ... aber ich ging zu ihr hin, die ganz besonders schöne Augen hatte. Sie waren wie leuchtendstes Ebenholz und in ihnen war ein Licht, das unter den dichten Wimpern hervorfunkelte, und Haar und sehr füllige Zöpfe gleichsam, und geschmückt mit feiner Seide oben auf ihrem Kopf. Und unter ihren wundervollen Wimpern hervor sah sie mich an und fragte mich, ob ich diese Dinge haben wolle, und das Wasser war sehr dunkel. Und ich konnte nichts darin erkennen. Und ich rief einen meiner Männer, er solle zu mir herüberkommen und seine Hand hineinstrecken ... und heraus kamen kleine runde Dinge, und sie waren ergötzlich und wundervoll, und sie übergab sie mir. Und als sie sah, daß ich sie nicht essen würde, nahm sie eine und aß sie, und mein Mann griff schnell nach der anderen, und spuckte sogleich das aus, was man als furchtbaren Kern bezeichnet, der seinen Zahn abgebrochen hat. Die Frau aß geduldig um das herum, was als wundervoller Kern bezeichnet wird. Als sie fertig war, trocknete sie den Kern ab und legte ihn in einen Beutel. Ich tat das gleiche. Und so wundervoll schmeckte dies, daß ich nie zuvor etwas Derartiges genossen hatte. Ich setzte mich hin und füllte mich bis an den Hals damit, ohne mich auch nur einen Schritt mit dem Gefäß wegzubewegen. Und die Frau zusammen mit ihrem schönen Ehemann lud uns voller Güte ein, in ihre, wie man es bezeichnet, gemeinsame Hütte mitzukommen. Man konnte sie nicht sehen, weil überall diese Bäume waren, die diese wundervollen Sachen hervorbrachten. Und wir wurden einen, wie man es bezeichnet, Pfad entlanggeführt. Und als wir dort hindurchgingen, da hofierte die Sonne durch die Bäume gleichsam mit hervorscheinenden grandiosen, goldenen Zeptern. Und safrangelber Staub stieg empor, um der Sonne zu begegnen, und er glitzerte wie Staub, der mit Gold funkelnd betupft worden war. Und als wir unseren Weg zu der Hütte zurückgelegt hatten, kam jeder gleichsam in der Tat von der Legion hinten nach und hatte ein Lager gemacht, und ich hatte ein Fest wie ich in langer Zeit keines gehabt hatte.

Und der alte Mann war so beglückt über seine Frau und all ihre Kinder und all ihre Bäume, daß einer der größten Schätze, die ich besaß, als ich jenen Ort verließ, diese großen, wundervollen Gefäße mit Oliven war. Und von jenem Augenblick an, wenn der Mensch je eine beliebteste ergötzliche Sache besaß, die er auf sein köstliches Lager legen konnte, dann war das meine.

Und ich lockte sie, ich bat sie, mit mir zu kommen, aber sie konnten nicht all die Kinder und all seine wundervollen Bäume verlassen, von denen Überreste noch immer dort vorhanden sind, und alt und betagt.

Und was ich von dort mit mir nahm, ich nahm Frieden des Geistes und Glücklichsein mit, und eine, wie man es bezeichnet, herrliche Menge Oliven.

* * *

Kapitel 8

DER BEGINN EINER NEUEN ÄRA

Da kam einmal gleichsam in der Tat das, was man als das 10. Jahr meines Marsches bezeichnet. Ich kam zu einem Tal gleichsam in der Tat von recht großer Berühmtheit. Das Tal gleichsam in der Tat ist mit seinen Leuten immer friedfertig gewesen, und dort sollte es gleichsam in der Tat keine Stämme geben, die Marodeure waren und gleichsam in der Tat Tyrannei über das Land brächten, und Angst.

Und da kam gleichsam in der Tat, wie man es bezeichnet, eine Art Gesandter, der gleichsam in der Tat außerhalb des Tales von Nizea auf unseren Marschzug traf. Gleichsam in der Tat, wir hatten einen Lagerplatz errichtet und waren dort an unseren Lagerstellen und hatten uns dort gleichsam in der Tat, wie man es bezeichnet, nahezu drei Monate eurer Zeitrechnung nach niedergelassen. Und die Frauen, gleichsam in der Tat, eifrig bestürmt und beschäftigt mit ihren Angelegenheiten, und all die Wesenheiten, gleichsam in der Tat, die für das Lager sorgten, sie alle setzten gleichsam in der Tat das Leben fort, und nährten es, und kümmerten sich um die Herden, gleichsam in der Tat, die zum Gefolge gehören, wie man es so bezeichnet.

Da nahte gleichsam in der Tat an einem, wie man es nennt,

stürmischen Nachmittag, einhergehend mit gewaltigem Blitz und Donner, ein Bote, gleichsam in der Tat, von adligem Rang. Es nahte und wurde herbeigetragen gleichsam in der Tat das, was man gewissermaßen als Sänfte bezeichnet. Und gleichsam in der Tat all die Nubier - groß waren sie in ihrer Statur -, die die Sänfte herbeitrugen, wurden durchnäßt von dem kühlenden Regen und dem nicht nachlassenden Donner, und das Wasser tropfte sogar noch zu dem Zeitpunkt, als sie sich dem Lagerplatz näherten, gleichsam in der Tat von ihren ebenholzfarbenen Körpern hinab auf den, wie man ihn nennt, safrangelben Sand. Und als sie ankamen, nahmen sie die Bürde von ihren ebenholzfarbenen Körpern ab und stellten sie auf den Boden gleichsam in der Tat, und zogen den wohl vornehmsten Vorhang zur Seite, woraufhin gleichsam in der Tat ein Staatsmann, der in dem Lande Nizea gleichsam eine gewisse Bekanntheit hatte, zum Vorschein trat. Und die Nubier, gleichsam in der Tat, die sich in diesem Gefolge an vorderer Stelle befanden, riefen preisend, daß alle ihre Aufwartung machen sollten zu der Ankunft dieser, gleichsam in der Tat, dieser Wesenheit, die gleichsam in der Tat gute Nachricht für den Marschzug und für die Stunde des Ram hätte.

Ich verwünschte die Wesenheit und verachtete gleichsam in der Tat seine Sänfte, jene unübersehbare Tatsache, gleichsam in der Tat, daß er sein pompöses Wesen auf weichgepolsterte Kissen lagerte, gleichsam in der Tat, und gutmütige und freundliche Männer veranlaßte, für ihn Sorge zu tragen. In jener Zeit nämlich, gleichsam in der Tat, war ich nicht mit dem Gott meines Seins, sondern war voll Haß und Zorn gegenüber ALLEM. Denn durch Tyrannei gleichsam in der Tat war mir die Mutter meines Seins, die Schwester meines Seins ... und die Schönheit meines Seins genommen worden. Und ich bin der *Schreckliche Tag des Ram.*

Die Wesenheit gleichsam in der Tat wurde nicht von mir und nicht durch mein Erscheinen in Empfang genommen, sondern es wurde ihm lediglich Zulaß zu meinem, wie man es bezeichnet, “Vorzelt” gestattet, und ich ließ ihn warten. Schon bald, gleichsam in der Tat mit aufdringlicher Ungeduld, äußerte er gleichsam lauthals seine Ungehaltenheit über die Unhöflchkeit und die Ungefälligkeit, die der Ram ihm gegenüber darbot. Hmmm. Der Ram kommt gleichsam in der Tat zum Vorschein und die Wesenheit beginnt zu proklamieren, gleichsam in der Tat, daß der Ram und die Gesandtschaft des Ram in den Palast von Nerbour im Tal von Nizea eingeladen sind; um dort gleichsam in der Tat zu Gast einer großen Ratsversammlung zu sein, die sich eingefunden hat, um gleichsam in der Tat gewissermaßen Verträge vorzubereiten - dergleichen, daß das Land nicht gepeinigt und niedergebrannt und zum Untergang gebracht werden würde durch den *Schrecklichen Tag des Ram* und dessen Armeen.

Hierauf gleichsam in der Tat munterte ich wohlwollend auf und gab ihm meine Kartusche, damit er sie gleichsam in der Tat seinen ehrwürdigen Auftraggebern überbrächte. Daß ich eine angemessene Gefolgschaft zusammenstellen würde, gleichsam in der Tat, und mich zeitlich bereitmachen würde, mit ihm innerhalb von, wie man es bezeichnet, drei Tagen ihrer Zeitrechnung nach zusammenzutreffen ... und so geschah es.

Bei der Ankunft dort, gleichsam in der Tat, ... laßt mich euch eine Beschreibung des Palastes von Nerbour geben. Auf dem Weg dorthin, gleichsam in der Tat, überquert man das, was man gewissermaßen als Flußbett bezeichnet, eines, wo gleichsam nicht rauschende Wasser lebhaft schäumen, sondern wo nur ganz spärliche Wasser gleichsam in der Tat von Stein zu Stein hinabtröpfeln, gleichsam in der Tat, und hineinsinken in eine verlassene Erdgrube, gleichsam in der Tat, die von der anderen Seite eines kleinen Berges herüberreicht. Und wie wir uns nun gleichsam in der Tat dem Palast weiter nähern, siehe da kommt, wenn man stehenbleibt und gleichsam nach Nordwesten schaut, zur anderen Seite des Flusses, das in Sicht, was Tellamee genannt wird; dies ist ein großer Hügel. Und gleichsam in der Tat eine mächtige Festung richtet sich da vor uns auf - drohend und ehrfurchtgebietend und schön. Das Gemäuer ist aus düsterem Granit und besitzt gleichsam in der Tat nicht die Farbe von lichter Schönheit. Es nimmt gleichsam in der Tat das auf sich, was auch immer ihm vergangene Zeiten zugefügt haben - ganz und gar gefleckt in verschiedenen Farben. Die Tore gleichsam in der Tat, sie sind aus Bronze. Zu dieser Zeit waren gleichsam in der Tat die schwarzen Metalle, *Eisen,* wie ihr sie heute bezeichnet, im Lande noch nicht so hergestellt, wie sie es heute sind. Und alle Objekte, denen gleichsam in der Tat Stärke zueigen sein mußte, waren aus Bronze. Die Pforten waren aus Bronze und mächtig waren sie in Hinsicht auf ihre

Tore. Und gleichsam in der Tat, in der Stadt, überragt von der Festung, dort gab es grandiose Fahnen. Die Fahnen gleichsam in der Tat waren von seidener Schönheit und besaßen alle Farben. Und Trompetenklänge verkündeten gleichsam in der Tat schallend unser Erscheinen auf der anderen Seite des kleinen und unscheinbaren Flusses, und das Herannahen der Gefolgschaft des Ram.

Siehe, gleichsam in der Tat, während wir nun unseren Weg durch ein wüstes Land hinaufbahnen, und ich sehe, wie kein Halm dort wächst und gedeihen kann, da beginne ich mich zu fragen, gleichsam in der Tat, wie dieser Platz sich in dieser öden Wildnis am Leben erhalten kann. Die Pforten, gleichsam in der Tat, jener mächtigen Tore, sie öffnen sich tatsächlich. Und siehe, gleichsam in der Tat, meine Gruppe schreitet weiter und wir machen die Bekanntschaft gleichsam in der Tat von "Dandies", wie man sie in eurer Zeit bezeichnet. Sie sind nicht Liebhaber von Frauen, sie sind Liebhaber ihres eigenen Geschlechts. Sie sind es, gleichsam in der Tat, die das Vertrauen des Oberhauptes des Palastes von Nerbour haben und ihn nicht im Stich lassen werden, und sie kommen uns entgegen, in der Tat, und empfangen uns mit großem Wohlgefallen.

Sie führen uns unverzüglich gleichsam in der Tat hinter die Tore; und dort gibt es Frauen gleichsam in der Tat von fremdländischer Schönheit, wie ich sie nie zuvor gesehen habe. Sie sind leicht bekleidet und schwer geschmückt mit dem, was in der Tat Messing genannt wird und Bronze und Juwelen, gleichsam in der Tat, und mit Steinen. Und sie hatten ihre Freude gleichsam in der Tat an dem Besitz.

Die Gärten, sie sind wundervoll. Es gibt da parfümierte Luft, gleichsam in der Tat, innerhalb der Tore von Nerbour. Und es gibt da Brunnen, die Wasser hervorsprudeln, das gleichsam in der Tat nach Jasmin und Lilien und Rosenblumen duftet. Und es gibt da Bäume gleichsam in der Tat, die polierte und geglättete Stämme haben, gleichsam so, daß einem, wenn man die Hand auf sie legt, die, wie man es bezeichnet, Weichheit der Rinde, auffällt. Die Blätter, sie sind grün und geschmeidig; und die Blüten sie gedeihen tatsächlich prächtig. Es ist höchst sonderbar.

Und beim näheren Betrachten, gleichsam in der Tat, findet man nicht eine einfache Straße vor, sondern einen Boden gleichsam in der

Tat, der aus weißestem, wie man es in der Tat bezeichnet, Granitmarmor besteht, wie ich ihn nie gesehen habe. Er ist so weiß, gleichsam in der Tat, daß ich nicht einmal Schnee in Hochtälern gesehen habe, der dem gleichkommen könnte. Und er ist ganz und gar sauber und rein. Darüber bin ich in großer Verwunderung. Wir stellen unsere Füße darauf und er kühlt sie unverzüglich. Hier gibt es Ruhe, gleichsam in der Tat, und Behaglichkeit an diesem Zufluchtsort inmitten dieser Wildnis, dem Tal von Nizea.

Wir werden weitergeführt gleichsam in der Tat und gleichsam an Gärten vorbeigeleitet, die nach und nach von draußen vor den Toren wie in feierlichem Zug von fremdartigen Blumen sichtbar werden, in, wie es genannt wird, violetter und weißer und rosa Farbe. Und Musik, und sanfte Stimmen, und leise erklingender Gesang über unzählige Geschichten, die sich hinter den Mauern und in den darinliegenden Gärten ereignen. Und Frauen gleichsam in der Tat von solch einer Schönheit ... sie sind eine Versuchung für ALLE, die in meinem Begleitzug sind. Und doch scheinen sie alle gleich auszusehen.

Man bringt uns die Nachricht, gleichsam in der Tat, daß unsere Unterkünfte, daß sie für uns vorbereitet seien. Alle teilen gleichsam in der Tat dieselben Unterkünfte, denn wir ordnen an, nicht getrennt zu sein. Und siehe, gleichsam in der Tat, da gibt es Gemälde und Bäume in den Wohnräumen, und jeder Wohnraum nach dem anderen ist jeweils noch größer, als der, den wir zuvor verlassen haben. Und in dem einen großen Raum, gleichsam in der Tat, den wir bewohnen, da ist alles eine einzige offene Terrasse, die in einen üppigen und fruchtbaren Garten übergeht. Und einen kleinen Teich gibt es da, gleichsam in der Tat, mit ungewöhnlichen Fischen darin. Und es gibt da gleichsam in der Tat Kissen und Vasen und Alabastergefäße, gleichsam in der Tat und wohlduftende Essenzen. Und Gemälde an den Wänden, gleichsam in der Tat, die mir ganz unbekannte Schlachten zeigen. Und es gibt da gleichsam in der Tat Diener, die stumm und taub sind und nichts kennen, außer zu dienen, die unbekleidet sind, gleichsam in der Tat, bis auf die Manschette, das sie um ihren Hals tragen, und die Gefallen darin finden zu dienen. Es gibt da gleichsam in der Tat das, was man als kleinen Tisch bezeichnet, der getäfelt ist mit dem, was man als Perlmutt bezeichnet, und der hergestellt ist aus Zitronenholz. Ein großzügiges Geschenk in

Form von, wie man es bezeichnet, Wein; er ist mild und blumig. Und, wie man es bezeichnet, Früchte und Datteln und Fleisch, und köstliche Dinge, sie alle sind für unseren Verzehr vorhanden.

Und unverzüglich, gleichsam in der Tat, machen wir Gebrauch von dem Komfort, den wir bisher nicht gekannt hatten. Und es mutet seltsam an, gleichsam in der Tat, die tauben und stummen Wesenheiten zu beobachten, die uns bedienen. Wie wissen sie, daß wir etwas wünschen? Sie verlassen nie unsere Gesellschaft und beobachten alles, was wir tun.

Wenn man gleichsam in der Tat von diesem prachtvollen Raum aus zum Säulengang-Garten geht, da findet man gleichsam in der Tat Statuen vor, und diese stellen gleichsam nicht Tiere oder Götter dar, sondern Menschen, die alle gleich aussehen. Sie sind wundervoll, keine ist verschieden von den anderen. Man wird gleichsam in der Tat der Lieblichkeit und Üppigkeit des Gartens und der sanften Brise gewahr, die uns so wohltut.

Als der Abend gleichsam in der Tat über das Land hereinbricht, werden Laternen und Fackeln im Garten angezündet. Und das Licht gleichsam in der Tat läßt das Geheimnisvolle dieses wundervollen Ortes sanfter erscheinen, und gehüllt in das Geheimnisvolle ist es, und zu Verlangen verführt es uns.

Da kommt es zu einer Aufwartung, gleichsam in der Tat. Ein werter Bote, der uns mitteilt, daß gleichsam in der Tat für unsere Audienz gerichtet sei. Wir sind erfrischt. Wir sind sauber. Wir erhalten gleichsam in der Tat einen sauberen Leinenkilt, um uns damit zu bekleiden. Und <wir> machen uns auf den Weg, gleichsam in der Tat, und werden einen langen Gang hinuntergeleitet, wo man sogleich, gleichsam in der Tat, auf mächtige und massive Vasengefäße trifft, gleichsam in der Tat, mit Blütenzweigen von Bäumen, die ich in meinem Garten gesehen habe, in voller Lebendigkeit.

Wir werden in, gleichsam in der Tat, in das geführt, was man als Vorzimmer bezeichnet, vor den großen Gott. Und dort erwartet uns eine höchst ungewöhnliche, stumme Wesenheit. Er ist gleichsam in der Tat klein in seiner körperlichen Beschaffenheit. Sein Haar ist gleichsam in der Tat gebleicht, so wie die Sonne gebleicht ist. Seine Augen tanzen gleichsam in der Tat wie ein warmes Feuer. Und er ist, gleichsam in der

Tat, von muskulöser Natur, und ich vermute, daß er eine Art Athlet ist, einer, der gleichsam in der Tat nach Sportwettkämpfen strebt. Und indem er auf die Hand wies, forderte er mich auf, mich von meinem Schwert zu trennen. Es sei nicht gestattet, daß wir diesen heiligen Ort gleichsam in der Tat bewaffnet betreten würden. Ich gebe dem Stummen mein Schwert und er nimmt es entgegen, gleichsam in der Tat, und sieht es auf höchst ehrbezeugende Weise an und betrachtet es als eine Kostbarkeit. Und sobald die Türen geöffnet sind, gleichsam in der Tat, ist es mir gestattet einzutreten, doch jenen aus meiner Gefolgschaft ist es nicht gestattet - aus Gründen gleichsam in der Tat, die man als Vorgespräche bezeichnet, wie ihr es in eurer Zeit nennt.

Ich gehe also hinein, gleichsam in der Tat, und siehe, ich sehe Männer, die gesalbt und parfümiert und behangen sind, gleichsam in der Tat, mit dem ganzen nur möglichen Spektrum von Farben, genannt Juwelen und mit glänzendem Gold versehen, gleichsam in der Tat sogar bis hinunter zu den Sandalen. Sie haben ganz sicher noch keine Bekanntschaft mit der freien Natur und all ihren Auswirkungen gemacht. Und ich verachte sie, denn sie verfaulen gleichsam in der Tat in ihrer eigenen Reinlichkeit. Mit Sicherheit gibt es Leidtragende in diesem Palast gleichsam in der Tat, was an ihrem Werk liegt, daß keiner spricht, daß alle gehorchen. Und sie bitten mich einzutreten - sie sind vier an der Zahl. Als ich näherkomme gleichsam in der Tat, da höre ich, wie sie mit beschlagener und schmeichelnder Zunge beginnen, mir zu sagen, wie grandios die Armee sei und wie sehr sie es begehrten und wünschten, daß mein Lager näher zu ihrem Tal, zu dem Palast, heranziehen würde. Und wie gleichsam in der Tat auf vielversprechende Weise ihre Kultur gleichsam in der Tat mit unserer hochgeschätzten Stärke eine, gleichsam in der Tat, ehrfurchtgebietende Macht zusammenstellen könne. Und ich sagte kein Wort. Und als einer von ihnen gleichsam in der Tat sich soweit äußerte, die Armee und die enorme Stärkeeinheit gleichsam in der Tat Heiden zu nennen, da spuckte ich auf ihn und nannte ihn ein Schwein. Von der Wesenheit, gleichsam in der Tat aus dessen Augen brannte glühender Haß hervor, und sie alle bewegten sich von mir weg, und plötzlich, gleichsam in der Tat von meiner nach hinten gerichteten Abwehrbereitschaft übersehen, taucht da gleichsam in der Tat eine äußerst gewaltsame Wesenheit in Form eines großen Schwertes auf - und durchbohrt mich.

Zu fühlen, wie gleichsam in der Tat eine Klinge deinen Rücken durchdringt und ihn aufreißt gleichsam in der Tat, wie sie die Rippe aus dem Rücken hervorstößt, und wie sie gleichsam in der Tat, wie es genannt wird, Kanäle und Lunge und auch Bänder zertrennt. Und gleichsam in der Tat, wie sie gleichsam den Teil aufspaltet, den man Magen nennt. Und zu entdecken, wie ihre Spitze gleichsam in der Tat unter der Weichheit jener Stelle hervorschwillt, die vorne an deinem Körper ist. Und gleichsam in der Tat die Heißheit deines Seins zu spüren, die verstärkt ist durch das Metall, das nun mitten in dir drinnen liegt ... ist eine überaus unvergeßliche Erfahrung. Ich war durchbohrt worden. Die Wesenheit, er, gleichsam in der Tat, der so geschickt bei seinem Werk mit dem Schwert zugange war, hat es hindurchgetrieben und stieß es noch weiter durch, so daß der Griff seines Schwertes direkt an meinem Rücken anlag ... und dann zog er es heraus.

Da ist ein Fallen. Und ich schaue zum Boden hinunter, und er kommt auf mich zu ... langsam. Und als ich auf dem Boden auftreffe, da kann ich die Abweichungen in dem weißen Marmor erkennen, gleichsam deren Schattierung hin zu der Farbe Grau. Und wie ich auf dem Boden auftreffe gleichsam in der Tat, da schlägt mein Gesicht gleichsam auf den kalten Marmor, der ohne Wärme ist. Und während ich gleichsam in der Tat dort liege, unfähig etwas rechts von meinem Gesicht zu sehen, und unfähig zu sprechen, denn mein Mund gleichsam in der Tat ist wie verwachsen mit der glatten, kalten, unnachgiebigen Oberfläche, da gibt es Dinge gleichsam in der Tat, die tief in mir ertönen, und ich beginne gleichsam in der Tat zu sehen, wie ein scharlachroter Fluß aus mir herausflutet und herausströmt. Da ist ein Sprung in dem, was ein makelloser Boden zu sein schien, und ich beobachte gleichsam in der Tat, wie das Scharlachrot auf den Boden fließt und in den Spalt sickert. Es ist Leben. Es ist Leben, das von mir wegströmt! Und wie steht es mit der Frau, die ich liebte? Sie befindet sich nicht mehr im Leben. Wie, mit der Mutter, die ich liebte? Sie befindet sich nicht mehr im Leben. Wie steht es mit der Liebkosung einer zärtlichen Frau? Ich würde es nie kennenlernen. Und die Kinder aus meiner Nachkommenschaft? Hat man sie zu Bastarden erklärt, gleichsam in der Tat, und vernachlässigt? Wie steht es mit dem herrlichen Baum gleichsam in der

Tat, dem man Gehör schenkt; den Zeiten, gleichsam in der Tat, als Hunger mein Wesen quälte. Und wo liegt der große Berg jetzt, der sich selbst mir einst als Zuhause darbot. Ich werde ihn nie mehr wiedersehen.

Und ich höre in meinem Innern einen Hall und ein Geräusch erschallen. Und er beginnt gleichsam in der Tat hinten in meinem Hals hervorzukommen, der heiße Strom des Lebens, der hervorfließt, gleichsam in der Tat, und er sprudelt in meinen Mund hinein. Ich liege im Sterben ... Ich bin gleichsam in der Tat eine unerbittliche Wesenheit gewesen, die Tyrannei haßte, gleichsam in der Tat, und die jene nichtswürdigen Menschen, die andere versklavten, VERACHTETE. Es ist das Ende meiner Tage. Als ich beobachte, gleichsam in der Tat, wie das Blut aus meinem Körper herausströmt ... da erklingt eine Stimme, die zu mir spricht, und sie sagt: "STEH AUF!" Sie sagt zu mir: "Steh auf!" Ich begann gleichsam in der Tat meine Knie unter meinen Körper zu ziehen, und während ich das tat, hörte ich meine leere Schwertscheide auf den Boden fallen und auf ihm entlangschleifen. Und ich stützte mich auf die Handflächen, gleichsam in der Tat, und hob langsam meinen Kopf und brachte mein Gesicht nach oben, so daß mein Kopf sich in aufrechter und gerader Position befand, und zog dann gleichsam in der Tat meinen linken Fuß heran und brachte ihn in eine stabile Stellung, und legte meine Hände gleichsam in der Tat auf mein Knie, die Wunde nicht beachtend ... und ich stand auf.

Da ist ein sich Ergießen von Blut. Es strömt aus meinem Mund hervor, und die Wesenheit, die mich durchbohrt hatte, er ließ gleichsam sein Schwert fallen und griff nach seinem Amulett, das an seinem Hals baumelte, und floh. Und die Männer, gleichsam in der Tat, mit den gekräuselten Bärten und gesalbten Häuptern und gesalbter Haut, gleichsam in der Tat, die mich bisher für unsterblich gehalten hatten, haben jetzt gesehen, daß ich es bin, und auch sie fliehen. Und siehe, gleichsam in der Tat, wie ich da all meine Kraft sammle und meine Wunde halte gleichsam in der Tat, wie der ganze Strom ihres Blutes durch meine Finger gleichsam hervorfließt und an meinen Beinen herunterläuft, da kommt ein stummer Mann herbei, derjenige, der draußen vor der Türe war, und der von mir das Schwert gefordert hatte. Und als er gleichsam in der Tat den Ram da stehen sah, bat er gleichsam in der Tat zu dessen Füßen um Gnade. Und obwohl ich nicht reden konnte, gleichsam in der

Tat, *flehte* er gleichsam um Gnade. Sie wurde gewährt. Denn wie könnte ich gleichsam in der Tat auch nur die Kraft dazu aufbringen, diesen Mann zu verdammen, der da um Vergebung bittet, wenn indessen der Bauch meines Körpers auseinanderklafft und meine Eingeweide sich zu zeigen beginnen.

Ich sprach zu diesem Wesen und bat ihn, zu meinem Lager zu gehen und jene Wesenheit namens Gustavion Monocolus und jene Wesenheit namens Cathay ausfindig zu machen ... und sie zu mir zu bringen. Die Wesenheit erhob sich gleichsam in der Tat und hörte aufmerksam zu und rannte weg, nur um gleich darauf wieder zurückzukommen und mir mein Schwert zu geben, und eilte fort. Wenn man seine Faust nimmt und gleichsam in der Tat seinen Körper dort ergreift, wo man verwundet ist und ihn fest zusammenpreßt, hört er auf zu sterben. Das ist es, was ich tat.

Siehe, da kommen gleichsam in der Tat Gustavion Monocolus und die Wesenheit namens Cathay herbei und beginnen damit, gleichsam in der Tat, auf vollendete Weise Hilfe zu leisten und "das Königreich zu entblößen". Und das führten sie aus und überbrachten mich dann gleichsam in der Tat zu der, wie es genannt wird, Legion der Frauen, die gleichsam in der Tat unserem Marschzug angeschlossen ist. Und durch die Frauen, gleichsam in der Tat, durch ihre sanfte Fürsorge und ihre liebevolle Güte pflegten sie mich auf vollendete Weise. Hilflos zu sein und gleichsam in der Tat auf eine Frau angewiesen zu sein, die für dein Leben die Obhut übernimmt ... da vermag ein Mann gleichsam in der Tat das Leben aus einer anderen Perspektive wahrzunehmen.

Ich konnte die Stimme nie vergessen, die mich veranlaßte aufzustehen, die mich vor dem Sterben bewahrte, und ich suchte danach, das Gesicht zu dieser Stimme zu finden. Als ich geheilt war gleichsam in der Tat von dem, was geschehen war, da begann das Erobern <meiner selbst> gleichsam in der Tat und auch die Liebe zu dem, was ich eroberte. Nicht alles wurde bloßgelegt, sondern Kompromisse wurden geschlossen, Nachsicht wurde sichtbar. Und das Erweichen des Ram gleichsam in der Tat dehnte sich weit innerhalb des Marschzuges aus.

Ich fand jene Stimme, als ich mich selbst fand ... den Gott, der ich war. ICH war derjenige, der mich aufforderte aufzustehen. Die GÖTT-

LICHE Quelle, das LEBEN, der URSPRUNG, das VERSTEHEN, der SINN ... war ich selbst. Mittels dieses Verstehens veränderten wir das Denken von ganzen Generationen, die erst noch kommen sollten.

Und vernehmt dies von mir: Viele Menschen schätzen das Leben nicht, und auch nicht die kleine Stimme, die zu ihnen spricht, bis sie sehen, wie dieses von ihnen wegfließt. Gesegnet seien alle Menschen, die Wonne am Leben empfinden, und es lieben, und sich an ihm reichlich laben, und sich selbst dafür segnen, daß sie an ihm teilnehmen.

* * *

Kapitel 9

WAS MAN EIN ZUHAUSE NENNEN WÜRDE

In dem, was genannt und bezeichnet wird als der große Marsch, da gab es Phasen hmm ... stellt euch vor, wie ihr einen Tyrannen zwei Jahre lang studiert und beobachtet, bevor ihr den Eroberungszug durchführt. In jenen Phasen gleichsam in der Tat, sie waren Gelegenheiten, um kleine Städte, beziehungsweise um das zu bauen, was man Hütten nennt, um all die Vielen aus diesem herrlichen ah ... Zusammenschluß von Wesenheiten und Tieren zu beherbergen.

Die großartigste Behausung, wenn man es so umschreiben will, war ah ... wißt ihr, was ein Plateau ist? Es ist wie ein Berg, dessen Gipfel jemand zu vollenden vergessen hat. Nun, bei all der Vergeßlichkeit desjenigen ist es jedenfalls ein Ort, an dem es sich angenehm aufhalten läßt. Da war ein großes Lager, und sie alle waren neben einem Fluß, und ah ... die Olivenbäume waren dort schon ziemlich groß, und wißt ihr, daß sie silberne Rücken haben? Wißt ihr das? Sie sind grün und silberfarben. Sie sind wunderschön. Und ah ... ich hatte das, was man als eine Hütte bezeichnet, und ah ... ich hatte das, was ihr einen Palast nennen würdet, wo sich alle meine Kinder aufhielten. Das war tatsächlich ihr Spielzeug, wißt ihr. Aber mein wahres Zuhause war auf jenem Plateau, wo ich eine klare Sicht hatte, um die Sonne bei ihrem Werk zu beobachten und auch dabei, wie sie den ganzen Tag weiterwandert, ohne dem Tod, dem Sterben, Testamenten, Armut und all dem auch nur die geringste Beachtung zu schenken. Wißt ihr, das kümmert sie tatsächlich nicht. Ist euch das je aufgefallen? Nun, und ah ... was die Nacht betrifft und das Reflektieren über den Mond, ich dachte immer, daß der Mond, den ich die Zauberin nannte, daß all die Sterne seine Kinder wären, daß sie heranwachsen würden und einmal große Monde sein würden. Das taten sie aber nie.

Ich befand mich dort an einem wundersamen Ort, an dem ich nicht von Mauern und geordnet angelegten Gängen eingeschlossen war. Ich war an einem Ort, von dem ich mir sicher war, daß er es sein müßte, wo der *Unbekannte Gott*, falls er irgendwo existieren würde, sich aufhielte, ein heimliches Dasein führend.

Und von dort oben aus hatte ich Augenblicke der Reflektion und des Beobachtens und des unbegrenzten Gewahrwerdens vom Nicht-Wahrnehm- barsamen ... richtiger Ausdruck? ... in der Tat. Da war es, wo ich das höchste Glücklichsein fand, seht ihr, denn dies war es, worin für mich die größte Freude lag. Einfach dort auf einem Plateau, wo ich ich selbst sein konnte und mit meiner Suche fortfahren konnte.

Und wenn ich zum Palast ging, wie ihr ihn bezeichnen würdet, dann hatte ich dort alle meine Kinder. Kennt ihr die Zahl einhundertdreiunddreißig? So viele Kinder waren es. Ich pflegte dorthinzugehen und ihnen zuzusehen, denn wenn man Kindern ihre Ruhe läßt und sie beobachtet und ihnen all die Dinge von natürlicher Besonderheit gibt, zum Beispiel: Wasser, einen Fisch, hm ... einen blühenden Baum, einen Dornenbusch, hm ... einen Vogel, hm ... eine Eidechse, und dies alles in einen Garten hineingibt und dort eine Höhle baut, von der sie meinen, daß sie sich dort verstecken können, während man sie in Wirklichkeit jedoch sehen kann, dann wird man erkennen, wie sich ein wundervolles Leben hineinentfaltet in eine wunderschöne Form. Und hinsichtlich dieser Deutung von Menschen waren sie meine Form, und sie strahlten den *Unbekannten Gott* mit solcher Unschuld und Tugend und Schönheit aus und so sehr liebe ich sie, daß, falls irgendjemand, wie man sagt, Hand an sie gelegt hätte, um ihnen ein Haar zu krümmen, oder sich auch nur mit dem Gedanken trug, sie zu belästigen, daß ich dessen Kopf abhackte ... und ihn in das Meer warf. Denn in Ruhe gelassen stellen sie

Gott in seiner reinsten und wundervollsten Form dar.

Was also empfand ich? Nun dort in dem Palast lernte ich ... herrliches Lachen, aber wenn ich auf das Plateau ging, dann gab es da nichts Spaßiges. Alles ging dort weiter auch ohne mich. Nichts sagte, daß es mich etwa vermißt hätte, als ich weg war. Das war die große Herausforderung. Warum vermißte es mich *nicht*? Warum war es dort? Wußte es denn nicht, daß ich dort war? Seht ihr, es war die Kombination, wie ihr es ausdrücken würdet, von jenen beiden Plätzen, die für mich das *Zuhause* ausmachten. Und dort ist es, wo ich es immer fand.

* * *

Kapitel 10

EIN GESCHENK AUS FREIHEIT

Im, wie man es gleichsam in der Tat bezeichnen würde, 18. Jahr meines Marsches hatte ich gleichsam in der Tat ein, wie man es bezeichnet, Wüstenvolk von höchst zerstörerischer Natur gleichsam in der Tat so weit verfolgt, daß sie mit ihrem Rücken zum weiten Meer standen. Bei dem Meer handelte es sich eurem heutigen Verständnis nach um das, was ihr als das Persische Meer oder den Golf bezeichnet, und wir hatten gegen sie gleichsam in der Tat nahezu sechs Jahre gekämpft.

Die Wesenheit gleichsam in der Tat, die ähm ... der Barbar war, er war einer, der gleichsam in der Tat von dem oberen Teil dessen herstammte, was man später Cathay nannte, und der Rebellenstämme aufstellte gleichsam in der Tat quer über das, wie man es bezeichnet, gesamte Wüstenland hinweg bis hinein in die Hänge entlang der, wie man es gleichsam in der Tat bezeichnet, Bergketten. Und er hatte die, wie man sie bezeichnet, Stadtgemeinden infiltriert und ihnen gleichsam großen Schaden zugefügt, den Städten, dörflichen Zusammenschlüssen und dergleichen - er war ein gewaltiger Barbar. Er war angetrieben, gleichsam in der Tat, von der Gier nach Macht, der Macht des Unterwerfens gleichsam in der Tat, und wir waren ihm direkt nachgefolgt bis nach Aeriak, wie man das bezeichnet, was ihr euer Asia Minor nennt, und dort traten wir ihm gleichsam in der Tat gegenüber. Wir hatten ihn in einem Nachzugsmarsch verfolgt, den ganzen Weg bis zu diesem Persischen Meer.

Dieser Herrscher besaß ein Schwert, das aus dem hergestellt worden war, was man als schwarzes Metall bezeichnet. Das schwarze Metall gleichsam in der Tat schien unbesiegbar zu sein. Unsere Schwerter sind aus dem hergestellt, was man gleichsam in der Tat Messing und Kupfer nennt, und aus dem, was in eurer jetzigen Zeit Platinum genannt wird, aus einer Mischung von ihnen, um ihnen hervorragende Stärke zu verleihen. Dieses Schwert aber war schwarz, und alle seine Legionen trugen dieses Schwert, und wenn es gegen ein Schwert mit breiter Klinge schlug, dann wurde gewöhnlich das Breitschwert entzweigebrochen. Infolgedessen bestand gleichsam in der Tat die einzige, gegen ihn durchzuführende Strategie in den Männern der Kavallerie und den Lanzen. Das war die einzige Verteidigung gegen diese Wesenheit und die Zahl seiner Männer war weitaus geringer als die meiner.

Das schwarze Schwert wurde aus Eisen geschmiedet, etwas, das wir nicht kannten. Und das Schwert war sehr schwarz, gleichsam in der Tat aufgrund dessen, weil die Brennöfen in Rauch geschwärzt waren. Und es ist sehr stark.

Die Vorgehensweise, mit der wir diese Wesenheit besiegten, gleichsam in der Tat, lag darin, daß er, wie man es bezeichnet, eine Art Tauschhändler war, uns ein schwarzes Schwert gab, wir uns gleichsam in der Tat in den unteren Teil des Sudan zurückzogen, nach dem Erz gruben und es gleichsam in der Tat mit unserem Platinum mischten, wodurch es eine sehr scharfe Kante erhielt. Und wir führten einen Sturmangriff mit unseren Westflanken, unseren Kavalleriemännern, durch und mit unserer, wie es bezeichnet wird, zu Fuß marschierenden Armee. Und wir waren in unserer Schlacht überlegen. Denn wenn auch seines aus Eisen war ... Eisen gleichsam in der Tat schließt nicht mit einer sehr scharfen Kante ab, es ist sehr stumpf, weil es sehr schwierig ist, dieses Metall beim Schmiedevorgang zu schmelzen, versteht ihr. Unseres hingegen, zusammen mit dem, was Platinum genannt wird, ließ sich mit einer sehr feinen Kante schmieden. Und die Kanten leuchteten in der Sonne. Wir führten unseren Angriff durch, gleichsam in der Tat;

er war sehr gut. Der Feldzug dauerte gleichsam in der Tat achteinhalb Monate und wir trieben ihn ins Meer.

Die Nachkommenschaft der Wesenheit und aller seiner Frauen pflegten später Dschingis Khan genannt zu werden, folglich nahm er in anderen Inkarnationen dieselbe schreckliche Art an, die er bereits damals besaß.

Nun ... in Hinsicht auf die Frauen von widerstreitenden Kräften, da gehen sie hin gleichsam in der Tat und nehmen sich das Ihre. Es sind immer die kleinen Mädchen, die den höchsten Preis einbringen, obwohl sie noch keinerlei Haar haben. Und sie beschmieren deren Brustwarzen mit Hennafarbe, um sie verführerischer aussehen zu lassen und ölen ihnen die Haare ein. Die kleinen Mädchen werden immer sehr schnell ergriffen und gleichsam in der Tat an den eh ... höchstbietenden Soldaten versteigert, der die meisten Drachmen für sie bezahlt. Und dann die alten Frauen, sie werden in den Dienst genommen, und die Männer werden oft zu Eunuchen gemacht. In unserer Armee haben wir dieses nicht getan. Die Frauen, gleichsam in der Tat, wurden hochgeachtet und werden es nach wie vor. Kleine Mädchen, sie sind unschuldige kleine Kinder. Sie sind Kinder. Kinder haben keinerlei Ahnung von dem, was man als die Leidenschaft im Körper bezeichnet. Sie fangen gerade erst mit dem Leben an, wißt ihr.

Und so, gleichsam in der Tat, errichteten wir bei der Übernahme dieses, wie es gleichsam in der Tat genannt wird, dieses Feindes gleichsam einen Lagerplatz. Entlang der Meeresküste war sehr flaches Land, sehr schönes Land. Dort gab es Obstgärten und solche, in denen, wie es genannt wird, Olivenhaine standen, und man konnte ihre langen Reihen sehen und große Bäume von hochgradigem Alter; der Ort ist sehr schön.

Also hielten wir uns dort ein kleine Weile auf. Und im Laufe der Zählung der Frauen kamen sie alle zur Audienz, mit anderen Worten, es kam zur Zählung all derer, die jene Wesenheit begleitet hatten. Und an einem Tage gleichsam in der Tat, als der Donner, ein ... Sturm vor Sonnenaufgang heraufgezogen war und eine starke Brise vom Meer mit sich brachte und alles gleichsam in der Tat von diesem wundervollen Sturm ziemlich durchweicht war, da gebt ihr also eine Audienz und habt alle da, die an diesem Tage gezählt werden sollten.

Und da kommt gleichsam in der Tat ein kleines Mädchen. Nun, ein kleines Mädchen, dessen Alter vierzehn Jahre sein mag. Gleichsam in der Tat, schon in dem Lager jener Wesenheit war sie durchbrochen worden, als sie gerade erst vier Jahre alt war, und war gleichsam in der Tat, aufgrund der Kleinheit ihres Körpers in einem hochgradig widerlichen Akt von ihrem Besitzer mißbraucht worden, bis sie das "Alter des Blutes" erreichte und in dem "Alter des Blutes" gleichsam in der Tat ein Kind empfing.

Das Kind gleichsam in der Tat wurde als ein männliches Kind geboren, was ihr das Leben rettete, denn wäre es ein weibliches Kind gewesen, wäre sie geköpft worden.

Und so kam nun dieses kleine Mädchen in meine Audienz. Und sie trug ein Leinengewand. Und das Leinen war sehr grob gewebt, sehr ähnlich dem Leinengewand eines Schäfers, wißt ihr, so gewebt, daß es sehr grob ist und daß das Material nicht sehr geschmeidig ist und sich deshalb auf der Haut sehr rauh anfühlt. Und ihre Tunika war daraus hergestellt und war im Naturzustand belassen, so daß die Farben sehr dunkel waren. Und diese reichte gleichsam in der Tat bis auf ihre Beine hinunter, doch sie war an mehreren Stellen eingerissen, so daß sie fast in Fetzen hing und nichts ihre Füße bedeckte. Und bewahre, dieses kleine Mädchen trug kein einziges Zierstück. Und das Haar auf ihrem Kopf, gleichsam in der Tat, war zu einem Mittelstreifen rasiert und dann nach hinten gezogen worden, gleichsam in der Tat, und dort zu einem Zopf geflochten worden, so wie ihr ihn heute noch macht. Das Rasieren war ein Brandmal, und es war auch als Gespött gedacht, was andere Männer davon abhalten sollte, sie zu nehmen.

Das kleine Mädchen kam herein ... und sie war auf ihren Knien, und während sie auf ihren Knien lag, weinte sie auf dem Boden. Sie wollte nicht aufstehen. Und ich schaute zu ihr hinunter und ließ sie weinen, und jene, die um mich herumstanden, wurden sehr unruhig. Männer ertragen es nicht sehr leicht, wenn Frauen weinen. Sie wissen nicht, was sie tun sollen. Nicht einmal die Tapfersten unter ihnen. Und so werfen sie nur einen flüchtigen Blick von Wesenheit zu Wesenheit und keiner weiß, was er tun soll.

Also frage ich das kleine Mädchen: "Wie rufen sie dich?" Und in ihrem Schluchzen murmelt sie etwas, das sehr unzusammenhängend war, und ich sage zu ihr: “Herrin, ich habe dich nicht gehört, sprich deutlich zu mir. Du brauchst vor nichts Angst zu haben in dieser Audienz.”

Und sie murmelte in einem weiteren Schluchzen und daraufhin bewegte sich der Herr, der auf der Seite an der Wand stand, hinüber zu dem Kind. Ich hatte das Gefühl, ich sollte hingehen und zu dem Mädchen treten und es selbst hochheben. Ich ging langsam zu ihr hinüber und sagte zu ihr, sie solle sich erheben. Statt dessen krabbelte sie weiter und ergriff meine Gelenke und fing an, mir die Füße zu küssen, was mir nicht gefiel. Und so half eine Wesenheit und zog sie weg, und als wir sie aufrecht hinstellten, da fiel unter ihrem Gewand ein Säugling auf den Boden. Und der Säugling war bis auf sein Gesicht sehr fest eingewickelt - und er hatte einen Schleier über seinem Gesicht -, so daß er seine kleinen Arme und seine kleinen Gelenke nicht bewegen konnte. Und der Säugling fiel unter ihrem Gewand hervor und der ah ... alte Soldat, der bei mir war, dachte, daß es sich hier um eine “unbefleckte Geburt” handelte, sogar schon bekleidet. Seht, sie hatte ihn unter ihrem Leinengewand an sich festgebunden, als sie hereinkam ... zum Schutz. Wenn man dann die Frau betrachtet, sieht man, daß sie sehr arm ist, was heißen soll, sie ist sehr mager in ihrer Gestalt. Da ist nicht viel Gewebe an ihren Beinmuskeln.

Und unverzüglich hebe ich also den Säugling hoch, und sie beginnt, auf den Boden zu fallen und wieder zu weinen. Und ich ziehe den Schleier vom Gesicht des Säuglings, und er hat es mir angetan ... Und seine Augen, sie waren wie das Meer. Sie waren wundervoll. Und das Baby war sehr sauber und sehr schön. Und als ich begann, es auszuwickeln, da hoben wir die Frau hoch und sie streckte ihre kleinen Hände vor, um mitzuhelfen, und schließlich gab ich es ihr, und sie reichte es mir zurück. Ich fange mit dem Auswickeln an und das Baby fängt an, mich anzulachen. Aber da waren keine Zähne zu sehen, es war ein kleines Baby. Und jedesmal wenn ich mehr Umschlagtücher von ihm loswickelte, kitzelte das seine Haut und es lachte. Und es ... sabberte. Und wir legten es frei und es war ein Knabe. Und als wir das letzte, direkt auf seiner Haut anliegende Stückchen Stoff, das von sehr, sehr, sehr gebleichtem Weiß war, losgewickelt hatten, da hielt ich diese wundervolle kleine Wesenheit hoch und er wurde zu einem sich räkelnden, lebendigen Kerlchen. Und seine Arme und seine kleinen Beine bewegten sich in alle Richtungen. Und in einem Moment großen Jubels urinierte er vorne auf mich, über und über ... aber der Säugling lachte nur, und es war schon recht. Und zu der Mutter sagte ich: "Hier ist dein Säugling."

Und sie sagt: "Nein. Nein. Nein! Nein!" Und dann weinte sie erneut und: "Nein ... Nein!"

Und da lasse ich Wein herbeibringen. Und wir bewirteten die Mutter und es gelang uns, daß sie sich beruhigte, und wir schauten sie an: "Du bist ja selbst noch ein kleines Mädchen!"

Und sie sagt: "Nein, ich bin eine alte Frau. Ich bin benutzt worden seit ich sehr klein war. Ich bin eine alte Frau und ich bin nicht mehr länger begehrt."

"Wir hier sind frei! Du brauchst zu niemandem zu gehören. Du brauchst keinen Ehemann zu haben. Du kannst hier eine freie Wesenheit sein!" Und sie erwidert: "Aber Herr, was könnte ich tun? Ich habe keine Begabung für Handwerk, oder für die Schreibkunst oder die Kochkunst."

Und ich sage zu ihr: "Aber du hast eine Begabung für die Kinderkunst. Sieh doch dieses wundervolle Gut hier." Und zu diesem Zeitpunkt hatte der Säugling Zugriff zu meinem Ohr bekommen und war dabei, das Ohrläppchen näher zu untersuchen. Und sie beugte ihren hübschen Kopf vor und es begannen Tränen herabzufallen, und ihre Wimpern begannen in ihren Tränen zu versinken, und ich bat sie: "Bitte tue das nicht länger." Und sie nahm den unteren Teil ihres Gewandes und schneuzte sich darin die Nase ... "Ich werde dich zu dem Haus einer der älteren Frauen senden und dort kannst du bleiben und deinen Sohn großziehen."

Und sie sah zu mir hoch und ihre Augen waren gleichsam grün, grün, grün! Und sie erwiderte: "Herr, ich flehe dich an, ziehe meinen geliebten Sohn in deinen Armen groß!"

Und ich sah sie an und sagte: "Frau, aber dieses ist deine Freiheit. Jetzt ist es dir möglich, deinen Sohn zu haben und ganz nach deinem Belieben mit ihm zusammenzusein. Es gibt keinen, der dir dein Leben zu einem Elend machen wird."

Sie sagte: "Nein. Nein. Mein Leben ist beendet. Ich bin eine alte

Frau, Herr. Und was meinen Säugling angeht, ich besitze keine Fertigkeit, um ihm etwas Aufrechtes zu vermitteln, damit er zu einer grandiosen und bedeutenden und noblen Wesenheit wird, doch du kannst das."

Ich war äußerst verblüfft, doch zu diesem Zeitpunkt hatte der Säugling nun seinen Mund meinem Ohrläppchen genähert, nachdem er es zuerst mit seiner Hand untersucht hatte. Und ich sah sie an und ich sagte zu ihr: "Was bedeutet deine Freiheit für dich?"

Und sie erwiderte mir: "Sie ist mein nicht mehr, sondern sie besteht in der Freiheit meines Sohnes. Das ist meine Freiheit."

"Was möchtest du, daß ich mit deinem Sohn mache?" Sie sagt: "Daß du ihn annimmst und ihn in deinem Haushalt großziehst." Und ich dachte einen Augenblick lang nach, und ich ziehe den Säugling von meinem Ohr weg, und da entdeckt er meine Nase! ... ist dabei, den oberen Teil der Nasenflügel zu untersuchen. Und ich sagte zu ihr: "Ich werde diesen deinen Sohn nur unter einer Bedingung annehmen: Daß du die Wesenheit sein wirst, die über diesen Sohn in meinem Haushalt die Aufsicht hat, und ich werde ihn *meinen* Sohn nennen, und er wird mutterlos sein. Du wirst seine Hüterin sein."

Und solch erhabene Freude erschien in den Augen dieser schönen Wesenheit. Es war, als wäre sie vor mir zu einer grandiosen Frau geworden. Und sie begann mir die Füße zu küssen, und ich bat sie eindringlich, das nicht zu tun, und nahm den Knaben von meiner Nase weg und drängte ihn ihr in die Arme zurück. In diesem Augenblick gluckste das Baby gleichsam in der Tat und griff nach ihrem Haar.

Freiheit. Freiheit bedeutet, gleichsam in der Tat, imstande zu sein, gleichsam in der Tat, sich selbst Jubel zu schaffen - und sei es im Selbst einer anderen Wesenheit - hinein in die überragendste Bewußtheit, die man haben kann. Und das ist es, was dieses kleine Mädchen mit ihrem kleinen Jungen tat.

Ich lehrte den kleinen Jungen, ein Schriftgelehrter zu sein, ein Zeichen für höchst zuverlässige Vertrauenswürdigkeit. Und die Freiheit des kleinen Mädchens bestand darin, daß sie ihrem Kind gestattete, jetzt unter diesen Bedingungen unbegrenzt zu werden. Damit er all die Dinge werden möge, so daß sie durch seine Augen hindurch die Dinge sehen könnte, die sie sonst nie sehen würde. Und während sie heranwuchs, gleichsam in der Tat, hielt sie glücklicherweise die Weisheit fest, und ihr Haushalt wurde zu einem der weisesten unter all den Frauen dort, und niemals mehr zeugte sie einen weiteren Sohn. Und während der kleine Junge lernte, ein Schriftgelehrter zu sein, so lernte auch sie.

Die Geschichte über die Freiheit ... ihr würdet wohl zu mir sagen: "Ach, aber die größte Freiheit besteht darin, sein eigenes Baby zu haben, ohne daß man, wie man es bezeichnet, von dem Barbaren mißbraucht wird, und ohne die Angst zu haben, daß das Kind mißhandelt werden würde." Ihre Freiheit aber bestand für sie darin, das Kind gleichsam in der Tat zu einem Teil von etwas werden zu lassen, durch das sie selbst frei wurde, um die Wahlmöglichkeit auszuüben, mit ihrem wertvollen Gut so zu verfahren, wie sie es wünschte. Und ihr Wunsch war es, ihn mir zu übergeben.

* * *

Kapitel 11

EINFACHHEIT

Als ich über die URQUELLE lernte, da hatte ich keinen Lehrer, der mich in bezug auf die QUELLE des VATERS gelehrt hätte. Es war eine Erfahrung der Einfachheit, die alle gleichsam in der Tat für selbstverständlich halten, was eine gute und passende Bezeichnung ist, um ihn in dieser Gesellschaft zu benutzen.

Ich lernte gleichsam in der Tat vom Wetter. Ich lernte gleichsam in der Tat von den Tagen. Ich lernte gleichsam von den Nächten. Und ich lernte gleichsam in der Tat vom zarten und unauffälligen Leben, das angesichts von Zerstörung und Krieg doch in Fülle vorhanden zu sein schien. Es war die QUELLE, die der Lehrer für mich war. Als ich gleichsam in der Tat über den VATER und all seine Brillanz nachdachte, da gab es zwei herausragende Dinge, gleichsam, die mich an ein immerwährendes Leben glauben ließen. Die Sonne, die ich Ra nannte - ihr gleichsam glorreiches Erscheinen am Horizont und ihre Reise über das gesamte Himmelszelt, die sie gleichsam in der Tat am westlichen Himmel beendete, gleichsam in *ihren* Schlaf übergehend und es gleichsam in der Tat einer wundersamen Schönheit, dem Mond mit seinem blassen Licht, erlaubend, quer über das Himmelsgewölbe zu tanzen und die Dunkelheit in geheimnisvollen und wundervollen Tönen zu erhellen. <Bei Ramtha im amerik. Originaltext ist “Sonne” männlichen Geschlechts und “Mond” weiblichen Geschlechts>

Und trotz allem lernte ich auch dieses: daß die stumme Stimme des VATERS, die Sonne, auch wenn man das nicht meinen mag, gleichsam in der Tat auf subtile Weise das Leben gleichsam lenkt. Alle, gleichsam in der Tat, die wagemutig und tapfer waren, miteinander Krieg führten und gegen ihre Nachbarn Liederliches im Schilde führten, <wir alle> stellten unsere kämpferischen Ausschweifungen ein, wenn die Sonne unterging. Hmm. Und als ich einmal sah, wie eine alte Frau diese Ebene verließ, wie sie sich mit aller Kraft an ein grobes Leintuch klammerte, das sie einmal für ihren längst verstorbenen Sohn gemacht hatte, da sah ich sie im Lichte der Mittagssonne dahinscheiden. Und ihr Leben zog sich von ihrem Körper zurück in erstickenden Wellen von Wehklagen. Und ich sah, wie die alte Frau gleichsam in der Tat in dem Licht dahinwelkte, und ihr Mund öffnete sich zu einem Ausdruck der Verwunderung. Augen, die trübe wurden, vom Licht nicht mehr berührt. Nichts bewegte sich außer dem Wind in ihrem greisen Haar. Und ich dachte nach über die Frau, die den Sohn geboren hatte, die nun beide gestorben waren, und ich dachte nach über ihre große Weisheit. Dann sah ich wieder empor zur Sonne, die niemals stirbt. Es war dieselbe Sonne, die die alte Frau durch einen Spalt im Dach gesehen hatte, als sie nach ihrer Geburt in den Armen der Mutter zum ersten Mal die Augen öffnete ... und sie war das letzte, was sie sah, als sie starb.

Und als wir die alte Frau begruben, gleichsam in der Tat, da schaute ich wieder zur Sonne empor, und ich rechnete mit ihr, und ich fing an, über sie nachzudenken - und über die Tage und das Leben und die Geschöpfe, die ungeachtet des Menschen weiterbestanden. Und ich begann zu erkennen, daß die Götter, die in der Vorstellungswelt der Menschen vorhanden sind, lediglich gleichsam die Personifikationen der Dinge sind, die sie am meisten fürchten oder respektieren; und daß der wahre Gott einer ist, der es dieser Illusion, dieser Vorstellung erlaubt zu existieren und zu wachsen, und der auch dann noch da sein wird, wenn sie wieder zurückkehren - zu einem neuen Frühling, einem anderen Leben.

Ich fand schnell heraus, daß jene Macht, jenes Leben, jenes fortwährende Bestehen, das unaufhörlich vorhanden ist, daß das es ist, worin die wahre Ehrwürdigkeit, der wahre Gott, der *Unbekannte Gott* liegt - die Lebenskraft. Als ich durch erhöhten Gedanken erkannte, wer der VATER war und was er war, da wollte ich nicht dahinwelken und sterben gleichsam in der Tat, wie die alte Frau gestorben war, oder wie ich gleichsam in der Tat viele der mutigen Wesenheiten, die unter meiner Leitung standen, sterben gesehen hatte - es muß einen besseren Weg geben ... um weiterzubestehen, so wie auch die Sonne weiterbesteht.

Und siehe, während mein Nachdenken seinen Anfang nimmt, gleichsam in der Tat, in dem Zustand des Genesens von der furchtbaren Verzweiflung, in der sich mein Körper befand, von der ich einmal geheilt sein würde - da sitze ich auf einem einsamen Plateau, gleichsam in der Tat und schaute weit in die Ferne, wo man im dichten Dunst jene verschwommenen Umrisse geisterhafter Berge und Täler erkennen kann, die noch auf keiner Karte verzeichnet sind, und ich fragte mich, wie ich Teil von dieser Essenz, die ein Kontinuum ist, sein könnte. Zu meiner großen Überraschung und großen Wohltat kam da gleichsam in der Tat ein sanfter Wind herbei, und der Wind spielte mir gleichsam in der Tat zu jener Stunde einen Streich. Er wickelte und rollte sich um mein Haar, gleichsam in der Tat, und durch meine Finger, und machte meine Augen so trocken, daß sie gleichsam in der Tat zu tränen anfingen. Und er blies meinen Umhang, der lang und königlich war, nach oben und ließ ihn dann über meinem Kopf niedersaußen. Hmmm. Ihr seht, keine sehr würdevolle Position für einen Eroberer. Und als ich den Umhang über meinem Kopf entwirrte und wieder herunterbrachte und mich umsah, und ich wieder in die Position einer angemessenen Haltung von Versunkenheit gerutscht war, da wirbelte der Wind gleichsam in der Tat neben mir einigen Safranstaub auf, wodurch er ihn gleichsam in der Tat zu einer sanften Säule formte, die bis in den Himmel hinaufreichte. Und als ich diese Säule ansah, da war dies der Moment, in dem ich erfaßte, worum es sich bei der *Unsichtbaren Macht* handelte.

Ich dachte tief über den Wind nach und stimmte mich ein auf seine Sprunghaftigkeit, seine Leichtigkeit und seine Konturen, die unbestimmbar sind. Und da ich über den Wind nachdachte, war es der Wind, zu dem ich wurde auf meiner Suche nach dem Werden. Und viele

Male <wurde ich zu ihm>, gleichsam in der Tat. Und das erste Mal geschah erst sechs Jahre nach meiner Wiederaufleben. Doch jeden Abend pflegte ich gleichsam zu dem einsamen Platz hinaufzugehen und zum Mond mit seiner zarten Blässe emporzustarren und über den Wind nachzusinnen. Und da kam gleichsam in der Tat der Augenblick, sehr zu meinem Gefallen und meiner Überraschung und Entschlossenheit, daß ich mich plötzlich gleichsam in der Tat oben am Himmel über mir selbst wiederfand. Ich wußte nicht mehr, wer ich war, als ich mich umwandte, um zurück nach unten zu blicken. In nur einem Augenblick, gleichsam in der Tat, kam mir die Erkenntnis, daß ich viel weiter draußen war, gleichsam in der Tat, und daß sich der winzige Fleck meines Körpers unten auf dem Plateau befand ... und ich verspürte Angst. In dem Moment, in dem ich Angst verspürte, öffnete ich meine Augen und war auf einmal gleichsam in der Tat in kaltem Schweiß gebadet angesichts dessen, daß es einem Menschen möglich ist, sich in eine andere Wirklichkeit zu bringen, daß ich an einem anderen Ort gewesen war, außerhalb meines "Käfigs". Ich warf mich nieder, gleichsam in der Tat auf den Boden und pries die QUELLE, die MACHT, den URGRUND, den WIND und rühmte ihn dafür, daß er mich durch seine Gedanken erhöht hatte. Und nie vergaß ich seine Grazie, seine Schönheit und sein überschäumendes Leben, zu denen ich in jenem herrlichen Augenblick geworden war. Und da beginne ich zu überlegen, gleichsam in der Tat, *durch was* mir diese Erfahrung *geschenkt* wurde: durch vollendeten, klaren, entschlossenen Gedanken - der auf ein Ideal eingestimmt war - den Wind.

Und am nächsten Abend, gleichsam in der Tat, ging ich hinauf zu meinem Platz jenes einsamen Geschehens. Ich stellte meine Betrachtungen über den Wind mit überströmender Freude an, und ich wurde ... gar nichts. Und ich versuchte es wieder und wieder, und ich wußte mit klarem Verstand, daß jene Erfahrung gleichsam in der Tat keine sehnsüchtige Einbildung gewesen war, sondern daß sie sich tatsächlich ereignet hatte. Ich hatte eine andere Perspektive erlebt. Ich war oben in der Luft gewesen, wie eine Taube gleichsam in der Tat oder ein Falke. Ich hatte Flügel, die ich nicht sah, und ich habe mein mitleiderregendes Selbst unter mir gesehen. Lange Zeit, gleichsam in der Tat, eine lange Zeit dauerte es, bevor ich wieder der Wind wurde.

Eurer Zeitrechnung nach zwei Jahre nach jenem Ereignis. Und diesmal, gleichsam in der Tat, geschah es nicht beim Betrachten des Windes, sondern beim Übergang in einen, wie man es bezeichnet, ruhevollen Schlaf. Ich hatte die QUELLE gepriesen, die Sonne, das Leben, den Safranstaub, den Wind, die Sterne ... den süßen Duft des Jasmins, sie alle hatte ich gepriesen und kaum hatte ich meine Augen geschlossen, siehe, da war ich wieder am Himmel ... als der Wind.

Nachdem ich das erreicht hatte, brauchte ich wieder lange Zeit, um herauszufinden, wie ich zu anderen Orten gelangen konnte. Und dann gleichsam in der Tat geschah es, daß in der Tat jene Wesenheit namens Cathay gleichsam in der Tat in eine äußerst gefährliche Lage geriet, denn er war von einer derben Wesensart, die gleichsam in der Tat nach den wundersamen Verhältnissen zu Frauen und nach starken Getränken trachtete und nach Geschichten, gleichsam in der Tat, die zu mehr gemacht worden waren, als sie es tatsächlich waren, nur um ihnen mehr Glanz zu verleihen - er steckte gleichsam in der Tat in einer gefährlichen Lage. Und ich sah von meinem Standort aus, wie das Leben im Begriff war von ihm zu weichen, und gleichsam in der Tat um zu Cathay zu gelangen und gleichsam in der Tat seine Ferse aus dem, wie man es gleichsam in der Tat bezeichnet, Steigbügel zu befreien, der um das Pferd geschnallt war ... in dem Moment, in dem mein Gedanke auf ihn gerichtet war, war *ich* bei ihm, im Nu, und löste den Steigbügel von seiner Ferse, und stand über ihm und wünschte ihm alles Gute, und er dachte, ich sei ein Traum.

Ich lernte es, gleichsam in der Tat innerhalb von Augenblicken zu reisen, lernte, daß der ausschlaggebende Gott, der im Gleichklang mit dem Wind und der Sonne und den Himmelsgewölben ist, im Gedanken zu finden war, denn wo immer der Gedanke ist, dort *ist* die Wesenheit, die der Gott, der ihr seid, ist.

Viele Jahre, und ich kannte seine Zugänge zu Königreichen, und zu anderen Wesenheiten, und zu bisher ungesehenen Lebensformen, und besuchte gleichsam in der Tat das, was man Zivilisationen nennt, und die Entstehung ihrer Zukunft. Ich lernte gleichsam in der Tat die Wege meiner geliebten Brüder, die mir einmal mit ihrer Ankunft hier auf dieser Ebene nachfolgen würden, die die QUELLE ausfindig machen würden. Seht ihr, wenn man hierherkommt, hat man keine Erinnerung, weil man im Ego verfangen ist, im Selbst, das sich nun zum Körper gehörig fühlt.

Sobald ich all diese Dinge gelernt hatte, begann ich unverzüglich, meine geliebten Brüder über die QUELLE zu lehren. Und dann kam ein Tag, gleichsam in der Tat, als es soweit war, daß dieser alte Mann, dessen Tage ihre höchste Vollendung erhalten hatten ... daß alles vollbracht war, was ich mir zum Ziel gesetzt hatte in Hinblick darauf, der zu sein, der ich war. Ich unternahm gleichsam in der Tat eine Reise auf die andere Seite des Flusses namens Indus. Und dort gleichsam in der Tat am Hang des Berges namens Indus, sprach ich zu meinem gesamten Volk. Drängte sie, zu erkennen, daß diese Wahrheit eine Wahrheit war. Daß ihre göttliche Führung gleichsam in der Tat nicht durch mich stattfände, sondern durch die QUELLE, die mich geschaffen hatte, und die auch sie geschaffen hatte. Und siehe, damit sie sich überzeugen konnten, gleichsam in der Tat, und zu ihrer großen Überraschung, erhob ich mich recht schön über ihnen in die Luft. Und die Frauen fangen zu schreien an und erstarren vor Schreck. Und Männer gleichsam in der Tat, die Soldaten waren, ließen ihre Schwerter gleichsam in der Tat in staunender Verwunderung zu Boden fallen. Ich entbot ihnen allen meinen Abschiedsgruß ... und "lernt, wie auch ich gelernt habe, um auf diese Weise zu *werden*, wie auch ich *geworden* war - jeder auf seine eigene Weise!"

Wenn ihr etwas zu sein wünscht, was auch immer es ist, das ihr sein wollt, bringt eure Gedanken damit in Gleichklang! Und der Wind ist eine Macht, die imstande ist, einen einzelnen Soldaten einzuschüchtern, und die Erde zu ergreifen und sie in die Himmelsgewölbe hinaufzuwirbeln, mit nur einem Windstoß, und er kann weder ins Geschirr genommen, noch zum Sklaven gemacht werden. Und er vermag gleichsam in der Tat nicht der Diener von *irgend etwas* zu sein, außer seiner selbst. Ich dachte nach über die freie Bewegung des Windes und wurde zu ihm.

Die Schwierigkeit, die alle mit diesem Ideal haben, ist die, daß sie noch immer verfangen sind in Tod und Alter. Und sie sind verstrickt in ihr Bemühen, ein Gerät zu entdecken, durch das sie es erreichen können. Und sie sind eher in Kompliziertheiten verfangen, als in der Einfachheit des Einklangs, die der VATER ist. Es wird auf einfache Weise vollbracht, nie auf mühsame.

* * *

Kapitel 12

DER LEHRER DER KINDER

In meinem Leben hatte ich ahh ... viele, viele Kinder, die mir übergeben worden waren. In jenen Zeiten bestand das größte Zeichen von Wertschätzung darin, dem Eroberer ein Kind zu übergeben. Heutzutage etwas Unerhörtes. Und ich nahm sie an. Ich nahm sie an als innigstes Zeichen der Wertschätzung ihrer Eltern. Und auch ein Freudenfest lag darin für die Eltern, denn sie wußten, daß sie die Frucht ihres Schoßes und ihrer Lenden, ihr kostbares Gut an die Welt weiterreichten. Sie übergaben es dem, was ihrer Überzeugung nach ein Haus von Kostbarkeit war. Im HAUSE DES RAM aufgezogen und gerühmt zu werden hielten sie für das größte Geschenk, das sie ihren Kindern machen konnten.

So hatte ich also viele Kinder. Viele! Ich hing an ihnen allen. An jedem einzelnen von ihnen. Sie waren für mich keine Belästigung, sie waren für mich eine Freude. Sie lehrten mich grandiose und wundervolle Dinge von solch naturgemäßer Wahrheit, die ich in meinem Leben entbehrt hatte. Sie lehrten *mich*.

Nun ... meine Kinder waren mir heilig. Niemand sollte in meinem Leben einem Kind ein Haar krümmen, wenn er nicht seinen Kopf abgehackt und ins Meer geschleudert haben wollte. Für keinen sehr angenehm, dem dies widerfährt. Ich wußte Bescheid über die Grausamkeit in Erwachsenen hervorgerufen durch ihre unterdrückten Emotionen, die sie dazu veranlaßten, kleine Kinder zu hassen und mißgünstig gegen sie zu sein. Und deshalb wurden Kinder mißhandelt, nicht auf körperliche Weise, sondern die größte Mißhandlung von allen ... auf, wie man es bezeichnet, emotionale Weise. Die Narben auf der Haut verheilen, die Narben hingegen auf der Seele einer eindrucksvollen, unschuldigen und doch weltklugen Wesenheit, was heißen soll, einer von Natur aus weisen Wesenheit ... meiner Wahrheit nach, war es für jeden unverzeihlich, der ihnen dies zufügte.

Meine Kinder also, über einhundert waren es, hatten ah ... einen besonderen Platz zum Leben, den ich für sie hergerichtet hatte. Ich hatte ein Wohngebäude für sie angefertigt, das es ihnen ermöglichte, unter offenem Himmel - dem Mitternachtsblau - zu schlafen, das es ihnen ermöglichte, in einem Garten gleichsam bei frischem Morgentau und klarer Luft und dem prickelnden Duft der Blumen zu erwachen.

Sie erhielten ihren Unterricht gleichsam neben einem angelegten Teich, und all jene Geschöpfe, die in jener Umgebung existieren konnten, durften dort leben. Nun, meine Kinder wurden gleichsam nicht in einem Haus aufgezogen, sie wuchsen in der Natur auf, in einem Wohngebilde, das so angelegt war, daß es die Natur gleichsam als Haus, oder als Hütte - wie ich es nennen würde - miteinbezog. Und meine Kinder, angefangen von auf dem Arm gehaltenen Säuglingen bis hin zu jungen, erblühenden Mädchen mit dem Erröten ihrer beginnenden Fraulichkeit auf den Wangen und hin zu jungen Wagemutigen ... jungen Männern, Knaben ... alle an dem legendären Punkt stehend, daß sich ihr ganzes Leben verändert... um sich zu einer Frau zu entwickeln oder um sich zu einem Mann zu entwickeln.

Ich hatte gleichsam Lehrer, oder eigentlich Hüter, die meine Kinder beaufsichtigten, und an dem einen Tage befand ich mich an dem geheimen Platz, von dem aus ich sie zu beobachten pflegte, ohne daß sie wußten, daß ich dort war. Und es machte mir große Freude, ihnen zuzusehen. Ich lernte soviel von ihnen! Und an diesem geheimen Platz, von dem aus ich sie beobachtete, beobachtete ich einen ihrer Lehrer. Er war ein Mann von schwächlicher Statur, hatte einen sehr schlanken Hals und einen sehr großen Kopf, sehr schmale Schultern. Und dieser spezielle Mann war im Marschzug aufgewachsen, war jedoch von scheuer Natur, eher den, wie man es bezeichnet, geistigen Fähigkeiten zugetan. Und während des ganzen Marsches war er besessen davon, sich Wissen anzueignen über die Kultur jener Völker, bei denen wir durchzogen. Und sein großes Glanzstück waren die Sprachen. Sein großes Glanzstück waren gleichsam Hieroglyphen. Und er war gleichsam recht gewandt im Umgang mit Worten. Und er liebte Kinder heiß und innig, so schien es.

An jenem einen Tag also beobachtete ich diese ... Wesenheit ... und eine Geschichte kam mir zu Ohren, und ich ging ein wenig näher heran, um die Geschichte hören zu können. Und er war mitten im Erzählen von Geschichten über die glorreichen Marschzüge, an denen er teilgenommen habe.

Die Geschichten wurden indessen mit sehr leiser, sanfter, melodischer Stimme erzählt, und wenn er zu einer sehr packenden Stelle der Geschichte kam, pflegte sich seine Stimme um Oktaven anzuheben. Und die Höhepunkte der Geschichte handelten von Gemetzel und Niederbrennen und all den abstoßenden Dingen, die Krieg immer schon mit sich gebracht hat. Und ich sollte gleichsam vielleicht auch hinzufügen, daß er sich die Freiheit herausnahm, Taten auszuschmücken, bei denen er nicht einmal dabeigewesen war. Er wurde so sehr Teil der Geschichte, mein Gott, er lebte sie! Indessen er ... schwelgte in dem Blut und dem Gestank, und er schwelgte in jenen Dingen, an denen er nicht teilgenommen hatte. Und er übertrieb sie in höchsten Tönen, und ich sah einige meiner Kinder sich in sich verkriechen. Diese Gesichter ... Ich sah, wie einige von ihnen sich buchstäblich in sich selbst zurückzogen und ihre dichten Wimpern fielen auf ihre Wangen herab und ihre Augen waren vor mir verborgen. Und zu jener Zeit als räuberischer Mensch jener Zeiten, war es mir möglich, instinktiv ihre Angst wahrzunehmen. Andere beobachtete ich dabei, wie ihre Augen größer ... und größer wurden.

Nun, ironisch war, daß jene, die sich in sich verkrochen und mit Furcht auf die Geschichten reagierten ... die kräftigsten waren. Jene, die große Augen bekamen, waren von meinen Kindern die von zarter Gestalt.

Und ich beobachtete diesen Lehrer dabei, wie er seine Geschichte fortsetzte, und er pflegte innezuhalten und zu sagen: “Es ist genug .....” Und dann legte er seine Hand ins Wasser und spielte mit dem Riedgras ... die Kinder damit “auf die Folter spannend”, daß er weggehen und mit anderen Dingen weitermachen würde. Und die Kinder, jene, die die großen Augen machten, zupften daraufhin an seiner Robe und bettelten: “Mehr .. mehr!” Und die kräftigsten von ihnen allen fingen an, sich behutsam aus dem Kreis wegzubewegen, aber so, daß sie noch die Geschichte hören konnten.

Ich unterbrach ihn nicht, sondern entfernte mich und dachte nach tief nach über ... Affekt <dt. heftige, angespannte, innere Erregung>. Ich dachte darüber nach ... was war es gleichsam in der Tat, das da in mir war, was meine Rachsucht hervorgerufen hat? Was war es in den Leuten, den unterdrückten Leuten, die ihre Stöcke und Steine aufgehoben hatten, wohlgemerkt, und darauf bestanden, mit mir zu marschieren? Darüber dachte ich eine sehr lange Zeit nach und eine Stunde vor Tagesanbruch wußte ich schließlich die Antwort.

Es wurde so klar. Es handelte sich um ein tiefes Mysterium, das alle Menschen betraf, die ich in meinem Leben gekannt hatte und die ich vielleicht je kennenlernen würde. Tatsächlich wurde es ... zur Krankheit der Menschheit.

So, ohne euch nun mitzuteilen, was ich erkannt hatte ... Ich sandte nach dem Lehrer, denn es war, nach nahezu zwei Jahren der Vorbereitung, für die Nacht der Vormarsch auf ein sehr mächtiges Heerlager geplant worden. Sie waren bewaffnet mit dem, was als schwarzes Metall bezeichnet wird, das schwarze Metall, aus dem sie ihre Schwerter herstellten, was ihr heutzutage Eisen nennen würdet.

Nun ... mein Verlangen nach Eroberung hatte stark nachgelassen ... nicht mehr Ausmerzung war das Ziel, vielmehr ging die Eroberung nun in ihrer Deutung in eine, wenn ihr so wollt, völlig neue Ära über. Statt weiter der Barbar zu sein, wurde ich nun darin, wie Tyrannei unterworfen werden kann, weitaus klüger und weiser.

Dieser gewaltige Vormarsch also erforderte das, was als Westflanke bezeichnet wird, und die Westflanke bestand aus Reitern - in den Augen meiner Vorfahren eine sehr primitive Fortbewegungsweise. Und er erforderte das, was als Ostfront bezeichnet wird, die aus den Fußsoldaten bestand; sie waren die Experten für die Breitschwerter.

Nun, das Konzept dieser Strategie lag nicht darin, diese Leute niederzumetzeln, genug ist genug, sondern sie gleichsam in eine Erkenntnis hineinzuzwingen. Die Strategie also war: Sie hatten ein sehr großes Heerlager in einem Tal, das der Ebene von Sharon sehr ähnelte. Wir überraschten sie - und dies war die Idee - vor Tagesanbruch damit, daß die, wie man es bezeichnet, Reiter, die Flanke beziehungsweise die Westflanke, das Heerlager umzingeln würden, und zwar in einem kleinen Hügelwäldchen nicht zu weit entfernt und zu einem bestimmten Zeitpunkt, bevor Ra seine Reise am Himmel begann, in jenem herrlichen Augenblick des Erwachens auf der Erde. Die Reiter würden dann den Platz vom Westen her einkreisen, noch bevor jene wieder auf den Beinen wären und jene Legionen in den Sonnenaufgang hineinschreiten würden.

Nun ... so wundervoll an der Sache war, daß jene, die zu Fuß waren, die Ostflanke, Breitschwerter trugen, glänzende Schutzschilder trugen, glänzend! Nun ... sie waren auf Hochglanz poliert wie Spiegelnachahmungen, und diese Spiegelnachahmungen würden die Sonne von ihrem Rücken her reflektieren. Die Kavalleriemänner also, wie ihr sie nennen würdet, die Reiter, trieben diese Leute wie eine Herde voran und setzten sie wild in Bewegung auf eine marschierende Armee zu, von der sie geblendet wurden.

Nun ... ich gab den Befehl, daß jener Lehrer sich der Westflanke anschließen solle, auf einem Pferd. Das war ein klein wenig traumatisch, da er noch nie zuvor auf einem Roß gesessen hatte. Hmmm. Und dieser so überaus saubere, makellose Lehrer wollte auf keinen Fall seine Angst zeigen, die er davor hatte, auf das Pferd zu steigen. Nichtsdestoweniger setzten wir ihn hinauf und natürlich fiel er herunter. Und seine große Angst war die, daß er herunterfallen und sein empfindliches Selbst verletzen würde. Ließ ich da etwa jemanden herbeieilen, um ihn einzusalben und ihn zu verbinden und ihn zu meinen Kindern zurückzutragen? ... Nein! Ich setzte ihn wieder hinauf. Und ich sagte zu ihm: "Du wirst entweder dieses Pferd reiten oder du wirst die Bekanntschaft meines Schwertes machen. Die Wahl liegt bei dir."

Das Pferd donnerte in vollem Galopp los ... mit etwas Ermunterung! Und der Lehrer, da er nicht schreien wollte, packte die Mähne des Pferdes, klammerte sich mit darin verknoteten Händen an ihr fest. Und auch mit seinen Zähnen hielt er sie fest. Und das Pferd schleuderte ihn von einer Seite zur anderen, wodurch das Pferd natürlich in noch größere Gereiztheit versetzt wurde. Wir beobachteten, wie er jenseits eines Hügels verschwand ... und sahen den Staub hochwirbeln. Vom Hügel herüber ziemlich außer Hörweite, konnte man schwache Schreie hören ... und wir warteten.

Und erst kurze Zeit ... sehr, sehr kurze Zeit, etwa bis zum Mittag jenes Tages war er verschwunden. Und das Gerücht kam auf, daß er vielleicht zu tödlichem Fall gekommen wäre. Nein. Ich wußte, daß er nicht zu Fall kommen würde, denn er hatte eine derart starke Aggression in sich, die sich als Angst manifestierte, daß die Aggression ihn in dem Kampf ums Überleben dazu bringen würde, jenes Pferd zu reiten. Und da kam er! Das Pferd war weiß vom eigenen Schaum. Vor lauter Schmutz und Speichel und Tränen konnte man kaum das Gesicht des Lehrers erkennen ... nichtsdestoweniger, er kam zurück. Half ihm von seinem Pferd herunter. Er wollte keine Hilfe beim Absteigen von seinem Roß. Er kümmerte sich darum, seine eigenen Wunden zu versorgen und die Erde von seinem Gesicht abzuwaschen und auch die Tränen, die sich dort zu Klumpen gebildet hatten.

Dann sagte ich: "In vierzehn Tagen ... wirst du mit jener, wie man es bezeichnet, Westflanke reiten. Ich brauche dich." Er hatte keine Ahnung davon, wie man eine Lanze wirft. Das machte nichts. Er würde dabei ohnehin nicht verletzt werden, wohlgemerkt! Er würde gleichsam ein Treiber von Menschen sein.

Ich brachte ihn also in jene Lage, und der Vormarsch verlief wie geplant. Das Heerlager wurde umzingelt, niemand verlor sein Leben, außer den begrenzten Egos natürlich ... geblendet von der aufgehenden Sonne und dann eine mächtige Armee vor sich stehen sehend und dann auf ihre Schilder schauend und nicht das Gesicht des sogenannten Aggressors sehend, sondern das eigene!

Er half also bei der Reitaktion und bei all diesen Dingen, und kein einziger Tropfen Blut wurde bei diesem Marsch vergossen. Ferner, es gab zwar Geschrei und Streit und Flüche und Bitterkeit, aber keiner starb. Tatsächlich war es so, daß jene Streitkräfte, die gegen jene glänzenden Schutzschilder gedrängt wurden, anfingen sich als das zu erkennen, was sie in Wirklichkeit waren: ohne ihren Schild und ihr

Schwert waren sie nichts. Und mit Hilfe einer weit höheren Strategie, die jedoch auch erfüllt war von Weisheit und Mitgefühl, was ich zu jener Zeit gerade lernte, wurde es ihnen ermöglicht, in Frieden zu leben, denn sie waren ihrem größten Feind auf dem Kampfplatz begegnet und darauf waren sie unvorbereitet gewesen. Es brachte ihre Aggressionen hervor, die sich in Form von Angst manifestierten, und die Angst wurde zu ihnen selbst zurückgespiegelt, wodurch dieser mächtigen Armee die Fähigkeit gegeben wurde, ihr, wie man es bezeichnet und wie ihr es nennen würdet, Fürstentum oder ihr Territorium nun nicht mehr in Aggression zu regieren, da sie keinen Feind mehr hatten, denn ich war ihr Feind *gewesen*.

Seltsamerweise setzte ihnen dieser Lehrer, als er sie zum Rennen gebracht hatte, wie verrückt nach. Und er ergriff seine Peitsche in dem Bestreben, sie damit auf ihre Rücken zu treffen ... er bekam keine Gelegenheit, dies durchzuführen. Er wurde festgehalten und festgebunden. Und nachdem nun seine Aggression zum Vorschein gekommen war, war es ihm gestattet zu beobachten. Und er beobachtete, wie sich Angst ihren Weg hineinbahnte zu einem Wissen und dann zu einem Nichts.

So schickte ich also nach diesem Marsch den Lehrer in die Zurückgezogenheit, wie ihr es nennen würdet, und gab ihm, wie man es bezeichnet, sein Essen, seinen Honig mit. Und der Ort, wo er sich in die Zurückgezogenheit begeben würde, war in der Nähe eines, wie man es bezeichnet, strömenden Flusses. Und ich gab ihm einen Befehl: daß ich wünsche, er solle dort zweimal vierzehn Tage bleiben ... allein ... ohne Kontakt.

Nun, dies tat er.

Als ich dem Lehrer meinen Kurier nachschickte, kehrte er von seinem Rückzugsort zurück. Und als er wieder bei mir erschien, sagte er: "Geliebter, ehrwürdiger Herr, ich bin nicht mehr geeignet, deine Kinder zu unterrichten, denn ich habe in mir erkannt, daß ich ein schwacher Mensch war. Doch unter der Schwäche lag eine innere Aggression, die ich gegen mich selbst gerichtet hatte. Und jene innere Aggression, gemein und roh wie sie war, offenbarte sich ausschließlich als eine Projektion der Angst, weshalb ich nie die Aggression *fühlte*, denn sie hatte sich in Angst umgewandelt. Und ich hatte danach gestrebt, den Geist deiner Kinder zu unterwerfen durch meine eigene Aggression und in meiner eigenen Angst. Ich bin ein unwürdiger Lehrer."

"Nein .... du bist der würdigste Lehrer, denn jetzt versteht du. In jungen Wesen erzeugt man Aggression mittels Angst, und die Aggression wird unterdrückt und offenbart sich als Angst, und der Rest davon wird zum Gefühl des Unwürdigseins, das überführt sich wiederum zum Selbsthaß, was dann in voller Stärke und auf emotionale Weise seine Rache nimmt und sich als Traurigkeit zum Ausdruck bringt. Du selbst bist ein trauriger Mensch. Bist ein trauriger Mensch gewesen. Und du hast diese Wirklichkeit auf meine Kinder übertragen, die keine Traurigkeit kannten, die auch Aggression nicht kannten und Angst nicht kannten. Du hast die Stärksten meiner Kinder angsterfüllt *gemacht*, und du hast die Schwächsten aggressiv gemacht; dies wird sich in der Weise entfalten und zum Tragen kommen, wie du einst warst."

Der Mann fiel auf sein Gesicht, hinunter in den Staub, und weinte und weinte und weinte. Ich hob ihn hoch, brachte ihn zu dem Hof der Kinder zurück und warf ihn in den Teich ... zum Entsetzen *und* zur gemischten Freude meiner Kinder!

Als er dort herumzappelte, was sich keinesfalls mit einem Fisch messen konnte, wie er da so herumzappelte und sich abmühte, einen Halt zu finden und ihn zu ergreifen, das Riedgras zerrupfend, um an die Oberfläche zu gelangen, da fingen alle Kinder zu lachen an ... ich selbst miteingeschlossen!

Nun ... hätte er nicht diese Einsicht über sich selbst gehabt, dann hätte er gedacht, daß sie ihn auslachen würden. Daß die Welt ihn hasse, da er sich selbst hassen würde und darüber deprimiert wäre, folglich würde er das auf die Welt projizieren und somit würde alles in der Welt dies dann zu ihm zurückspiegeln. Er hätte gedacht, daß sie über seine Schwäche lachen und ihn hassen würden. Da er aber die seltene und edle Gelegenheit bekommen hatte, all das zu enthüllen, erkannte er, wie wundervoll es war, und begann mit all den Kindern zu lachen. Und sie halfen ihm hoch. Und er glich einer trägen Schnecke, die ihr Haus verloren hatte, als er da am Rande des Teiches lag ... lachend. Die Kinder bewarfen sein Gesicht mit Schlamm, er warf ihn zu ihnen zurück. Und sie ließen sich auf ihn fallen. Und sie liebten ihn. Ich zog mich ganz einfach zurück.

Das Leben war zu seiner natürlichen Anmut zurückgekehrt. Das Leben war zurückgekehrt ... in die Wangen der kleinen Mädchen und ihrem Erröten, und zu den tanzenden, wachen Augen der jungen Männer, und zu dem kindlichen, honigsüßen Lachen der Säuglinge. Das Leben war zu ihnen zurückgekehrt ... so kostbar und natürlich.

Und während ich mich zurückzog, wurde mir etwas klar, worauf ich in mir keine Antwort gewußt hatte. Und am heutigen Tage erzählte ich einer, wie man es bezeichnet, schwergeprüften Frau davon ... In bezug auf das Leben gibt es weder "gut" noch "böse", das gibt es wirklich nicht, sondern "gut" und "böse" sind, wie man es bezeichnet, die Gefährten von "positiv" und "negativ", die im Denken existieren. Die Natur hat nie irgend etwas "Gutes" getan, und sie hat nie irgend etwas "Böses" getan; das kann man den Gegebenheiten der Evolution nicht zuorden. Und was ich erkannte, war, daß die Menschheit zutiefst krank und in einem krankhaften Zustand war. Und zwar waren sie in dem Sinne krank, daß sie dem, wie es bezeichnet wird, ... Leben ... eine Bewertung von "Gut" und "Böse" auferlegt haben. An ihrem Denken lag es, nicht am Leben an sich.

Ich hatte einen kranken Mann als Lehrer meiner Kinder gehabt, die daraufhin auch im Begriff waren, von jener Polarität verseucht zu werden. Erkenntnis ... ein höherragendes, kontemplatives Bewußtsein bringt eine Bereicherung im Leben hervor. Mit Sicherheit bereicherte es den Lehrer, der erkannte, daß seine Angst nicht darin lag, daß er Angst hatte, sondern daß er ein aggressiver Zeitgenosse war und die Aggression gegen sich selbst gerichtet hatte, und sie als *Angst* aus der Aggression heraus manifestierte. Er war gerettet, und ebenfalls über einhundert herrliche, individuelle Menschen, die einmal über ganze Generationen hinweg die Erbträger von grandiosen, grandiosen Leuten sein sollten.

* * *

Kapitel 13

DIE FRAU MIT DER NARBE

Einmal hatte ich gleichsam in der Tat das unglückliche Geschick, das zu sehen, was gleichsam in der Tat als Sklaverei bezeichnet wird. Weißt du, was Sklaverei ist, Wesenheit? Wir befanden uns auf dem Weg zu, wie es gleichsam in der Tat bezeichnet wird, einer großen Stadt in dem, wie es bezeichnet wird, Tal von Nizea, gleichsam in der Tat nach einer, wie es bezeichnet wird, eh ... einer Verhandlungstaktik suchend, gleichsam in der Tat, verbunden mit der, wie es in der Tat bezeichnet wird, Befreiung des Willens des Volkes. Und sie sind nicht allzuleicht dazuzubringen, es aufzugeben, ihr Streben danach, gleichsam in der Tat, die Oberherrschaft über niedrigstehendere Wesenheiten aufzugeben ... aber nichtsdestoweni- ger!

Wir waren gleichsam in der Tat durch Tore gekommen, und die Tore waren gleichsam in der Tat weiß, als ich sie von außen gesehen hatte. Und als wir auf sie gleichsam in der Tat vom, wie man es bezeichnet, Gipfel aus hinunterschauten, da nahmen sie gleichsam in der Tat eine solch wundersame Blässe an, daß sie uns fast schon gleichsam in der Tat wie eine Sinnestäuschung erschienen.

Nie zuvor hatten wir das, was gleichsam in der Tat als Marmor bezeichnet wird, in Form solcher, wie es bezeichnet wird, Farbe von schneeweißen Säulen gesehen, aber genau so sah er aus. Sobald wir jedoch innerhalb der, wie es bezeichnet wird, Tore waren, da war die andere Seite der Mauer gleichsam in der Tat beschmiert mit, wie es gleichsam in der Tat bezeichnet wird, scharlachroter Farbe. Die ganze Mauer gleichsam in der Tat, die die Stadt umgab, war auf der Innenseite scharlachrot, aber außen war sie weiß. Äußerst seltsame und erfinderische Leute, die gleichsam in der Tat in diesem Tal lebten.

Wir kamen gleichsam in der Tat zu einem Marktplatz, der den gleichen Namen hatte wie derjenige, der gleichsam in der Tat in, wie es bezeichnet wird, Damaskus ist; eine geradlinige Pferdestraße.

Nun ... und die geradlinige Straße gleichsam in der Tat, sie war ein Ort der Markthändler, solch listige und schlaue gleichsam in der Tat. Und sie hatten, wie man es bezeichnet, Güter und Waren aller Art gleichsam in der Tat von allen Teilen des, wie man es bezeichnet, bekannten Landes. Und gleichsam in der Tat ihre, wie man sie bezeichnet, Baldachine und ihre, wie man sie gleichsam in der Tat bezeichnet, Seidentücher, die gleichsam in der Tat all ihren Waren Schutz boten, sie waren brillant und wundervoll; und die Straßen an diesem Ort waren wunderbar sauber. Die starken Gerüche gleichsam in der Tat von Knoblauch und Ölen und kandierten Früchten und Weintrauben, gleichsam in der Tat, und von altem Wein, verdorbenem Käse, gutem Käse, gleichsam in der Tat, von fürchterlichem Urin, und von dem, was man gleichsam in der Tat als Körpergerüche bezeichnet, lagen üppig über dem Marktplatz. Und Zimbeln <gab es dort>, gleichsam in der Tat, und Frauen, wißt ihr, jene, die ihre Gesichter verbergen, und nur ihre Augen sind zu sehen. Wundervoll, was Frauen mit ihren Augen machen.

Wie auch immer ... vorüberschreitend an, wie man es gleichsam in der Tat nennt, ähm ... Wohnungen, die übereinander gebaut sind; hinter ihren Türen gleichsam in der Tat die Klänge von Flöten und Zimbeln und Leiern und Gesang und Gelächter ... gingen wir die Straße hinunter, gleichsam in der Tat, trafen wir auf Kamele, die zischten und spuckten, und auf Gänse, die lauthals zeterten gleichsam in der Tat, und auf Kinder, die lachten ... und gelangten auf eine weite, offene, gleichsam in der Tat, Veranda - sie lag am Ende dieser Straße.

Dort, auf einer, wie es gleichsam in der Tat genannt wird, Tribüne, sah ich zu meiner großen Verwunderung eine ganze Zusammenwürfelung der Menschheit vor mir, geschnürt in, wie man es bezeichnete, “Wurzel-Fesseln”, um ihre Gelenke, gleichsam in der Tat, um ihre Hände, und einer an den anderen. Und eine alte Frau stand da am Ende, gleichsam in der Tat, die ihren Webstuhl in ihrer Hand hielt und erkennen ließ, daß sie ähm ... geschickt im Weben war, und nicht ein Kleidungsstück bedeckte sie. Und ein alter Mann gleichsam in der Tat, der bald schon ein, wie es bezeichnet wird, Gärtner sein sollte. Knaben gleichsam in der Tat, angefangen von ganz kleinen bis hin zu gleichsam in der Tat solchen, die gerade erst das sogenannte Pubertätsalter erreicht hatten, und noch kein Haar war auf ihren, wie es bezeichnet wird, Lenden. Und die jungen Frauen, gleichsam in der Tat, haarlos und ähm ... ihre Brüste gleichsam in der Tat beschmiert mit dem, was man Erdfarbe nennt, oder mit dem, was man gleichsam in der Tat Zimt nennt. Und Nubier von tiefmahagonifarbener Haut - auch Ägypter, Perser, Nordländer ... und eine Frau sah ich, Wesenheit, deren Haut war so weiß, und ihr Haar ... es war wie die Sonne, und ihre Augen, sie sind blau. Wißt ihr, Wasser von diesem Blau habe ich gesehen, aber in Augen noch nie; es war hinreißend. Und sie alle standen dort gleichsam in der Tat mit nichts, um ihre Körper zu bedecken. Und sie alle standen zum Verkauf.

In Nizea, diesem Tal, glaubte man, daß Frauen geringer noch als Tiere seien. Es wurde entschlossen gelehrt, daß sie zu dem Zweck erschaffen seien, die Männer sanftmütig zu stimmen, und wenn ein bedeutender Mann gleichsam in der Tat ein weibliches Kind hatte, dann ließ er es töten oder gab es fort oder etwas ähnliches. Und daß nicht für sie gesorgt werden solle, gleichsam in der Tat, daß die Männer höhergestellt seien und daß Frauen ein Nichts seien.

Ich sah Markthändler gleichsam in der Tat kleine Jungen und kleine Mädchen untersuchen, auf grobe Weise, als wären diese Tiere - sie musterten deren Gesäß, sahen deren Hals hinunter, sahen sich eingehend deren Geschlechtsteile an, deren Füße, zogen ihnen die Arme nach hinten auf den Rücken, um zu prüfen, wie geschmeidig sich die Knochen anfühlen, und musterten deren Haare.

Die Frau gleichsam in der Tat mit der sehr weißen Haut und dem sehr hellen Haar und den sehr blauen Augen war schon sehr lange Zeit von Seilen gefesselt gewesen, denn das, was man als die Zartheit ihrer

Gelenke bezeichnet, war ganz offensichtlich vorher schon von Seilen entstellt worden, und auch ihre Füße. Und ihr Körper gleichsam in der Tat wies das auf, was gleichsam in der Tat als verblaßte Narben deutlicher Mißhandlungen bezeichnet wird. Und wenn man daraufhin seinen Blick auf die Wesenheit richtete, war nicht Traurigkeit in ihren Augen, da lag ein Glücklichsein, ein Frohmut in ihren Augen. Und wir zogen unsere Talarhauben nach oben, und wir beobachteten gleichsam in der Tat die Abläufe. Und da gab es die Bieter, die das hatten, was als Münzen und Rupien, Scheckel bezeichnet wird, und das, was gleichsam in der Tat als Piaster bezeichnet wird, und das, was als Smaragde bezeichnet wird, und all die Dinge, mit denen man handeln kann. Und auswärtige Karavanen von allen Gegenden boten mit um die kleinen Mädchen und die kleinen Jungen. Wißt ihr, Konkubinen waren dort, wo ich herkomme, hochangesehene Frauen, von der "Zeit ihres Blutes" an und immerfort. Aber hier an diesem Ort handelte es sich bei begehrten Frauen um kleine Mädchen, die gerade des Laufens fähig waren, bis hin zum Zeitpunkt ihrer Pubertät. Da sind sie begehrt, dann nicht mehr. Und um alte Frauen handelt es sich ab dem, was ihr gleichsam in der Tat das Lebensjahr fünfzehn nennt ... oder sechzehn oder sogar noch bis zu den Zwanzigern. Und jetzt bezeichnet man sie noch als Heranwachsende.

Nun ... ich sah, wie sie alle übernommen wurden, bis auf die alte Frau und den Mann und den Nubier und die wundervolle Frau, und doch war sie von allen, die dort waren, diejenige von Schönheit. Und ich sah die Männer sie betrachten und sie untersuchen. Und sie stand dort in stolzer, ehrenvoller Manier, und keinen von ihnen wies sie zurecht. Aber keiner wollte sie. Das war mir ein Rätsel! Als nun alle <anderen> weggeführt waren, wurden sie dort behalten und gelassen, und jene, die Diener genannt werden, die das waren, was man als Eunuchen bezeichnet, sie waren "vergoldete" Männer, kamen mit Wassereimern herbei gleichsam in der Tat und übergossen alle, die oben auf der, wie es bezeichnet wird, Tribüne übriggeblieben waren, um sie für ein weiteres Verkaufsverfahren zu erfrischen.

Und neugierig wie ich war, ging ich zu demjenigen, der in der Tat als Vorsteher bezeichnet wird und der all dies leitete, und befragte ihn hinsichtlich der einen wundervollen Frau, die gleichsam in der Tat am Ende der Tribüne stand, und suchte Auskunft darüber, weshalb sie nicht gekauft worden war. Der Mann sagte: "Oh, diese! Ich habe sie schon seit langem. Diese werde ich nie verkaufen können."

Und ich war verwirrt darüber, ich sagte: "Sie ist eine ausgesprochene Göttin! Ihre Haut! Ihr Haar! Ihre Augen!"

Er sagte: "All das weiß ich." Er sagte: "Sieh, wenn sie den Freuden zugeführt wird und sie gibt, leidet sie nicht. Sie weint nicht. Sie lacht nicht. Sie existiert nicht. Ich sage dir, sie ist von einem Dämon besessen. Und es gibt keinen, der sie sich wünscht."

Und ich blickte über meine Schulter zurück zu der Frau, die dort stand und von deren zarten Wimpern jetzt das Wasser tropfte, hinunter auf ihre Knie, kleine Lachen und Tropfen auf ihrem ganzen Körper bildend und in der Sonne trocknend, die sehr heiß geworden war. Und ich fragte ihn: "Was forderst du als Preis für sie?"

Und er erwiderte meinen Blick, spuckte auf den Boden gleichsam in der Tat verbunden mit irgendeinem abscheulichen Gestank, der seine Zähne grün gefärbt hatte, und fragte mich, ob ich ein gutes Pferd hätte.

Sagte: "Ich habe viele gute Pferde."

"Bring mir ein gutes Pferd und du kannst sie haben."

Ich gab ihnen ein Zeichen, mir ein Pferd zu bringen, keines von überragendem Wert, jedoch ein gutes; es war eine Stute. Und sie brachten das Tier herbei gleichsam in der Tat. Und der Mann schaute unter seinen buschigen Augenbrauen zu mir hervor und schaute zu dem Pferd und fing an, das Tier zu untersuchen, und zwar mit solch spezifischer Klarheit auf solch kunstfertige Weise ... ich war verblüfft und völlig hingerissen von der Besonderheit, mit der er dies durchführte. Und sobald er die Stute begutachtet hatte, warf er sich auf ihren Rücken, sehr zu ihrer Überraschung ... und aufrecht sitzend begann er, das Tier mit seinen Knien nach rechts und links zu führen, und stieg herabgleitend wieder ab, gleichsam in der Tat, und kam auf einem Knie auf, und erhob sich geschwinde, und sah mich an, und spuckte noch einmal aus, und sagte: "Du kannst die Frau haben."

Er sandte nach der Frau und legte ihr unverzüglich Kleidung um und brachte sie zu mir. Und ich sah zu ihr hin, und sie zerrte ihre Kleider weg und stellte sich aufrecht vor mich hin. Und ich mußte sie ihr wieder umlegen. Und sie zerrte sie wieder weg. Ich mußte sie ihr wieder umlegen. Aufrecht stand sie da und zum ersten Mal begannen ihre Augen, die festen Blickes waren und kein Gefühl zeigten, eine außerordentliche Verwirrtheit anzunehmen.

Ich blickte auf sie und sagte zu ihr: “Was läßt dich nicht-fühlend sein? Warum empfindest du keine Freude an Männern und an deinem Körper?”

Und sie sah mich an, mit einem Mund, der sich nicht bewegte, und die Wesenheit gleichsam in der Tat stand vor mir und fing zu weinen an und sagte nichts. Und ich forderte sie heraus und fragte sie, ob sie denn eine Zunge habe, aber es wurde nichts erwidert.

Und ich sandte sie zu der, wie es genannt wird, Legion der Frauen, und dort gleichsam in der Tat sorgte man für sie und gab ihr auch umgehend eine Arbeit. Und dort war eine alte Frau, gleichsam in der Tat, die sie im Weben unterrichtete und sie darin unterrichtete, gleichsam in der Tat Gewandtheit am Webstuhl zu erlangen und Gewandtheit bei dem, was feines Leinen genannt wird, ein Webeverfahren, das im Wasser durchgeführt wird. Die Frau begann aufzublühen, zum Leben zu erwachen. Und ich verfolgte mit, wie sie kam und ging. Und immer, wenn sie gleichsam in der Tat in die Sonne hinausging, pflegte sie gleichsam in der Tat ihre Haube zurückzuziehen und ihr wundervolles Haar frei im Wind wehen zu lassen. Sie war wunderschön.

Siehe, gleichsam in der Tat, fünf Jahre nach ihrem Erwerb und nachdem wir die Stadt niedergebrannt hatten und die Markthändler, da wurde die Person gleichsam in der Tat krank, sehr krank. Die alte Frau gleichsam in der Tat kam zu mir und sagte, daß sie fürchtete, diese Wesenheit zu verlieren. Ich ging zu der Frau, gleichsam in der Tat, und legte das auf sie, was Steine genannt wird, die gleichsam in der Tat die Hitze aus ihr wegbrennen sollten. Und ein stinkender Breiumschlag, über den ich nicht allzuviel wußte, lag schwer auf dem Brustkorb der Frau. Es hätte einem sterbenselend werden können, wenn man etwas so Fürchterliches auch nur roch!

Wie dem auch sei ... die Frau gleichsam in der Tat atmete schwer. Und ich ging nahe zu ihr hin, blickte zu ihr hinab, und sie fing an, zu mir zu sprechen. Und ich fand heraus, daß sie gleichsam in der Tat in das Haus eines recht angesehenen Adelsherren geboren worden war. Der Adelsherr gleichsam in der Tat hatte das Lager mit seiner grandiosesten

Konkubine geteilt, gleichsam in der Tat einer Nordländerin, und dieses kleine Mädchen gezeugt. Und das kleine Mädchen gleichsam in der Tat, das jenen liebte, den man als ihren Vater bezeichnet, wurde von ihm verachtet. Und später, gleichsam in der Tat, als das Lebensjahr sechs genannt wurde, wurde sie geschmückt mit Bändern in ihrem Haar und Salben auf ihrem Körper, gleichsam in der Tat, und Zimt auf ihren Brüsten, und zu einem Ort gebracht, gleichsam in der Tat, an dem sie das in sie einführten, gleichsam in der Tat, was die Leiste beziehungsweise die Erektion eines Mannes genannt wird, um sie gleichsam in der Tat aufzubrechen und für den Verkauf bereitzumachen. Und sie führten das kleine Mädchen gleichsam in der Tat, das Farbe auf ihren Knien und auf ihren Gelenken hatte, zu der Audienz eines Gastes ihres Vaters, der gleichsam in der Tat eine Wesenheit aus einem Lande namens Antiochia war, um ihm gleichsam in der Tat als Geschenk gegeben zu werden. Und das kleine Mädchen rannte, sobald es gleichsam in der Tat seinen Vater sah, im Lichte seiner Hoffnung zu seinem Vater, der es umgehend dafür tadelte, daß es ihn berührt hatte. Und er brachte sie dazu, sich zu beruhigen und reichte ihr roten Wein, und sie mußte ihn trinken. Und das kleine Mädchen gleichsam in der Tat wurde zum Objekt - offenbar vor ihrem Vater - von demjenigen, der gleichsam in der Tat dessen, wie man es bezeichnet, geschätzter Kamerad war. Er fing gleichsam in der Tat an, das kleine Mädchen zu liebkosen und mit ihm zu spielen, das nichts von alledem wünschte. Und er begann, sie auf seine Knie zu setzen, und das kleine Mädchen warf sich auf den Boden und flehte in laut schreiendem Entsetzen ihren Vater an, dies nicht zu veranlassen.

Nun, man schickte sie auf der Stelle fort wegen ihrer Ungehörigkeit, denn Frauen war es gleichsam nicht erlaubt zu sprechen. Und sie wurde ausgepeitscht. Das war die stille Narbe, die ich sah.

Und das kleine Mädchen reiste gleichsam in der Tat als das Geschenk an den Kameraden fort. Und von jenem Tage an, war sie nicht imstande gleichsam in der Tat, fertigzuwerden mit der Abschiebung und der Verbannung aus ihrem Zuhause und weg von ihrem Vater, und fertigzuwerden mit der gleichsam in der Tat sogenannten Rohheit ihres Körpers. Und infolgedessen waren nun all die Emotionen festgehalten. Das führte zu der Krankheit und zu dem Feuer in dem Körper.

Die Frau erzählte mir ihre Geschichte und starb ... vor mir. Und als der letzte Atemzug hervorkam, waren ihre Lippen bereits gesprungen und ihre Zähne verdorrt, und heiß war ihr Körper. Und ich sah ihr liebliches Haar, und es fiel von ihrer Schulter herab, vom Bett herab, und es baumelte in der sanften Brise. Und ich sah das Licht darauf fallen, und es wurde gleichsam wie Honig. Und wie es so schimmerte, sah ich Leben darin, und doch kein Leben.

Hier nun gleichsam in der Tat führte das Begreifen dessen, was gleichsam in der Tat bezeichnet wird als die Greuel der Frauen, ihrer Körper, ihrer Wesen, ihres Lebens, durch und durch mit ihren Seelen, für mich zu einem Verstehen und lehrte mich in großem Maße.

* * *

Kapitel 14

DIE TÄNZERIN

Außerhalb eines Ortes, der jetzt gleichsam in der Tat einen anderen Namen trägt, von dem ich gleichsam in der Tat wußte, daß er kommen würde, außerhalb dieses Ortes namens Cathay lag ein wundervoll kleines Land, das gleichsam in der Tat gewisse Bekanntheit und gewissen Herrschaftsbereich besaß. Und einmal war ich gleichsam in der Tat der Gast eines erstaunlichen Kaufmannes, der gleichsam in der Tat das besitzt, was Waren genannt wird, und auch die Einfuhren und Ausfuhren eines herrlichen Hafens gleichsam in der Tat.

Die Wesenheit war, gleichsam in der Tat was seine Abstammung betraf, gänzlich ein Rätsel, denn mit Sicherheit hatte er gleichsam in der Tat nicht jenes sogenannte aristrokratische Aussehen seiner werten Landsleute. Hatte vielmehr gleichsam in der Tat eine Andeutung von, wie man es bezeichnet, Bastardheit in seinem Wesen. Aber da er gleichsam in der Tat reich und mächtig war, stellte keiner etwa seine Herkunft oder seine Abstammung in Frage. Ich hatte so meine Vermutung, wo er herstammte.

Nun ... in diesem wundervollen Hause konnte die Wesenheit gleichsam in der Tat sicher sein, daß er Eindruck machte. Er war in dem Lande berühmt dafür, daß er imstande war, gleichsam in der Tat den vornehmsten Männern ein Festmahl zu geben, und alle pflegten gleichsam in der Tat es entsprechend beeindruckt zu verlassen, was genau das war, was er bei ihnen erreichen wollte.

Wir kamen gleichsam in der Tat auf sein Land und gleichsam in der Tat, als seine Sklaven unsere Armee sichteten, da hatten sie gleichsam in der Tat auch sofort das Lager hergerichtet. Und sie rannten gleichsam in der Tat zu seinem Haus, um dort von einem großen Edelmann zu künden, der auf das Land gekommen sei.

Und er begann, gleichsam in der Tat in großer Aufregung alles für ein wundervolles Fest vorzubereiten und gleichsam in der Tat das zu dekorieren, was man als Speisebereich bezeichnet, wie auch sein gesamtes Haus ... bei dem es sich um einen Palast handelte. Und Lorbeer gleichsam in der Tat und Farnkraut und das, was man als Sandelholz bezeichnet, und das, was man gleichsam in der Tat als Jasmin bezeichnet, der dann blühen würde, wenn die Rose sich schließen würde. Und machte gleichsam in der Tat Girlanden, die er wie Kränze um sein wundervolles Palastgebäude rankte. Und seine Teppiche waren gleichsam in der Tat von leuchtenden Farben auf einem makellosen Marmorboden. Und seine Frauen verwandten gleichsam in der Tat Stunden darauf, ihr wundersames Äußeres mit Ölen und gleichsam in der Tat mit Düften und Stoffen und Perlen zu schmücken.

Und was wurde gleichsam in der Tat bei einem solchen Fest zubereitet, gab es doch keinen anderen Ort in dieser Stadt, an dem es so ein Fest gab, wie bei dieser Wesenheit.

Nun, nicht nur daß er gleichsam in der Tat das hatte, was man als wundervollen Pfau bezeichnet, der gleichsam in der Tat wieder in sein eigenes Federkleid gesteckt war, sondern er hatte auch Jungschweine, gleichsam in der Tat, die auf riesigen, hell erleuchteten Platten serviert wurden gleichsam in der Tat. Er hatte das, was man gleichsam in der Tat Fische nennt, die in Öl und Essig leicht gedünstet waren und die in sogenanntem Alexandrinischem Glas serviert wurden. Er hatte, wie man es gleichsam in der Tat bezeichnet, Rebhühner und Geflügel jeder Beschreibung, die gleichsam in der Tat heiß und kalt aufgetragen wurden. Und spendierte gleichsam in der Tat seinem Fest ein, wie man es bezeichnet, Zicklein beziehungsweise eine Ziege, gleichsam in der Tat, die unterhalb ihres Felles serviert wurde, gleichsam in der Tat. Und zusammen mit all dem gibt es Wein und Gemüse und Palmenfrüchte und Datteln, gleichsam in der Tat, und kandierte Früchte und gleichsam Nüsse. Und Syrischen Whiskey gleichsam in der Tat und wunderbaren Wein und Rosenwasser und all die Dinge, die so wundervoll sind und ... Brot gleichsam in der Tat, das so weich und weiß ist, daß wir noch kein Weiß gesehen hatten, das so leuchtete, wie dieses Brot.

Und der Mann gleichsam in der Tat konnte sicherlich zufrieden sein. Ließ uns gleichsam in der Tat einen überaus höflichen Kurier zukommen, dem wir bekundeten, daß es uns gleichsam in der Tat eine große Freude sei, ehrenwerte Gäste in seinem hochgeschätzten Hause zu sein.

Wir trafen an dem Ort ein gleichsam in der Tat, gekleidet gleichsam in der Tat in unsere scharlachroten Hosen und unsere glanzvollen seidenen Oberteile. Wir entstammten dem Geschlecht des Ram!

Und bei der Ankunft in seinem Hause wurden wir gleichsam in der Tat von erstaunlichen nubischen Sklaven eskortiert, die fein wie Bernstein glänzten. Sie waren wunderschön. So eine Atmosphäre gleichsam in der Tat, daß alle funkelnden und wohlriechenden Dinge gleichsam in der Tat ein Wunderwerk für alle unsere Sinne darstellten.

Und während das Fest nun seinen Anfang nahm, gleichsam in der Tat, da begann leise im Hintergrund die Musik von Zithern und Lauten und von, wie man sie bezeichnet, Saiteninstrumenten, Zimbeln gleichsam in der Tat. Herrliches Lachen kam in dem Saal und unter uns Gästen auf. Was für eine Wesenheit!

Die Wesenheit hatte gleichsam in der Tat mehrere Bäuche. Einer erhob sich in schöner Reihenfolge über dem anderen. Und er hatte sich gleichsam in der Tat ausdrucksvoll gekleidet, um erkennen zu lassen, daß jede Schicht seines Bauches gleichsam in der Tat einen anderen Farbton der Seide darstellen konnte, die er um seine Taille gelegt hatte. Und gleichsam in der Tat, sein trostloser Bauch war mit einer Scherpe gleichsam in der Tat aus Goldbrokat umbunden. Und was seine Pumphosen angeht, sie waren von einem überaus wundersamen Blau und auch sie waren vergoldet gleichsam in der Tat. Seine Füße waren mit seltsam nach oben gerichteten Fußpitzen gleichsam in der Tat in Sandalen, wie ich sie noch nie zuvor gesehen hatte.

Und sein Kopf ... er hatte keine Haare! Und <er> streichte seinen Kopf ein gleichsam in der Tat bis hin zu einem goldschimmernden Glanz, so daß es sogar gleichsam in der Tat für die wundersamen Frauen noch etwas abzuschauen gab, was das Pudern ihres gleichsam in der Tat wundervollen Äußeren betraf.

Er hatte Augen, die in Falten von Fett verborgen lagen, und sie waren von sonderbarem Blau und hatten gleichsam in der Tat keine erkennbaren Wimpern gleichsam in der Tat als Umrahmung. Infolgedessen sahen sie irgendwie unheimlich aus, wie sie da gleichsam in der Tat so entblößt aus dem, wie man es gleichsam in der Tat bezeichnet, Fett hervorstachen, das die Farbe von rosarotestem Zinnober hatte.

Das besondere Merkmal in seinem Gesicht war ein großer Leberfleck, gleichsam in der Tat, den er auf seiner rechten Wange hatte. Und an diesem Leberfleck hatte er gleichsam in der Tat sorgsam das kultiviert, was man als drei einzelne, lange Haare bezeichnet, die er voller Aufgeregtheit einölte und zu Locken kräuselte gleichsam in der Tat, wie sie starrer nicht hätten sein können.

Und als er uns gleichsam in der Tat willkommenhieß, da bat er uns gleichsam in der Tat in sein bezauberndes Haus und führte uns gleichsam in der Tat zu seinem Tisch und brachte gleichsam in der Tat einen wundersamen Trinkspruch auf einen wundervollen Wein aus, dessen Farbe ich nie zuvor gesehen hatte, denn er war bernsteinfarben in seiner Schönheit.

Und siehe, gleichsam in der Tat, der Trinkspruch war gesagt und das Festmahl begann. Und während unser Gastgeber seinen Blick über die Runde schweifen ließ, gleichsam in der Tat, und er seine Augen, gleichsam in der Tat sein Gesicht heben mußte, um deutlich sehen zu können, da kam Heiterkeit und Lachen in ihm auf gleichsam in der Tat angesichts ihrer Anreise, wie sie gleichsam in der Tat genannt wird, und er pflegte gleichsam in der Tat mit seinen gelockten Haaren zu spielen, die aus seinem großen Leberfleck hervorwuchsen. Und er war mir ein Vergnügen, doch auch nach wie vor ein Rätsel.

Als alles gleichsam in der Tat serviert war und gleichsam in der Tat wundervolle Süßspeisen und feines, köstliches Backwerk als, wie es gleichsam in der Tat bezeichnet wird, Beilage zum Wein aufgetragen wurden, da wurden wir alle trunken vor Freude. Was für ein Fest! Wir waren lange Zeit in der Wüste gewesen, lange Zeit an der Küstenlinie gleichsam in der Tat, und das Salz hatte uns den Mund wäßrig gemacht.

Und sobald wir trunken vom Whiskey waren, da klatschte er in seine erstaunlich mäkeligen Händen, und siehe, da erschienen gleichsam in der Tat wundervolle Frauen. Ihre Schönheit ... ehrfurchtgebietend! Doch andererseits mag vielleicht der Whiskey unsere Sinne getrübt haben, so daß letztlich alles gut aussah. Und vielleicht war dies seinem Denken nach gleichsam in der Tat eine Möglichkeit, eine kleine Falle zu präsentieren.

Und da kamen die wundervollen Frauen hervor in ihren wundervollen Seidengewändern und alle in verschiedenen Farben und Schattierungen, und sie fingen gleichsam in der Tat an mit ihrem wundervollen, rhythmischen Tanz (von Rhythmus). Solch zarte Füße hatte ich nie zuvor gesehen, denn sie waren weiß, gleichsam wie Perlen, und der rote Farbton auf ihren Nägeln über ihren Zehen war überaus bezaubernd, und sie bewegten sie hierhin und dorthin. Und nichts war von ihnen zu hören außer der Bewegung ihrer wundervollen, nach Essenzen duftenden Körper und ihres Tanzes.

Und Cathay und meine Begleiter gleichsam in der Tat wurden trunken vor Lust und Lachen, und der Mann mit dem Leberfleck rollte seine Augen zurück wie ein fettleibiges Schwein und lachte voller Ausgelassenheit, denn es war ihm gelungen, meine Männer mittels seiner schönen Frauen einzunehmen.

Da sitze ich also gleichsam in der Tat, und als die Frauen - und ihre Zahl betrug gleichsam in der Tat zehn - ihren Tanz beendet hatten, gingen sie auseinander, um den Blick freizugeben gleichsam in der Tat auf eine wunderschöne Wesenheit von solch dunkler Farbe, gleichsam in der Tat, und rabenschwarzem Haar, die eintrat. Und sie trug gleichsam in der Tat nichts auf ihrem Körper außer ihrem Haar. Und dieses war gleichsam in der Tat in Blumenkränzen gewunden und fiel über ihre geschmeidigen Brüste und hinunter über ihre Lenden und verbarg ihren ganzen Körper durch einen wundervollen Zopf. Und angesichts dessen setzen sich alle von uns aufrecht hin und sahen aufmerksam zu.

Und die Musik änderte sich ... eine einzelne Flöte fing gleichsam in der Tat mit ihrer Melodie an. Und als sie gleichsam in der Tat sich auf ausdrucksvolle Weise zu bewegen begann, da war ihr Tanz trunken machend. Und sie begann gleichsam in der Tat ihr Haar zu lösen ... und ihr Körper war wundervoll. Was für ein Geschöpf.

Und als ich meinen Blick von ihr abwandte, schaute ich hinüber zu unserem beachtlichen Gastgeber, der uns alle scharf ins Auge faßte in der Weise einer beachtlichen Intrige und mit seinen Haaren spielte und mit gelben Zähnen grinste. Und ich fragte mich: "Wozu macht er dies hier?" Und er rückte ein wenig näher zu mir heran und er fragte mich, ob mir die wundervolle Frau gefalle? Und ich fragte ihn, welchem Manne die wundervolle Frau wohl nicht gefallen würde, sogar Frauen würden sie mögen. Und er fragte mich, ob ich Wert darauf legen würde, sie gleichsam in der Tat in meinem Gefolge zu haben. Und da ich wissen wollte, was er im Sinn hatte, fragte ich ihn: "Welchen Preis verlangst du für sie?" Und er erwiderte, sie sei ein Geschenk an mich.

Fragte ihn ... was er wünsche, daß ich für ihn tun solle. Und er erwiderte: "Sie ist ein Geschenk an deine Lordschaft."

Ich sah wieder hinüber zu der Frau. Von Augenblick zu Augenblick gleichsam in der Tat wurde sie immer verführerischer. Und die Dreistigkeit meiner Männer, die gleichsam in der Tat bei den Frauen angelangten, die sich zurückgezogen hatten ... Ich war entsetzt! Doch auch erheitert darüber.

Ein Klatschen in seine Hände und all die Frauen flohen und die meisten meiner Männer ihnen hinterher. Mit Ausnahme der einen Frau. Und sie begann mit einem noch imposanteren Tanz. Und sie wirbelte und wirbelte und wirbelte bis sie mich schwindlig machte. Ich erhob mich und sagte: "Es reicht. Es reicht mir." Und mein Gastgeber, der das Gefühl hatte gleichsam in der Tat, daß er mich wohl auf bestimmte unverzeihliche Weise entsetzt hatte, klatschte barsch in die Hände und die Frau fiel zu Boden gleichsam in der Tat und begann zu zittern. Und ich teilte ihm mit, daß ich genug hätte und mich zurückzuziehen wünsche. Und er flehte um Vergebung dafür, daß die Frau mich gleichsam in der Tat wütend gemacht habe und dafür, daß sie, statt Begehren in mir zu wecken, nur Müdigkeit in mir hervorgerufen habe ... und er fragte, welchen Zauber sie auf mich ausüben würde.

"Keinen."

Und dann sah ich ihn an und sagte zu ihm: "Sage mir, weshalb du diese Frau an mich übergeben möchtest?" Ich fragte die Frau ... sie wollte nicht sprechen. Und damit drehte ich mich um und wünschte meinem Gastgeber eine gute Nacht. Und wir wandten uns um, gleichsam in der Tat, um ihn zu verlassen. Und er lief mir nach und bat mich inständig, die Frau mitzunehmen. Ich packte die Wesenheit bei seinem fettgepolsterten Kinn und forderte ihn auf, mir die Wahrheit zu sagen. Warum mehr als nur einen einfachen Tanz, denn einen solchen Tanz hatte ich nie und nirgendwo gesehen.

Er sagte, sie sei seine Tochter und sie gehöre zu ihm, und daß er sich gleichsam in der Tat in Kürze einer überaus verruchten Regierung gegenübersähe, die in dem Lande die Kontrolle an sich gerissen habe. Sei er doch ein Mann von friedlichen Absichten und ein Kaufmann, er sagte: “Was wissen Kaufleute vom Krieg? Sie widmen sich in ihm nur dem Handel und dem Geschäft und haben nirgendwo rasende Feinde.” Und er fuhr fort:” Sie möchten mich vernichten und alles, was ich habe, aber ich bin ein einfacher Mann mit einfachen Bedürfnissen.” Und ich blickte auf das, was um ihn herum war, und wußte, daß er ein Lügner war.

Seht ihr ... er hatte die Absicht gehabt, Kriegspläne mit mir zu schmieden wegen jenen, gleichsam in der Tat, die den Wunsch hatten, die Kontrolle über sein Land zu übernehmen und wenn ihnen das gelänge, dann würde man ihn gleichsam in der Tat enthaupten und seinen Hals würde man den Geiern vorwerfen und alles, was er besaß, würde man in alle Winde verstreuen. Denn sie wußten von ihm gleichsam in der Tat, daß er ein Geschäftemacher in fremdländischen Kriegen war.

Er flehte mich an, seine Tochter mit mir zu nehmen. Ich überdachte dies mit meinem Gehirn, das recht schwach ist, weil darin viel zuviel Wein und zuviel Essen ist. Und ich biete ihm an gleichsam in der Tat, wie man es bezeichnet, am Morgen zu meinem Aufenthaltsort zu kommen und seine Tochter mitzubringen.

Ich hatte herausgefunden gleichsam in der Tat, daß bei Gegenbesuchen die meisten meiner Gastgeber, gleichsam in der Tat, die ich hingenommen hatte, nicht gekommen waren. Und ich ging zu meinem “Elendsquartier” und hatte, gleichsam in der Tat, mehr vom Leben, und stellte eine Präsentation für die Wesenheit vom Hafen zusammen.

Und er kam auf höchst durchdachte Weise an. Ein wundervoller

Pferdewagen, wie ihr ihn bezeichnet gleichsam in der Tat, der von, wie ihr sie bezeichnet, drei schwarzen Arabern gezogen wurde, alle angespannt an Gurten, die verarbeitet waren mit Perlmutt und mit, wie es genannt wird, Silber. Höchst beachtliche Wesenheit, was die Art anging, wie er Dinge präsentierte.

Und dann kam er herbei, und ich unterhielt mich mit ihm. Und ich fragte ihn, was er denn meine, daß ich mit seiner Tochter tun solle. Er erwiderte: “Vielleicht Heirat.”

“Ich heirate niemanden.” Doch ich nahm seine Tochter auf, gleichsam in der Tat, um gleichsam in der Tat diese anderen daran zu hindern, ihr zu Leibe zu gehen. Und wie wir nun gleichsam in der Tat “handelseinig” waren, da begann der Mann zu weinen gleichsam in der Tat, wobei ich nicht gedacht hätte, daß in all dem Fett Tränen vorhanden sein könnten. Sie fingen an, sich ihren Weg aus dem Tal herauszubahnen, weiter über die Berge und hinunter über das Kinn. Und er war dankbar.

Und er hatte ihr eine Mitgift mitgegeben, gleichsam von solch enormer Größe, daß, wie man es gleichsam in der Tat bezeichnet, dafür ein Wagen nötig war, Güterwägen, wie ihr sie bezeichnet. Es waren gleichsam in der Tat 12 mal 12 an der Zahl nötig, um all das aufzunehmen, was zu ihrer Mitgift gehörte ... und darüber hinaus war sie zudem eine Jungfrau.

Die Frau wurde gleichsam in der Tat zu dem Zelt geführt. Und so nahm ich sie nun gleichsam in der Tat in meine Legionen auf. Auf diese Weise gab ich ihr und ihrer ganzen Mitgift das, was man als Schutz bezeichnet, wobei ich den Verdacht hatte, daß die Mitgift gleichsam in der Tat sein ganzes Gold war, das er verstecken wollte.

Ich liebte die Wesenheit, den alten Mann in seiner ganzen Art. Ich bewunderte ihn sehr. Denn er wußte das Leben auf überaus kraftvolle, wenn auch gefährliche Weise zu leben. Und noch bevor er zurückging, gleichsam in der Tat, fürchtete ich um ihn. Und als er zurückging, gleichsam in der Tat, wurde er in seiner Sänfte überfallen, gleichsam in der Tat, und niedergemetzelt. Und niemand wußte, wer die Täter waren.

Als alle Wesenheiten zurückkamen, einschließlich gleichsam in der Tat jener Wesenheit namens Cathay, da fielen gleichsam in der Tat seine Augen, bei all seiner betrunkenen Benommenheit, auf die Frau.

Und er war von ihr völlig fasziniert. Ich glaube, sie hat einen Zauber auf ihn ausgeübt. Denn er ist krank in seinem Kopf und in seinem Herzen, und schlottert mit den Knien, und ist tolpatschig mit dem Schwert. Es muß sich wohl um Liebe handeln.

Die Wesenheit namens Cathay, nach der euer Land jetzt Cathay genannt wird in einer östlich gelegenen Region, und das jetzt China genannt wird, wählte gleichsam in der Tat diese wundervolle Frau mit dem rabenschwarzen Haar, das ihren ganzen Körper einhüllen konnte. Und die mit solchem Reiz und so verführerisch geheimnisvoll tanzte, gleichsam in der Tat, als wolle sie MEIN Herz und das aller, die sie sahen, einnehmen. Sie wurde gleichsam in der Tat die, wie man es bezeichnet, erste Frau von Cathay. Und so wurde sie zu einem Teil gleichsam in der Tat des Marsches des Ram.

* * *

Kapitel 15

ZWEI SCHWESTERN

Sie waren alte Frauen, die noch nie das Lager mit einem Mann geteilt hatten, nie die Gelegenheit hatten, mit einem Mann das Lager zu teilen und wollten dies gewissermaßen mehr als alles andere. Aber in mancher Hinsicht verstößt dies gegen die sittsame Erziehung, gleichsam. Die beiden gleichsam in der Tat wurden so etwas wie 'alte Jungfern' genannt und konnten sich gleichsam in der Tat nichts leisten, auch keinen Sklaven, der im stillen gleichsam das hätte befriedigen können, wessen sie zur Erlangung als eine Erfahrung bedurften.

Und bevor man in den Sudan gelangte, lag da gleichsam in der Tat so etwas wie eine wundervolle kleine Stadt, die wohl etwa von der gleichen Größe war wie, gleichsam in der Tat, euer Antiochia. Und um diese Stadt, gleichsam in der Tat, gab es keine Tore. Jeder einzelne Hügel, beziehungsweise ... ihr würdet sagen jedes einzelne Haus, wenn auch "Haus" nicht exakt das wiedergibt, was so phantastisch kreativ und wundervoll ist, aber der Begriff wird ausreichen ... jedes von ihnen hatte sein eigenes Tor und hohe Mauern, und wenn ihr in diese aufsehenerregende Stadt hineinginget, würdet ihr eine Makellosigkeit der Straßen feststellen, eine Makellosigkeit, die sogar der übelriechende, wundervolle, aromatische Marktplatz an sich hatte. Er war wundervoll sauber.

In diesen Mauern, die Mauern, sie waren zinnoberrot, scharlachrot, blau, violett bemalt. Und sie schmückten sie. Und überdies trugen sie auch gleichsam in der Tat "herabhängende Gärten" aus Blütenzweigen von leuchtendem Scharlachrot. Dies sah aus wie Farbtupfer auf einer, wie man es bezeichnet, purpurfarbenen Mauer. Nun, auf den Mauern war auch Jasmin, gleichsam in der Tat, der sich oben auf ihnen entlangrankte, sobald gleichsam in der Tat der Hibiskus, und die, wie man sie bezeichnet, Rosennelken ... der Jasmin, wißt ihr, sobald auch sie sich öffnen. Wundervoll üppig.

Und wenn man das Glück hatte, Wesenheit, daß man in das Innere einer solchen Anlage hineingehen konnte, dann fand man dort Gärten vor, wo jeder Pfad in jede Richtung auf untadelige Weise wohldurchdacht angelegt war, entweder mit einem Boden aus Marmor oder, wie man es bezeichnet, aus weißfarbigem Sand, oder Wege, die gleichsam in der Tat mit Granit ausgelegt waren, aber immer pflegten sie von Gärten umgeben zu sein. Bäume, von außergewöhnlicher Gestalt und aromatischem Duft, und heiser krächzenden Papageien in vergoldeten Käfigen. Es war wundervoll dort im Innern, denn dieserart war die Stadt. Einzigartig.

Ich hatte eine wundervolle Gelegenheit <das Innere einer solchen Anlage zu betreten>, nachdem ich das, was man als Marktplatz bezeichnet, besucht hatte und den Händlern dabei zugesehen hatte, wie sie einander verwünschten beim Feilschen um einen speziellen Preis oder beim Feststellen dessen, ob etwas echt oder unecht war. Etwas, das mich immer zum Lachen brachte, war die Streiterei darüber, ob ein Ding echt war oder nicht ... seht ihr, es war ohnehin in jedem Falle geschnitzt. Man hat sein wahres Vergnügen. Die Menschheit ist köstlich amüsant.

Ich traf gleichsam in der Tat auch auf, wie es gleichsam in der Tat heißt, den Markt, auf dem es Gegenstände aus dem Osten gibt, dem mystischen fernen Osten, in den ich gehen werde. Solcherlei Dinge, wie Gegenstände, die im Innern von Gegenständen waren, und sie waren ganz und gar einzigartig. Doch natürlich gab es im rückwärtigen Teil des Zeltdaches ebenfalls Behälter von der gleichen Einzigartigkeit, aber sie waren ein wenig anders geschnitzt.

Ein Gegenstand beschäftigte mich gleichsam in der Tat ganz besonders, von dem man meinte, er sei eine Kugel, wenn man jedoch in die, wie es schien, aus Glas hergestellte Kugel hineinsah, dann war da ein Gegenstand, der imstande war, sich selbst zu spiegeln und ließ auf diese Weise den Gegenstand langgestreckt aussehen ... unendlich ... etwa wie ein Gang. Aber wenn man ihn ansah, war er einfach nur eine Kugel. Zauberhaft.

Und während ich sie bestaunte, stieg mir ein wundervoller Duft in die Nase, und ich drehte mich um und sah, wie zwei lebhafte, kühlblitzende Augen mich anschauten, die von wundervoll dichten Wimpern eingerahmt waren, während der Nasenrücken eher sanft und fein geschwungen war. Und ich schaute zu der Dame hin, die dort stand und die nun rasch zu einem Gegenstand hinabblickte, und so tat, als sei sie sehr daran interessiert, ein Gegenstand, bei dem es sich, wie ich später amüsiert feststellte, um nichts anderes, als um ein Lendentuch handelte... Seht, sie hat es nicht wirklich angeschaut. Sie hat mich angeschaut, aber mich dabei nicht angesehen. Wißt ihr, wie Frauen sind?

Und mit meinem Blick auf sie und auf das gerichtet, was sie betrachtete, fragte ich sie: “Verehrte Dame, suchst du vielleicht nach dieser Farbe oder vielleicht nach einer anderen Farbe?” Und sie sah es an und erwiderte nichts, sondern blickte um sich, und da kam auch schon eine andere Frau um die Ecke herbeigerannt, und sie hatte die gleichen Augen und die gleiche Nase, doch sie duftete ein wenig anders.

Und sie sah mich an und sagte: “Sie weiß ja nicht einmal, worauf sie hier schaut, die Närrin!” An diesem Punkt schaute die andere sie an, mit sanften, nicht vernehmbaren, lästernden Worten ... rannte weg ... und ich lachte! Und wie ich da lachte, wandte sich die eine um und sah mich über ihre Schulter hinweg an.

Bevor wir wieder durch die Tore hinausgingen, eilte ein Sonderbeauftragter oder Bote herbei, gewissermaßen eine Einladung zur Teilnahme an einem wundervollen Essen in einem ehrenwerten Hause. Ich überlegte gleichsam in der Tat, um wen es sich dabei handeln könnte und stellte in der Stadt Erkundigungen darüber an und fand heraus, daß es sich gleichsam in der Tat um zwei äußerst faszinierende Frauen handelte, deren Angesicht, mit Ausnahme ihrer Augen, keiner je gesehen hatte, und daß sie bekannt dafür waren und in dem Ruf standen, Priesterinnen einer gewissen geheimen Gottverehrung zu sein und über

Mächte zu verfügen! ... ihr versteht.

Natürlich machte man sich um ihre Mächte keine Sorgen, gleichsam in der Tat. Ich sammelte nur eine kleine Gefolgschaft stämmiger, nichtsdestoweniger ehrenhafter Männer um mich, und wir fanden uns dort zu der festgesetzten Zeit ein und gingen durch das Tor des Anwesens und wurden vom Gekreische der Vögel begrüßt, die in sorgfältig ausgearbeitete Käfige gesperrt waren, und so weicher Sand, nicht hartes Gestein gab es dort, und oh ... die Gerüche .... Düfte waren wundervoll.

Wir wurden an der Türe von einer äußerst wundersamen Erscheinung empfangen. Die wundervolle Frau, die uns an der Türe empfing, sehr zum reinen Vergnügen von Cathay und Gustavion, trug gleichsam eine einzige, mit Juwelen besetzte Robe, die herabfiel zwischen zwei ... äußerst ..... wallenden ..... großen .... Brüsten ... Zur Beschreibung läßt sich folgendes sagen: Es war eine Robe, die rundum mit Juwelen besetzt und prall bestückt war, und die herabfiel und von einem Gürtel zusammengehalten wurde unterhalb ähm ... dieser sehr großen ... üppigen ... Brüste .... Sie waren sehr schön, das Gesicht der Wesenheit hingegen war verschleiert, und der Schleier reichte bis in ihr wundervolles kastanienbraunes Haar hinein, das mit Perlen und blauen Bändern durchflochten war. Jedoch ehh ... Gustavion machte zu mir die beiläufige Bemerkung - während wir in eine spezielle Halle geleitet wurden - daß sie vielleicht etwas vulgär wären. Ich sah Gustavion an und fragte mich, ob er je irgendetwas für vulgär gehalten hatte, vor allem etwas wie dieses. Und Cathay fing an rot zu werden und vermied es, seinen Blick auf sie zu richten. Er schaute lediglich in die Augen und versagte es sich, sie anzusehen, denn man hätte ihn ja dabei erwischen können....

Man führt uns weiter hinein in diesen wundervollen Ort mit seinen Diwanen und Kissen aus Seide und Brokat, und seinen sorgfältig ausgearbeiteten kleinen und feinen Tischchen. Und überall Blütenzweige aus der Blumenwelt. Und ein wundervolles, einfaches Festmahl wurde dargeboten.

Und wie wir uns dort ah ... umsehen, da tritt eine weitere Dame herein, jedoch war diese eine eh ... nicht derart entblößt wie die andere, und war umhüllt von einem sehr ... was zu späteren Zeiten athenisches Kleid genannt wurde, schlicht in Weiß gehalten, mit einem ebenholzfarbenen Gürtel, mit juwelenbesetzten Sandalen an ihren Füßen; ihr Haar schlicht zu, wie es bezeichnet wird, Zöpfen geflochten, mit Kämmen, die diese am Hinterkopf und an der Seite schmückten, und der süße Duft von Jasmin ruhte linde auf ihr, so als sei er ein von ihr ausströmender Teil ihres Körpers. Und auch sie war verschleiert. Bei ihrem Eintreten in das Zimmer fing Musik an, ehh ... Zither, Laute ... und sacht begann sie auf melodische Weise durch den Garten zu schweben, in den wir hineinsehen konnten.

Sobald ein ... sobald der Wein resolut herumgereicht war, hatte sich Cathays Röte stark vertieft, und seine Aufmerksamkeit war nicht mehr den Augen dieser einen Wesenheit zugewandt, sondern den zarten Brustwarzen, auf die Hennafarbe aufgetragen worden war, um sie rosiger erscheinen zu lassen. Und er ... er führte keine Unterhaltung mehr mit mir ... Er sagte nicht ein Wort, und trank nur noch mehr, und fuhr einfach nur damit fort, dumm vor sich hinzustarren.

Wohingegen Gustavion, der immer eifrig dabei war, gleichsam in der Tat, beeindruckt von seiner eigenen Beeindruckendheit zu sein, damit anfing, über Staatsangelegenheiten und über die Verwicklungen unseres ganzen Lebens große Reden zu führen gegenüber der wundersamen Dame, die äußerst “korrekt” gekleidet war bis, seinem Stilempfinden nach, bis hin zu dem höchst peinlichen Punkt von Vulgarität, für die er selbst ebenfalls bekannt war.

Ich saß da und trank meinen wundersamen Wein; und wie ich da meinen wundersamen Wein trinke, beginnt das Parfüm besser zu riechen, das Essen noch etwas besser zu schmecken, und ah ... Cathay hatte sich seinen Weg etwas näher vorangebahnt. Gustavion hatte seinen Brustpanzer abgelegt und hatte es sich, jetzt lediglich in seiner Tunika, auf einem tiefen Kissen von wundersamstem Blau bequem gemacht, hatte das eine seiner stämmigen Beine über das andere gelegt, so daß das Haar auf seinem Bein im Lichte der Öllampe leuchtete, und er war entspannt und schaute sehnsüchtig in die Augen der Frau. Zu diesem Zeitpunkt ... es erschien mir ähm ... höchst angemessen, daß ich nun vielleicht dem Garten einen Besuch abstatten sollte ... was ich auch tat.

Ich ergriff mein Kelchglas und spazierte in den nur wenige Schritte entfernten Garten, nur um dort auf einem Teil des Weges tatsächlich noch mehr Wein vorzufinden, der auf einer Bank stand. Und ich sah mich um, um herauszubekommen, wo denn der Diener hingegangen war! Ohne es noch weiter in Frage zu stellen nahm ich den Wein mit und ging weiter, und ließ mich matt nieder, und schaute in einen der Brunnen hinein. Und während ich in den Brunnen hineinschaute, wurde mir klar, daß ähm ... dieser besondere Abend in seinem Stil und in seiner Wunderlichkeit für meine zwei begehrlichen Begleiter vorbereitet worden war, die schon sehr lange Zeit auf ihrem Marsch gewesen waren.

Danach war ich gleichsam in der Tat in einen kurzen Schlaf gefallen und zuletzt hatte ich noch zum Mond emporgeschaut, der noch nicht seinen Zenith erreicht hatte, und als ich aufwachte, saß er ungefähr eh ... hing er oben am Himmel geradewegs über dem Horizont.

Und ich erwachte und ging zurück zu jenem Ort ... und ah ... Gustavion war an einem Punkt ... von göttlicher Ignoranz angelangt, der nur dann erreicht wird, wenn göttliche Dummheit im Körper freudig begrüßt worden ist, und er hatte damit begonnen, dieser Frau all die Gründe aufzuzählen, weshalb sie ihn eventuell auf seinem Marschzug begleiten sollte ....

Und Cathay in der Tat, stürmisch wie er war, hatte bereits gleichsam in der Tat seinen Eroberungszug auf die ähm ... andere göttliche Frau begonnen, dadurch daß sein Oberschenkel dem ihren ein wenig näher war ... da kann man wieder ´mal sehen! ... Und dann ging es noch ein wenig weiter. Zu diesem Zeitpunkt in der Tat, war ihr Schleier von Cathay entfernt worden, in dem Bemühen, sich auf unbeholfene Weise anzustrengen, sanft ach ... ach ... die Frau mit dem Mund zu berühren, denn es war kein Kuß, sondern eine Mund-auf-Mund-Berührung .... Er war nie ein gewandter Liebhaber, ein zartfühlender Liebhaber gewesen, vielleicht deshalb, weil er innerlich so lange darauf gewartet hatte, so daß, als der Moment des Gusto gekommen war, dieser nicht einmal Anmut besaß. Er stürzte los ... das Gesicht zu küssen, das entschleiert worden war ... und es war geisterhaft. Aber seht ihr, sie war schön, und sein Blut war heiß, und sie war voll Verlangen in ihrem Busen, und nach Cathays Ansicht war für ihn der Augenblick des Erforschens gekommen, und einfach *alles* war schön.

Ich lachte so gewaltig! ... Es war es wert! Gustavions Dame ...

nachdem er gesehen hatte, daß Cathay seine Eroberung des Schleiers gemacht hatte, ist er, in etwas feinerer Art, seinerseits zur Eroberung des Schleiers übergegangen. Und als er ihn abnahm, war alles was ich sah, daß sich seine Augen weiteten und daß das, was da gerade noch so redegewandt von seiner Zunge hervorsprudelte und rollte, im selben Augenblick jäh abbrach ... und er sah die Dame an. Und da ich das Schlimmste erwartete, drehte ich ihnen einen Moment lang den Rücken zu und schaute zum Himmel hinauf und wischte mir die Tränen von meinen Wangen, die vom hochgeschätzten Lachen herrührten, und ich schaute wieder zurück, noch immer denkend, daß ... ohh .. was hatte er nur gesehen ... nur um ihn in einer tiefen Umarmung vorzufinden. Die Frau war eine wahrhaftige Aphrodite!

Doch wißt ihr, weshalb sie ihr Gesicht verschleiert gehalten hatte? Ihre Schwester sagte, daß sie genauso wie sie aussehen würde. Und das glaubte sie ihr auch. Denn ihre Schwester war die Künstlerin mit dem Haar und mit dem ah ... Bekleiden des Körpers, offenkundig war sie äußerst reizvoll. Sie hatte das größtmögliche aus all ihren Reizen gemacht, und die andere glaubte ihr, daß sie genauso sei, seht ihr? Sie war wundervoll.

Nun ... Ich machte mich fertig und begann meinen Umhang und meine Schutzwehr, mein kurzes Schwert einzusammeln, und nahm meinen unversehrten Helm, und blickte auf sie alle und ging durch die Türe hinaus in die frische Nachtluft. Und ging an der Mauer vorbei und pflückte in der Nähe der Mauer eine wunderschöne Hibiskusblüte, die sich schon geschlossen hatte, sich bei Licht aber wieder öffnen würde. Und pflückte Jasmin und zerrieb ihn in meiner Hand und roch daran, und ging müde zu meinem Pferd, das immer wartet, und beschloß, daß es das beste für mich sei, zu meinen Leuten und meinem Lagerplatz zurückzukehren, denn dies ist es, wohin alte Männer gehen. Und dies ist es, was ich tat.

* * *

Kapitel 16

DIE GESCHICHTE VOM SOLDATEN

Was geschieht gleichsam in der Tat, wenn Helden vom Schlachtfeld zurückkehren, wenn es Schlachten nicht mehr gibt? Wenn doch alles, was ihnen ihr ganzes Leben über gelehrt worden war, gleichsam in der Tat Kriegspläne gewesen sind. Die Pläne an sich stellen schon, gleichsam in der Tat, eine Kampfkraft dar. Gleichsam in der Tat, das hohe Training in der Verteidigungskunst, der Eroberungskunst, der Überlebenskunst. Und was macht man mit einem Krieger, der zurückkehrt; sein Körper ist beschichtet gleichsam in der Tat mit Gold, fremdländischen Gegenständen, gleichsam in der Tat, Salben, Stoffen - all dem, was Bestandteil seiner Erinnerungen gewesen ist von all jenen Orten, an denen er gewesen ist.

Was fängt man mit ihm an, wenn er zu dem blühenden Ort zurückkehrt, den er so lange Zeit verteidigt hat? Was kann er tun? Wird er ein Kaufmann? Kaufmann zu sein, Händler auf dem Marktplatz zu sein, gleichsam in der Tat, auf einer Straße, die man Die Geradelinige in Damaskus nennt, Wesenheit, würde soviel bedeuten wie Bestechung, Geschreie, Verwünschungen ausstoßen, Gezänk, launische Koketterie, gleichsam in der Tat. Es handelt sich dabei um Wettbewerb. Es handelt sich dabei gleichsam in der Tat um eine Krethi und Plethi Art des sichzum- -Ausdruck-Bringens, wißt ihr. Er würde darin kein Glücklichsein finden. Würde er darin Glücklichsein finden, ein Wachposten draußen vor den Toren zu sein? Nein, er würde sich lediglich dabei wiederfinden, wie er zum Horizont starrt und an vergangene Zeiten denkt. Und die Leute würden dort an ihm vorübergehen, gleichsam in der Tat, und ihn nicht einmal bemerken, ihm nicht einmal Beachtung schenken, so wie sie es einst taten mit begeisterten Zurufen und großer Hoffnung, und Verehrung ausgedrückt durch Blumen und Kränze, mit denen man ihn behängte. Man würde ihn niemals bemerken. Er wäre dort nicht glücklich. Wäre er glücklich, gleichsam in der Tat, als ein Reisender zu ziehen, gleichsam in der Tat, und ein Händler zu sein, um Karavanen zu besitzen? Er wäre damit nicht glücklich. Was macht man also mit einem Soldaten, der gleichsam in der Tat von der Schlacht heimkehrt?

Eines Tages, gleichsam in der Tat, begibt sich der Soldat auf den Hof und läßt sich dort gleichsam in der Tat auf einer angenehmen Bank unter einer Myrte nieder, da es dort viel Schatten gibt und die Sonne sehr heiß und gleißend ist. Und er schaut gleichsam in der Tat dem Geplapper derer zu, die da in dem Lichthof ein- und ausgehen. Und den Frauen, gleichsam in der Tat, die sich sanft, still, gleichsam in der Tat mit zarten Stimmen unterhalten, und hin und wieder hört er ein Wort oder zwei unter ihrem Schleier hervor. Und den Männern <schaut er zu>, die gleichsam in der Tat dasitzen und ausschweifend von den vergangenen Zeiten erzählen.

Und auf einmal schaut der alte Soldat auf gleichsam in der Tat und sieht ein paar junge Leute herein- und hinausflitzen, gleichsam in der Tat - ein Kamel, einen Esel, alte Männer gleichsam in der Tat und Frauen mit Krügen - und was halten sie in ihren Händen? Stöcke, und sie üben sich gleichsam in der Tat im Spiel darin, Krieger zu sein.

Und der alte Krieger schaut ihnen dabei zu, gleichsam in der Tat, wie sie einander in scherzhafter Taktik angreifen und dabei versuchen, gleichsam in der Tat etwas zu improvisieren, von dem sie nur gehört, es aber nie gesehen haben, nichtsdestoweniger ist es für sie hochinteressant. Und der alte Soldat schaut zu, gleichsam in der Tat, und er erhebt sich, gleichsam in der Tat, und er geht zu ihnen hinüber und sagt ihnen, daß sie es völlig falsch machen. Und er hebt einen Stock auf, und er zeigt ihnen, wie ein Angriff zu führen ist. Und ihre Augen werden sehr groß, und sie stehen völlig reglos und sehr still da. Und die Frauen hören zu reden auf und beginnen zuzuschauen. Und die alten Männer stehen auf, und einer legt noch etwas mehr zusammengerollten Tabak unter seine Zunge und beginnt ihn in seinem Mund zu verteilen, und er späht aus den Augenwinkeln hinüber und seine Augen fangen zu tanzen an.

Und er zeigt ihnen, wie man bei einem Gefecht vorrückt. Und dann gibt er ihn aus der Hand, und legt ihn in die kleine Hand, und hält sie, und sagt: "So wird es gemacht!" Und er macht einen Schritt, und er sagt: "Nein! Nein! Nein! Nein! Das ist völlig falsch. Du wirst wie ein Dummkopf über deine eigenen Füße stolpern."

Woraufhin er ihnen zeigt, wie sie ihre Füße einsetzen müssen. Und sie rücken vor. Und so, wie er sie nachahmt, so ahmen auch sie ihn nach, und bevor man sich´s versieht macht dieser Junge recht ansehnliche Fortschritte in kühner und, wie man ihm zu Ehren sagen muß, in sehr geschickter Manier. Und der Soldat schaut den anderen an, der all dies "einstecken" mußte und der nun mit zwei blauen Augen dort am Boden sitzt und den Tränen nahe ist, da er nicht weiß, wie er sich gegen diese neue Angriffstaktik wehren soll. Und der Soldat geht zu ihm hinüber, und er sagt zu ihm: "Also da steckst du ja schön in der Klemme. Da werden wir schleunigst etwas unternehmen müssen, damit dir hier nicht, milde ausgedrückt, die Därme aufgeschlitzt werden."

Und so nimmt er seinen Stock und er sagt: "Er rückt auf diese Weise vor und du fängst an, den Vergeltungsschlag zu führen." Und der eine kleine Junge, der als Angreifer vorrücken soll, steht still und: "Nein! Nein! Nein! Nein! Nein! Rücke zu ihm vor!"

Der kleine Junge setzt seine Fußarbeit ein, und er kommt heran und der andere, der seine Därme retten soll, fängt mit dem Vergeltungszug an. Und der kleine Junge ist voll Eifer, und er klatscht vor lauter Begeisterung in die Hände und ergreift den Stock und beginnt damit, sich zu verteidigen. Und seine Fußarbeit ist erstaunlich - hurtig und schlau und ganz vertieft in seine Bewegungen. Und der Soldat steht im Hintergrund und wischt sich über den Mund. Und der alte Mann spuckt auf den Boden und schaut auf. Und die kleinen Jungen fingen mit ihrem Krieg an. Und sie greifen an und verteidigen, greifen an und verteidigen, und einer springt auf den Brunnen, die Frauen fangen zu schreien und zu rufen an, und er stolpert und fällt in das Wasser. Und der Soldat lacht.

Lacht! Und dann geht er zu ihm hinüber, um das vor Nässe triefende Etwas herauszuheben ... und klopft das Wasser von ihm ab und setzt ihn auf den Rand und läßt das Wasser an seinen Knien und von seinen Zehen auf den Sand hinunterrinnen, das dort einen kleinen Tümpel bildet, und setzt sich neben ihn. Und der kleine Junge sagt: "Du bist ein großer Held. Erzähle uns doch, wo du all das gelernt hast."

Und der Soldat denkt einen Augenblick nach. Er versucht sich zu erinnern, gab es doch so viele Dinge, die geschehen waren, und ahh .... da ist es ihm eingefallen: "Ich erinnere mich. Ich war ein kleiner Junge, so wie du. Und jemand gab mir ein Schwert und es hat mich fasziniert. Und ich hatte einen wundervollen Lehrer, der mich lehrte, wie man es benutzt."

Und der kleine Junge, der dasaß und trocken zu werden versuchte, sieht ihn an, während sein Haar auf seinem Gesicht klebt und seine Wimpern zusammenkleben und im Licht glitzern, und er sieht hoch zu ihm und er sagt: "Wirst du es mich lehren?"

Und der alte Soldat überlegt einen Moment, und er sagt: "Aber es gibt doch keine Kriege mehr."

Und der kleine Junge erwidert: "Ich möchte lernen, mutig zu sein, um meine Mutter glücklich zu machen und mein Haus zu schützen!"

Daraufhin denkt er einen Augenblick lang nach und der andere betrachtet ihn. Und er springt voll Überschwang auf und ab und klatscht in seine kleinen Hände und sagt: "Oh, gütiger Herr, tue dies doch für uns! Und wir werden dir zu Diensten sein und dir gute Oliven bringen und etwas Käse und alles, was wir sonst noch bekommen können und von unserer Mahlzeit für dich erhaschen können, wenn du uns nur lehrst."

Jener alte Mann, der noch eine weitere Brise Tabak genommen hatte, schaut auf und öffnet seinen Mund, und da sind keine Zähne zu sehen, und er lächelt, und er sagt: "Auch ich würde gerne lernen!"

Und der alte Soldat sammelt sie um sich und sagt: "Ich werde euch lehren, und es wird anstrengend sein, aber ich werde euch lehren. Und ihr müßt daran arbeiten. Ihr müßt sehr hart daran arbeiten." Und sie alle waren sich darüber einig, daß sie dies tun würden.

Am nächsten Tag zu der gleichen Zeit erschienen dann die

beiden kleinen Jungen, der alte Mann, und sie hatten auch noch eine Schar anderer mitgebracht. Und sie brachten mit, was auch immer sie mitzubringen vermochten, und sie legten es zu Füßen des Soldaten, und alle waren mit ihren am besten geeigneten Gewändern bekleidet, in denen sie sich als äußerst behende unter Beweis stellen könnten; hatten ihre kleinen Schwerter dabei und alles, was sie sonst noch finden konnten und waren bereit für ihre erste Unterrichtsstunde.

Der alte Soldat, wißt ihr, er mußte seinen Kopf abwenden und wegschauen, denn jetzt war er etwas Besonderes. Und was er gelernt hatte, konnte er nun andere lehren, um des Lernens willen. Und es brachte ihn gleichsam in der Tat dazu, daß eine hurtige Träne auf seinem Gesicht erschien, doch seinem Herzen brachte es Erfüllung. Und sehr behende drehte er sich um, und sein Schwert hielt er weit von sich gestreckt, und er sagt: “Seht, wie schnell ich mich umwende und nicht einer von euch war darauf vorbereitet.” Und damit begann die erste Unterrichtsstunde.

* * *

Kapitel 17

SHAMBALA

Als ich den *Unbekannten Gott* innerlich zu umarmen und ganz und gar zu begreifen begann, dauerte dies eine lange Zeit. Ich fing an, mich zu fragen, warum es bestimmte Dinge gab, die mich einschüchterten, und ich stellte fest, daß viele andere - in dem Stamm - ebenfalls davon eingeschüchtert waren.

Es gab da einen großen Wald nördlich von meinem Heerlager im, wie man es gleichsam in der Tat bezeichnet, 51. Jahr meines Marsches. Und ich sammelte alle meine fett und faul gewordenen Soldaten, die genörgelt und sich beschwert hatten und ah ... die es leid waren, keine Schlachten mehr zu führen.

Also ließ ich sie hart marschieren. HART! Und sie gingen wieder zu ihrer täglichen Essensration über. Ich gab ihnen genau das, was sie wollten. Und ich ließ sie hart und schnell und hurtig marschieren. Keine Pferde auf dieser Reise. Und sie waren voller Tatendrang! Voll Schwung und Energie! Den Geschmack von Kampf ... der alte Krieger war wohl wieder zu neuem Leben erwacht. Aber wohin würde der Weg sie führen, dort in nördlicher Richtung von ihrem Heerlager? Es ist ein unbekanntes Gebiet.

Nichtsdestoweniger polierten sie ihre Breitschwerter, holten ihre besten Kurzschwerter hervor, packten ihre Sachen ein und sammelten ihre Bälge aus Tierhäuten zusammen. Ölten ihre Bärte ein. Ölten ihre Haare ein. Setzten ihre Kriegshelme auf und zogen ihre Brustpanzer aus gehärtetem Leder über, auf denen sich die Insignien des Ram befanden. Und sie machten sich für den Marsch bereit.

Doch ich muß euch sagen, daß sie nach nur wenigen Augenblicken eines Marsches von solcher Härte bereits in Schweiß gebadet waren, und ihre Kappen kamen herunter, und die Brustpanzer kamen herunter ... und die Breitschwerter, die sie mit großer Genauigkeit zu handhaben imstande waren, wurden schwer. Und das Fett fing zu schwitzen an und die Speckfalten fingen zu rollen an. Aber das war es, was sie herausgefordert hatten. Und sie fingen zu bitten an: "Ohh ... Meister, wir müssen unbedingt unsere Bälge auffüllen, ja doch, mit Wasser. Und sieh dort den Fluß. Laß uns von dem frischen Wasser mitnehmen! Wer weiß, was dort in dem bange machenden Wald auf uns wartet!" Nun, euch ist klar, daß dies eine Ausrede war.

Wir gingen also zu der Wasserstelle. Und sie leerten das aus, was noch vom Morgen stammte und füllten etwas frisches Wasser nach. Sie glaubten, sie würden sich dadurch besser fühlen! In Wirklichkeit aber ... lagen sie einfach nur kraftlos dahinhingestreckt entlang des Flußufers. Nun denn, sie kamen aufs neue herbei, und ich ließ sie hart marschieren, und als nächstes verlangte es sie nach dem Nachtmahl. Denn was ihnen früher einmal ähm ... was ihnen für einen ganzen Tag ausreichte, pflegte ihnen jetzt gerade alle ah ... achtzehn Quadratmeter am Tag zu reichen. Hunger hat so eine Art an sich, einen Marsch langsamer werden zu lassen. Also sagte ich zu ihnen, sie sollten ihre Gürtel enger schnallen, denn wenn sie ihre Gürtel enger schnallten, würde dieser Druckschmerz auf ihre Körpermitte mehr wiegen als der Schmerz in ihren Bäuchen, und wir zogen weiter... Es funktioniert! Probiert es aus!

Im Laufe dieses Marsches, der gleichsam in der Tat siebenundvierzig Tage dauerte, wie man es eurer Zeitrechnung nach bezeichnet, trafen sie also auf einen großen und sehr alten Wald. Heutzutage habt ihr noch einige Wälder übrig, die die Eigenschaft von herausragendem Alter haben, doch dieser Wald war weitaus älter als der letzte von euren mit herausragendem Alter.

Und wir gingen hinein ... Bäume, wo ein Mann gleichsam in der Tat nur sein einfaches Arbeitsgerät zu nehmen und das Innere auszuhöhlen brauchte, um eine vollständige Hütte zu haben, in die selbst eine große Familie paßte. Und sie waren Riesen. Riesen! Und so wunderschön. So ehrfurchtgebietend. Und so lieblich war die Luft, die von ihren großen Ästen ein- und ausströmte. Und Blumen von solch zarten und schönen Farben, wie ich sie nie zuvor gesehen hatte, scharten sich unter ihnen. Und ich war voller Ehrfurcht! Und irgend etwas hatten sie an sich. Es war gewissermaßen, als bekäme man die Erlaubnis, sich in ihrem Königreich aufzuhalten, doch hatte man wohlbedacht seine Schritte zu setzen. Und man hat den Eindrück, als wüßten sie alles, was man denkt, sobald man sie ansieht. Und da hatte man nun eine polternde, vor sich hin brummende, schwitzende, stinkende, nach Moschus riechende, Krach machende, mürrische, widerliche Armee mitgebracht! ... hinein in das, was bereits seit einer Ewigkeit ein ungestörtes Paradies gewesen sein mußte. Ich sah Vögel, die je zuvor gesehen zu haben, ich mich nicht erinnern konnte. Und Farben in Schattierungen, wie es sie eigentlich nicht gab; ein Schillern, das in seiner Schönheit unglaublich war. Und ich war von Liebe durchdrungen für Gott und für das Erschauen einer Intelligenz, die so sehr verwunderte in einem so ungestörten Königreich, wie ich niemals einen Menschen in seinen weißgewaschenen Wänden und seinen seidenen, wallenden Zelten etwas derart Schönes erschaffen gesehen habe.

Es brauchte nur eine kleine Weile bis die Armee den starken Argwohn hegte, daß sie alle beobachtet würden. Und das wurden sie tatsächlich! Und aus der einst vorhandenen Überheblichkeit, Männlichkeit, Unerschrockenheit ... waren kleine, argwöhnische, furchtsame Geschöpfe geworden ... einfach aufgrund der Stille, die dort war. Und sie fingen an, sachten Schrittes zu gehen. Und sie steckten ihre Schwerter ein. Und sie legten ihre Brustpanzer wieder an. Und sie setzten ihre Helme auf. Und sie senkten die Banner. Und sie gingen leise voran ... Und wir waren im Begriff uns dort in diesem Wald niederzulegen....

Ich kam und errichtete einen Lagerplatz an einem wunderschönen Strom, der von nirgendwo herzukommen schien, und seine Musik glich einem Lied. Und er wisperte zusammen mit der sanften Brise, und es war so erholsam für mein ganzes Wesen. Und die Wunde, die mir immer in meinem Rücken Schmerzen bereitete ... tat in diesem Wald niemals weh.

Und wir brachen das Lager ab, und schliefen ohne Feuerstelle, und zogen weiter hinein in das Innere dieses ehrfurchtgebietenden Reiches. Leise. Beobachtend. Wachen Auges. Und dann ... am zwölften Tage unserer Entdeckungsreise, zeigte sich weit droben in den Baumwipfeln eine Öffnung. Und das Licht fiel strahlend herein und erschuf in dem Wald zauberhafte Illusionen und Schattenbilder, die die Erscheinung von Formen annahmen - von lebendigen, flüchtigen Formen, kommend und gehend, ähnlich einigen mystischen Geschöpfen, mit Flügeln und wunderschön. Und wir gingen über die Lichtung und betraten erneut die dichtbewachsene Überdachung ... und da stand der König des Reiches.

Es war ein Baum, doch der Baum war der HERR DES WALDES! Seht diesen Raum hier. Schaut euch diesen Raum an. Der König des Waldes war im Durchmesser noch fünfmal größer als dieser Raum. Noch fünfmal größer! Und seine große Äste hinein in die Erde wurden Unendlichkeit genannt. Und er und seine Wurzeln mußten dem gesamten anderen Teil des Waldes Leben gespendet haben, und die Wächter standen hoch und aufrecht und ehrerbietig gegenüber dieser großen Wesenheit. Und meine Armee wurde demütig angesichts seiner immensen Größe ... seiner Macht, seiner Schönheit ... seiner beständigen Pracht.

Ich war dem König der Erde begegnet. Ich war dem Gott aller Bäume begegnet. Ich hatte etwas gesehen, was ich in meiner ganzen Jugendzeit und auf allen meinen Marschzügen nie zuvor in dieser Art gesehen hatte ... und er war wunderschön.

Und ich betete zu dem *Unbekannten Gott*, zugunsten meiner zu sprechen, damit mir erlaubt sei, in seiner Wiege, in seinen großen Ästen zu schlafen, denn ganz sicher käme eine, in seinen Armen verbrachte Nacht einer Rückkehr in die Gesamtheit aller Elemente des Verstehens gleich. Und ich schritt weiter, so als sei ich in der Gegenwart des Allerheiligsten. Und dort faltete ich dann meinen Umhang aus und legte ihn ganz sacht dort nieder und schlief dort, ich, der Ram ... in den Armen Gottes ... Wächter allen Lebens. Und ich schlief wie ein kleines Kind. Und die Träume, sie glichen der Lichtung mit der Wiese und waren erfüllt von Lichtgestalten, die sich spielerisch hin und her bewegten, und von Wesen mit Flügeln voller Sanftheit ... und erfüllt von einem Lied ... Klang es von dem weit entfernten Bach her oder war es einfach in dem Baum. Und ich liebte dieses schöne Geschöpf. Und bei Anbruch der Morgendämmerung und beim Ruf der geheimnisvollen Vögel und geflügelten Wesen, die nie zu sehen, nur zu hören waren, öffnete ich meine Augen, um zu sehen, ob ich seine Spitze entdecken könnte, doch nie war es mir möglich zu entdecken, wo er zu wachsen aufhörte. Nie war es mir möglich das Licht zu sehen, dem er entgegenwuchs. Und ich segnete den Baum und bat darum, daß er seinen Segen legen möge auf mein Leben und meine oberflächliche Seele, und auf die offensichtliche Härte und Abgestumpftheit meines Charakters ... auf einen Barbaren, der in den Armen eines grandiosen Baumes geschlafen hat.

Ich ging und weckte meine einst so stürmische Armee auf. Und ich forderte sie auf, sich bereitzumachen. Und sie dachten, sie würden sich bereitmachen, um irgendetwas zu erobern. Das war die Art, wie sie dachten!

Sie gingen also daran, Schwertscheide und Schwert und Streitäxte anzulegen, und ich sagte: "Hört! Dort, wo ihr hingeht, braucht ihr diese Sachen nicht." Einem Soldaten jedoch sein Breitschwert und Kurzschwert und seine Streitaxt wegzunehmen, ist für ihn so, als würde man ihn nackt dastehen lassen. Ich forderte sie dennoch auf, es zu tun! Sie taten es. Und ich ließ sie zu diesem hochaufragenden Geschöpf marschieren. Und ich hieß sie, sich an den Händen zu halten wie kleine Kinder. Nun ... Männer empfinden es, wenn sie das tun sollen, nämlich die Hand eines anderen Mannes halten ... als demütigend. Und ich mußte sie inständig darum bitten, es zu tun. Und anschließend mußte ich ihnen drohen ... Sie taten es. Ich ließ sie also wie kleine nackte Soldaten einander an den Händen halten, und natürlich machten sie alle das Zeichen gegen das "Böse Auge", um sich voreinander zu schützen. Und ich ließ sie um den Herrn des Waldes einen Kreis ziehen.

Und sie gingen um ihn herum, und weiter um ihn herum, und sahen mich noch sonderlicher an als zuvor, und mit Argwohn in ihren Herzen. Und sie gingen um ihn herum, bis sich alle von ihnen an den Händen hielten und zwar in einem Kreis unter dem Laubgewölbe dieses wunderschönen Geschöpfes. Und während sie nun alle dort standen und mich für noch sonderlicher hielten als zuvor, da stellte ich ihnen eine einfache Frage: "Oh, ihr Krieger des Ram, Soldaten bis ins Mark, und mit Ruhm bedeckt, die ihr Legenden über das ganze Land hinweg geschaffen habt, ... die für immer und ewig lebendig sein werden; tapfer, furchtlos, und wie viele habt ihr in Schlachten besiegt? Und wie ist es um euch bestellt, alte tapfere Soldaten, die ihr euch eure überragende Statur euren ganzen langen Marsch hindurch erhalten habt. Sprecht und sagt mir unverzüglich, was dieser Baum besitzt, das ihr nicht besitzt."

Haltet euch vor Augen, wie sie aussahen. Haarige Gesichter, buschige Augenbrauen ... wettergegerbte Wangen und knorrige Nasen ... und Kulleraugen, die sich voller Aufregung über diese Sache hin und her bewegten und sich vor und zurück drehten, während sie einander ansahen, so als könnte ihnen vielleicht irgendeiner einen Hinweis darüber geben, was sie antworten sollten.

Nun, wenn alle auf die gleiche Weise leben und ihr fragt nach etwas ziemlich ... Ungeheuerlichem wie diesem hier, könnt ihr rasch feststellen, daß sie überhaupt nichts wissen. Also fragte ich noch einmal: "WAS HAT DIESER BAUM, DAS IHR NICHT HABT!"

Und einer räusperte sich und strengte sich an, zusammenhängend zu sprechen: "Herr, ich verstehe nicht, wonach du uns fragst. Wir alle, keiner von uns versteht es!"

"Was hat dieser Baum, das ihr nicht habt ... Wesenheit?!" Und ich ließ sie schwitzen. Und sie gingen durch jedes Ereignis ihres Lebens und verglichen es mit dem Baum. Alles. Und man konnte sehen, wie ein weiterer Teil ihres Gehirns sich anstrengte, zum Leben zu erwachen. Ha-ha-ha-ha-ha-ha-ha!! .... Und all das, während sie sich an den Händen hielten. Und ich warte ... und da setzt ein großes Räuspern ein ... ehhmm ... und da beginnt ein langes Starren auf das ominöse Ding vor ihnen, und angeblich sollen sie das Hirn dazu haben herauszufinden, was es hat, das sie nicht haben. Und sie fangen an, nach oben zu schauen, und sie inspizieren eingehend dessen Rinde und dann schauen sie auf ihre Haut ... und ich warte.

Nun ... sie standen da, sich an den Händen haltend, schwitzend, ihre Körpergase freilassend ... rülpsend, ächzend, murrend ... bis zur Abenddämmerung, und ich wartete darauf, daß sie es mir sagen würden.

Eine Wesenheit namens Parcleave sagte: “Herr, das ist etwas mächtig Ausgefallenes, denn noch nie hast du mich aufgefordert, einen Baum zu begreifen, und bei meinem Leben, ich habe sie immer nur verbrannt. Ich weiß nicht, was sie haben, das ich nicht habe, außer daß sie mich wärmen können, wenn ich selbst nicht mehr dazu imstande bin.”

Ich sagte: “Parcleave, du denkst.”

Ich hieß sie, sich hinzusetzen und das Händehalten zu vergessen, und jeder beeilte sich damit, den Schweiß der anderen wegzuwischen. Und ich ging hin zu diesem grandiosen und wundervollen Geschöpf, das gestattet hatte, daß sich dieses Drama den ganzen Tag lang abspielte ...

“Was dieser Baum besitzt, das ihr nicht besitzt, ist, daß er nicht zu sterben weiß. Er ist im Besitz des Lebens. Wie stark sind wir wirklich! Was für Krieger sind wir! Um zu zerstören? Wie bedürftig ist unser Fleisch, daß wir schwere Gewänder tragen müssen und Brustpanzer und Waffen. Und wie schwach sind wir; sobald wir das Schwert niederlegen, sind wir doch so verwundbar. Es gibt uns Schutz, damit wir am Leben bleiben und einen anderen töten können. Dieser grandiose Baum weiß nichts vom Tod. Er weiß einzig und allein z u l e b e n. Warum ist das grandioser, als ihr es seid? Nun, seht ihn doch an, er macht euch zu Zwergen! Dieser König des Waldes erschuf den Wald. Wie viele Zeitalter sind schon vergangen, seit er hier steht? Wie viele Morgen hat er gesehen? Wie viele Abende? Wie viele Jahreszeiten sind gekommen und gegangen? Und wo wart *ihr*, in den Zeitaltern, die vergangen sind? Schaut ihn an! Schaut ihn an! Wenn ihr dabei seid, in eurem eigenen Blute zu ersticken, wird er weiterleben. Und wenn eure Söhne ihre Söhne hervorbringen, die wiederum Söhne hervorbringen, wird er noch immer hier sein. Und warum *ihr* nicht?!”

Und daraufhin erwiderte ein sehr mutiger Krieger verhalten: “Aber Herr, wir könnten dieses Ding fällen ... und es in Brand setzen! Und dann wird er sterben!!”

“Du könntest das tun. Du könntest das tun ... aber nur *du* bist gewöhnlich genug, das Leben zu unterbinden. Du könntest das tun. Aber so sicher wie du mit deinen Äxten in ihn hineinhacken und ihn fällen würdest, so sicher wirst du auch sterben. Jedoch nur du weißt, wie man das durchführt, er nicht. Sieh dich an! Mit einem Schlag könnte er dich auslöschen und deine ganze künftige Nachkommenschaft. Mit einem Schlag, und nichtsdestoweniger toleriert er dich und läßt dich zu, denn *er weiß nicht zu sterben, nicht zu töten ... er kennt einzig und allein das Leben!* Er ist der Große Unsterbliche."

Wißt ihr was? Meine alten Männer, der älteste unter ihnen, der sich nach wie vor für einen Barbaren hielt und immer versessen darauf war, das größte Breitschwert zu tragen, weil er versuchte, es entgegen seinem fortgeschrittenen Alter zu beherrschen ... fing zu weinen an. Und er weinte und er weinte und er weinte. Denn er wußte, daß es bei dem, was er sich von allen Dingen am meisten gewünscht hatte, um das Geheimnis des grandiosen Baumes ging, und darum, wie man weiterlebt.

Wir verweilten in diesem bunten Reich eine ganze Jahreszeit hindurch. Und dort erlangten meine Leute, meine Krieger, innere Ruhe und wurden friedliebend, und die Härte langer Zeiten und die Narben des Kampfes schienen an diesem wundervollen Orte zu verblassen.

Und eines Morgens erwachte eine Frische in der Luft. Es lag ein Gewand von kristalliner Schönheit auf dem zarten Gras, und ich wußte, daß die Frosteinbrüche, das erste Zeichen des herannahenden Winters, kurz bevorstanden. Und ich ging zurück und blieb beim Altar des Herrn des Waldes stehen und sah auf ihm ein Gewand ... in wunderschönem Licht. Und er traf bereits seine Vorbereitungen, und ich erbebte dort unter seinen Ästen. Ich legte meine Hände auf sein schwieliges Gewebe, und ich weinte an seinem Gesicht. Denn obwohl er kein einziges Wort zu mir gesagt hatte, war er ein Tribut von etwas, das ich entschlossen war zu finden ... jenes Geheimnis ... jene stille, würdevolle Wissenheit <inneres Wissen>, jene Vitalität ... sie konnten ein klein wenig zu mir überfließen.

Ich riß mich weg von etwas, das sich so ewig und so alt und doch so weiterbestehend anfühlte. Ich war mit etwas in Berührung gekommen, das Ewigkeit genannt wird. Sie existierte also doch! Und ich schloß meinen Frieden mit jener großen Wesenheit.

Und an jenem Morgen sammelten wir all unsere Habe zusammen und tranken herzhaft aus jener berauschenden Quelle und füllten unsere Bälge aus Häuten bis zum Rande voll und marschierten los ... lange Zeit vorbei an den Wächtern des Lebens ... die es uns gestattet hatten, ein Teil ihres Reiches zu sein - und unter ihren großen Ästen zu schlafen und ihren ungeheuren Überfluß an stiller Intelligenz zu beschauen.

Und wie da die Bäume immer kleiner wurden und die noch jungen sich ihren Weg in die Welt hinein bahnten, und Buschwerk sichtbar wurde, und die hinein- und herausführenden Spuren der Böcke und Hirschkühe leicht zu sehen waren, da war dies ein sehr trauriger Tag in meinem Leben, daß ich fortgegangen war vom letzten der grandiosen Bäume. Und ich weinte hinein in den Wind, denn dort, wohin ich zurückkehrte, gab es kein Symbol, kein bemerkenswertes Ideal für die Hoffnung, genannt Leben. Dort war es ein Ringen von Geburt und Tod und in der Zeit dazwischen galt es, all das zu überleben, was zwischen großes Elend hineingeschichtet war ... und dort gab es den Überlebenskampf, den Geruch vom Müll der Menschen und die Mißachtung des menschlichen Körpers, die Entstellung des Geistes des Menschen, kein Wunder, daß er in den Schlaf gesunken war.

Nun .... meine Männer marschierten genauso niedergedrückt. Und es war die Sehnsucht vorhanden, ihn nie zu verlassen, denn sie würden ja zurückkehren müssen zu all den Gründen, weshalb sie nicht der Baum waren.

Doch er veränderte für immer mein Leben. Wir tauften den Wald, indem wir einen Schluck von jenem berauschenden Quellwasser auf ihn tranken, und wir gaben ihm den Namen *Shambala*. Und der Name und die Erinnerung an ihn ist nur noch ein Mythos, aber er existierte. Nie mehr war es mir in meiner Lebzeit beschieden, den Herrn des Waldes zu sehen. Nie gelangte ich mehr in meiner Lebzeit zu jenem besonderen Ort, erst wieder *nach* meiner Lebzeit. Und er lebt für immer und immer und immer weiter in der Seele und dem Gott des Ram, Rama, des Ram.

In eurer Dimension gibt es solch einen Baum nicht mehr und es gibt solch einen Wald nicht mehr, damit ihr ihn berühren, riechen, kosten und sagen könntet: "Ah, das ist wirklich. Ich kann ... ich kann das anfassen. In der Tat, ich kann es anfassen", um euch dadurch in Berührung mit der Ewigkeit kommen zu lassen.

Wissenheit ist die Sehnsucht danach, die Ewigkeit zu berühren, und sie läßt euch dahingelangen. Sie gestattet euch jene ... unaussprechliche Erfahrung. Denn wenn man den Herrn des Waldes berührt hat, hat man die ganze Ewigkeit umarmt. Und alles, was die Universen innehaben, beginnt sich zu regen. Und man beginnt zu verstehen und zu wissen, und die Wissenheit beginnt, immerwährendes Leben anzunehmen.

Wie vermag ich euch mit einem grandiosen Baum in Berührung kommen zu lassen, wenn ihr euch noch mit dem Gedanken ans Sterben tragt? Wie vermögt ihr die Langlebigkeit des Geistes zu begreifen, wenn euer Bewußtsein noch aus Leben und Tod besteht. Wissend zu sein, tranzendiert das Sterben. Es bedeutet aus dem Augenblick heraus leben. Es ist die Umarmung allen Lebens mit begeistertem Überschwang, mit Heiterkeit, und mit einer heiligen, heiligen Wertschätzung für jenen Augenblick! Wie vermögt ihr zu *wissen*, wenn ihr bereits eure Tage gezählt habt? Wie vermögt ihr ein Baum zu sein? Der Baum weiß nichts anderes als *alles*. Er weiß zu leben und sich auf das Licht auszurichten, und er wächst und wächst und wächst und wächst, und ragt gigantisch in die Himmel hinein, hinein in das Licht, und vermag so dem Morgen einen Kuß auf seine Lippen zu hauchen. Er weiß nicht, wie man stirbt.

Erst der Mensch brachte den Tod zu dem Wald. Und aufgrund seines Bewußtseins verursachte er Krankheit in dem Wald, denn der Mensch ist durch das Ewige eingeschüchtert. Und ja doch, ihr könnt ihn fällen und ihn verbrennen. Und wißt ihr was, ihr solltet es tun, denn es versinnbildlicht euch, wie schwach, wie hilflos und welch rein Sterbliche ihr wirklich seid. Wenn ihr ihn also loswerdet, dann gibt es nichts mehr, das euch daran erinnert, daß ihr nicht alles seid, was ihr sein könnt! Und so brach der Eroberungszug und die Krankheit des Menschen über *Shambala* herein. Und mein Wald lebt für immer und ewig in meiner Seele weiter, und jedesmal, wenn ich die Sehnsucht habe, dort zu sein, gehe ich dorthin.

Wissenheit ist wie der Baum. Sie ist ein Gefühl, das von der Konstanten, genannt Leben, zu euch fließt. Und wenn ihr es wollt, dann fließt der Baum des Lebens zu euch, und das einzige, was ihr tun müßt, ist, es innerlich zu umarmen und es zu wollen, und wenn ihr von dort weggeht, seid ihr wie ein Unsterblicher, denn ihr habt Unsterblichkeit berührt.

Die Sonne ... die purpurnen Berge ... und der Nachtvogel ... Sand ... und die Steine, und der Wind, sie sind Unsterbliche. Wenn ihr so seid, wie meine Armee einst war, und euch hinsetzt und es herausfindet - warum sie weiterleben, ihr bisher aber nicht - dann haltet ihr fest an den Strahlen des Morgenlichts. Wenn ihr es herausfindet und es <als Weisheit> besitzt, dann seid ihr imstande, damit ins reine zu kommen, und wenn der Morgen kommt, seid ihr imstande, euch in der Ewigkeit zu baden, und das ist es, was den Geist heilt. Und es heilt den Körper. Und es wischt die Kümmernisse hinweg. Und es gestattet euch, das zu wissen, was niemand, außer ein Unsterblicher, euch lehren kann. Versteht ihr?

Das einzige, was ihr tun müßt, ist, es zu wollen und demütig genug zu sein, um damit in Berührung zu kommen. Und genügend verständig zu sein, um es zu erkennen, und dann habt ihr alles "in Händen". Es gibt kein Ritual. Es gibt keine Medizin. Es gibt kein Kraut. Es gibt keinen Wein. Es gibt keinen Gebetsgesang. Es gibt keine geheime Doktrin. Es gibt *nichts* Zusammengefaßtes, das euch enthüllen kann, wie man *weiß*, bis ihr eure Augen öffnet und den Baum *seht*. Öffnet eure Augen und seht die Sonne, denn auch sie ist ein unvergängliches Ding. Und anstatt sie erst umständlich durchschauen zu wollen ... umarmt innerlich ihre Unsterblichkeit. Und jene Stille und jenes Intermezzo und jener Zauber wird euer Leben verändern. *Wenn ihr das wollt.*

Ihr könnt entweder wie meine Krieger aus jenen alten Zeiten sein und nörgeln und euch beschweren ... es sei zu kalt, es sei zu schwer, ihr hättet nicht genug zu essen, bange davor, die Person neben euch anzufassen. Und ich kann euch dann dort hinsetzen lassen und euch jene selbe Frage stellen und ihr würdet euch hin und her wenden und in Gedanken alles in eurem Leben durchforsten, das sich nur irgendwie auf diese Frage beziehen könnte, und ihr würdet es nicht "in Händen" haben, bis ihr es *zulaßt*. Und ihr könnt geradeso wie sie sein, Unsterblichkeit berühren und sie dennoch nicht wollen, und zu euren Hütten zurückkehren, verändert, etwas friedliebender, etwas verständiger, was Krieg und Tod und Sterben angeht, und wie Vancleave sein, der reichlich Tränen über das Fortschreiten seines Alters vergoß .... ODER ihr könnt zurückkehren, wie ich zurückkehrte ... und mit jener Wissenheit wußte ich *alles*. Und dies ist es, wie ich zum Wind wurde.

Unmöglich? Der Baum ist nicht unmöglich, er ist Wirklichkeit. Wenn ein Baum für immer und immer und immer leben kann, warum könnt ihr es nicht? Mythos? Wohl kaum. Es gibt Bäume auf eurer Ebene, die euch zu Zwergen machen, und die schon hier waren, noch bevor Yeshua ben Joseph <Jesus> geboren wurde. Sie sind WAHRHEIT. Es liegt an ihrer Einstellung. Das einzige, was ihr tun müßt, ist, die Einstellung <Denkhaltung> zu wollen.

Von einem Breitschwert durchbohrt zu werden und den Geschmack meiner eigenen Medizin zu spüren zu bekommen, weckte mich auf, leitete den Prozeß des Erwachens ein. Denn durch nichts wird die eigene Aufmerksamkeit schneller hervorgerufen, als dadurch, durchbohrt zu werden, und es rückt das Leben sehr, sehr stark in den Brennpunkt der eigenen Aufmerksamkeit, und es forderte mich heraus, die Antworten zu finden, und ich fand sie.

Ich möchte, daß ihr etwas wißt. Ich suchte nicht den Rat von irgendeinem aus meiner Armee. Erinnert euch, ich bin es, der sie führt. Sie wußten das nicht, was ich wissen wollte. Ich war es, der sie führte. Begreift ihr? Und es gab niemanden, der irgendeine meiner Fragen hätte beantworten können. Es gab da nicht einmal einen ausländischen, persischen Gelehrten, der meine Fragen hätte beantworten können. Und ich *wollte wissen*, also fragte ich den *Unbekannten Gott*. Und da wurde ich zu dem grandiosen Wald, *Shambala*, geführt. Und ich wurde zu dem Plateau zurückgeführt und zu der Begegnung mit dem Wind. Und ich wollte wissen. Und je mehr ich wissen wollte, umso mehr begann ich zu leben. Und je mehr ich zu leben begann, umso mehr veränderte ich mich. Alles an meiner ganzen Erscheinung, an meiner ganzen Einstellung wurde dem Herrn des Waldes gleich .... einem Möglichen.

Ihr sagt, ihr liebt mich. Ich weiß, ihr tut es. Doch nun seht euch an: Ihr liebt etwas, das ihr nicht sehen könnt und nichtsdestoweniger hat dieses, das da im Unsichtbaren ist, für euch eine Emotion, einen Spiegel, eine Liebe, ein Rätsel, eine bezaubernde Persönlichkeit einhergebracht, die wirklicher ist, als alles, was ihr je zuvor in der "Wirklichkeit" gesehen habt, und nichtsdestoweniger bin ich ein Unsichtbarer. Dadurch werden euer Geist und eure Seele weit gestreckt hinein in das Abenteuer von Wissenheit. Ich bin ein Unsterblicher ... Zu lachen. Einen Witz machen, einen Scherz. Euren Geist anstacheln und euch zum Denken bringen! Euch dazu auffordern und dazubringen, daß ihr tief nachdenkt. Eure unzulänglichen Begrenzungen anfechten - und sogar die Anmaßendsten unter euch lieben mich ... das ist wirklich! Das ist wie der Baum. Das ist wie der Herr des Waldes. Euch mit Unsterblichkeit in Berührung kommen lassen, denn ich bin jener Wind am Morgen! Und wann immer ihr hinausgeht und mich ruft und dann kommt er; es ist eine WAHRHEIT.

Also ... ich komme zurück, um euch mit der Ewigkeit in Anschluß zu bringen. Und wohin auch immer ihr zurückgeht, ihr kamt mit einem Unsterblichen in Berührung, denn ihr fühlt es in eurem Innern. In mir fühlte ich den Baum und wußte ich all die Dinge, die er nie zu mir sagte. Genauso bin ich das mit euch.

Und wenn ihr von hier weggeht, und ihr zu euren Lagerplätzen zurückkehrt, und ihr euren Marsch zurück nach Hause zum "Marktplatz" macht und zu den wogenden, seidigen Zelten, orange, blau, grün. Zu den Gerüchen von Knoblauch und Wein und Käse, und Dung und Urin, dem Bellen der Hunde in der Ferne, und dem Blöken der Kälber, und dem Rufen der schwarzgesichtigen Schafe, und dem Schnattern der Gänse, und zu den Bettlern auf dem Marktplatz, den Händlern; zu den Düften der kandierten Früchte und dem sauren Wein. Zu all der Betriebsamkeit und Geschäftigkeit und zu dem unvergeßlichen Erlebnis ein Nichts auf der Straße des Fortschritts zu sein. Zu den neuesten Nachrichten, dem Beben der Erde, den Terroristen, den Mördern, dem Preis des Weizens, dem Außenhandel, den Steuern, dem Atomkrieg ... und dem Weinen eines neugeborenen Säuglings ....

.... wenn ihr den Wald nicht sehen könnt ... dann erinnert euch an den Baum! .... an mich! Ich LIEBE euch!

* * *

Kapitel 18

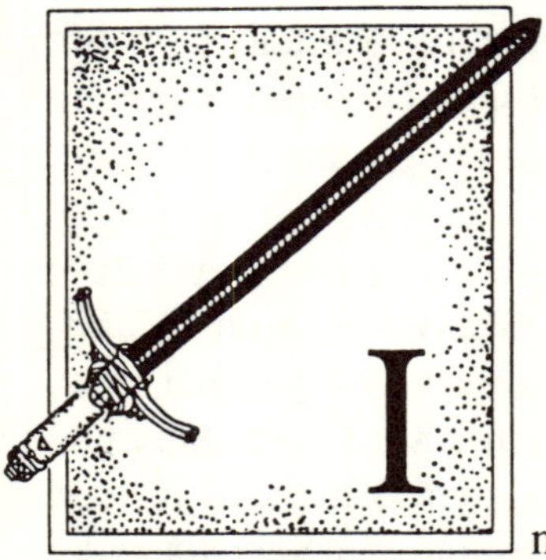

IM 56. JAHR

Im 56. Jahr meines Marsches und des Jahres des Ram belief sich die Zahl meiner Legionen, der Armee und deren Familien, auf zwei Millionen. Und sie waren auf ihrem Marsch bereits zu der, wie es bezeichnet wird, Provinz Indus gelangt und hatten deshalb ein, wie es bezeichnet wird, Lager errichtet nahe bei einem großen gelben Fluß. Er wird heute Ganges genannt.

Und dort ließ mein Volk aus dem Lager gleichsam an dem Fluß das entstehen, was man als Stadt bezeichnet, denn wir hielten uns dort eine ganze Weile auf. Und auch die alten Krieger, die gleichsam in der Tat mit mir durch all die Gebiete marschiert waren - wilde, fremdländische, nomadische Stammesleute, tyrannische Anführer - durch viele Länder, die jetzt auf eurem Globus getrennt voneinander sind. Zweidrittel der bekannten Welt hat meine Armee erobert in den Zeiten des Ram.

Und die alten Soldaten, die zu einem Marsch von überragender Bedeutung ausgezogen waren, zu einem grandiosen Wald gekommen waren und einem Unsterblichen begegnet waren und wieder hinausmarschiert waren und den Wald auf den Namen Shambala getauft hatten, fingen nun an, ihrer Streitäxte, in der Tat ihrer Breitschwerter, in der Tat ihrer sogenannten Kurzschwerter sehr überdrüssig zu werden, und griffen nun eher zu Sichel und Handwerksgerät. Und bereits zwei Generationen hatten sie hervorgebracht. Sie hatten Söhne, die bereits Väter waren. Sie hatten Töchter gezeugt, die Töchter zur Welt gebracht hatten. Und was einst eine wilde, ölige Kriegermähne war und jener Moschusduft, den der Mann ausströmt, wenn er sich auf einem Marsch befindet, da hatten sie seit langem nur noch spärlich wachsendes Haar, durchzogen von Silberfäden. Und der Moschusduft war lange schon verschwunden und war zu Schweiß geworden, der an heißen Tagen hervorbricht.

Die jungen Frauen, die sich im Laufe von Eroberungszug über Eroberungszug einfanden, die in ihrer Jugend dazustießen ... Schönheiten mit kupferfarbenem Haar und mit Augen, so grün wie Schilfgras, und einer Haut wie Alabaster, und schwarzem Haar; und die ionischen Frauen mit Haar, das von der Sonne geküßt zu sein schien, und Augen - wie lebendige, feurig blaue Emaille, ... hatten schon vor langer Zeit die Frucht ihres Leibes getragen, die Armee umsorgt und werden jetzt ... zunehmend müde in ihrem zänkischem Zustand. Und wenn auch ihre Schönheit schon lange verblaßt war, ließ ihre Entschlossenheit, ihr Feuer im Geist, doch nach wie vor den Herd weiterbrennen mit dem sanften Glühen eines warmen Feuers.

Meine alten Soldaten legten ihre Schwerter nieder und griffen zu der Sichel und wurden, wißt ihr das denn nicht ... Bauern. Und sie bauten tatsächlich ihre Nahrung an und ernteten sie. Und die Kinder ihrer Kinder rannten lachend, fröhlich und glücklich umher und setzten sich um einen ganz besonders alten, alten Soldaten mit ihren Behelfsschwertern und einer Tierhaut, das sie auf ihre Brust festbanden - es sollte einem Brustpanzer ähneln -, und sie sitzen da mit ihrem Haar, das mit einem Band versehen und gekrönt war und lauschen Kriegsgeschichten von legendärem Ausmaß. Sie leben sie richtig mit, ganz erpicht auf die nächste Stelle, und während der alte Mann sein poetisches Wissen kundgibt, sitzen die Jungen mit weitgeöffeten Augen da, ganz gefangen in einem Schatten der Vergangenheit, und hören und sehen im selben Moment sich selbst auf wilden Pferden reiten und den Aufschrei nach Kampf und nach Gerechtigkeit, Ehre und nach Mädchen und Gold.

Es gab da einen .. einen kleinen Hügel auf der anderen Seite des großen Flusses. Und dort fand, wie man es bezeichnet, ich, der Ram, der ich in diesem Jahr meines Marsches bereits begann, in meinem Alter weit fortgeschritten zu sein, dort entdeckte ich, wie man es bezeichnet, den höchsten Punkt des Hügels und errichtete eine, wie man es bezeichnet, recht annehmbare Hütte ... und legte dort wunderschön gewebte Teppiche hinein, dick und luxuriös, und auch Wandbehänge, die den Marsch aus der Zeit meines Lehrers veranschaulichten, vom Alter abgenutzte Häute, und andere aus Seide, die einen Marsch veranschaulichten, lange vergangen und glorreich ... und einen unsterblichen Gott veranschaulichten, dessen Legende ... nun, ihm vorausging. Und auf einem, wie man es gleichsam in der Tat bezeichnet, Steintisch war das, was man Öllampe nennt, und der letzte wundervolle Duft eines berauschenden Rotweines ... und mein Stein.

An einem, wie man es bezeichnet, Platz neben dem, wie es genannt wird, Herd stand das grandiose Schwert *Croshan, Der Geflügelte Bote*, noch immer groß, breit, nie vom Alter gezeichnet, jenes Schwert. Und wenn man es ansieht und der Schein des Feuers auf ihm tanzt ... und <da erblickt man> an seinem Griff etwas, das den Flügeln einer Morgentaube gleicht, die sanft auf einer Scheibe ruht ... aus schwarzem Stahl, mit darin eingelegtem Perlmutter und dem, was Lapislazuli genannt wird, und dem, was man als einen großen Edelstein bezeichnet, wie er später in dem Land namens Afrika existiert, gleichsam ein Kristall am Ende des Griffes. Und das Feuer tanzt über *Croshan* hinweg, es ist gespenstisch - die Farbe - sie wechselt von einem vollen Orange zu einem tiefen purpurnen Ton, und dann erweckt sie den unheimlichen Anschein von Blut, die Farben kommen und gehen, während es einfach nur dasteht. Eine überragende Wesenheit fertigte das Schwert *Croshan;* sein Name war Cromak. Und gefertigt worden war es für, wie man es bezeichnet, einen anderen General, und als ihn sein Tod ereilte, übernahm ich sein Schwert.

Und da gehen nun eure Augen zurück zum Feuer, und ihr sitzt da, und ihr kostet euren Wein, und eure Gedanken gehen zurück zum Gestern.

In meinem ganzen Leben fürchtete ich mich vor keinem Menschen, vor keinem Tier, nicht einmal vor einem gewaltigen Pferd: schwarzer, wilder und wundervoller *Shamiradin, Reite-mit-dem-Wind*, der sich wie ein Teufel aufführte, und ein einziger Wisch quer über seinen Kopf ... und er wurde zu einem großen Freund danach.

Auf diesem Pferd ritt ich und eroberte ein großes Dorf, das einige wundersame Leute wie in einer Schlinge gefangen hatte. Und als die, wie sie bezeichnet wird, Westflanke gleichsam in der Tat heranritt, nachdem die, wie sie bezeichnet werden, Fußsoldaten in der Stadt einmarschiert waren, da entstanden nur wenige Schäden aus diesem Kriegszug. Und wie ich, gleichsam in der Tat zum sogenannten anderen Ende der Stadt komme, wo die Abwässer herausflossen und einem, wie man es bezeichnet, schönen Fluß zugeführt wurden und ihn verunreinigten, nun, da traf ich auf eine höchst interessante Wesenheit, die recht nahe dort auf der anderen Seite stand. Ein kleiner Junge; armselig, angstvoll, zitternd, der hart zu seiner Arbeit angetrieben worden war. Es war einem Sklaven vergleichbar .... hmm!

Und der Krieg war voll vom Geschrei der Männer und dem Schreien der Frauen und dem Wiehern der Pferde und dem Bellen der Hunde und dem Rufen eines Falken, und war durch und durch erfüllt von großer Verwirrung. Und da brachte ich mein herrliches Pferd zum Stehen und schaute angestrengt über den Fluß, und dort stand eine kleine Wesenheit. Und ich betrachtete ihn und traf die Entscheidung, näher zu reiten und ihn aufzulesen. Und eine kurze Aufforderung in die Seite genügte, daß *Shamiradin* mit feurigen Hufen quer durch den Fluß zum anderen Ufer donnerte. Und während ich näher auf diesen jungen, unscheinbaren Menschen, einen kleinen Jungen, zuritt, stand er da, am ganzen Leibe zitternd und mit großer Furcht in seinem Herzen. Und obgleich er aus Angst das Zeichen gegen das "Böse Auge" machte, da er dachte, daß das Ende seines Lebens gekommen sei - mußte er doch nur feststellen, daß ich mich hinabbeugte und ihn hinter mich hochzog und mit ihm ins Lager zurückritt. Er war nie zuvor auf einem Pferd gesessen, nie. Und er umklammerte meinen starken Körper an den Seiten mit der ganzen Kraft, die er aufbringen konnte, und nicht einmal bis zu dieser Stunde bin ich mir sicher, ob die Tränen aus Freude oder aus reiner Panik flossen! Dieser kleine Junge war vertrauenswürdig, edel, helfend und unkompliziert, und ich ernannte ihn zu meinem Robenmann. Und lange währte seine Zeit mit dem Ram.

Und ich erinnere mich ... während der letzte Schein der Sonne unterzugehen beginnt und die Schatten auf der Wand vermischt mit dem

Feuer ihr Spiel treiben ... an die alte Frau und ihr Dahinscheiden. Jene alte Frau. Ich weiß nicht einmal, wo ich sie auf meinem Marsch aufgelesen hatte. Sie war einfach da! Und sie kam dann zum Vorschein, als ich, wie man es gleichsam in der Tat bezeichnet, meiner Lebensgefahr durch das große Schwert begegnete. Sie war es, die jenes, wie man es bezeichnet, Geierfett auf meine Brust rieb, um mich wachzuhalten, denn es stank so fürchterlich. Niemand konnte mit jenem Gestank einschlafen, und er hielt mich wach. Und sie entfernte meinen Urin und wechselte meine Laken. Und sie verwünschte mich und zankte auf mich! Sie nannte mich einen Bastard! Niemand, niemand, niemand! ... hatte das je zu mir gesagt! Seid ihr je von einer alten Frau zusammengestaucht worden? Denn sie haben ... es gibt nichts, das einen solch grimmigen Zorn wie sie an sich hat! Ich nehme an, daß sie denken, sie können es einfach tun, denn wer würde ohnehin auch nur einen Finger rühren, um einer alten Frau zu helfen?

Jene alte Frau sorgte für mich auf dem Stein. Bereitete mein Essen zu. Verärgerte mich die GANZE Zeit über. Es ließ mein Feuer in mir weiterbrennen, versteht ihr? Und ach ... ich erinnere mich an das laute Klagen, das, nachdem ich einige Jahre auf jenem großen Stein zugebracht hatte, unten vom Fluß heraufklang, dort wo sich all die Frauen gerade aufhielten. Und ich wußte ... ich wußte ... was geschehen war. Und ich riß mich zusammen, und stieg von dem Stein herunter, und stürzte zu dem Fluß, um nach der alten Frau zu sehen, die feines Leinen unter Wasser gewebt hatte; dies ist die Art, wie es hergestellt wurde, unter Wasser. Und ihre Hände wurden nach einer Weile zu großen Geschwüren, aber dennoch war dies die Tätigkeit der Frauen. Und ich fand meine alte Frau, wie sie dort am Ufer des Flusses auf dem Boden lag! Und Ra ... stand direkt über uns. Und ihre Augen blickten trübe zur Sonne. Und die Reste des feinen Leinen war noch immer in ihrer Hand. Und meine alte Frau war gestorben. Ich sagte ihnen, sie sollten mich allein lassen. Uns allein lassen!

Und ich schaute diese alte Frau an. Ich hatte den Tod schon unzählige Male gesehen. Wußte, wie er roch, wie er aussah, wie er war. Doch es wollte mir nicht einleuchten, daß diese alte Sonne, Ra, nicht weinte, weil meine alte Frau gegangen war. Sie schien genauso strahlend weiter und drang genauso kraftvoll in deren leblosen Augen hinein.

Warum weinte die Sonne nicht, wo doch der Ram weinte?! Warum setzten die Wildvögel ihre Reise, mit aus der Ferne laut hörbarem Rufen, zum Fluß hinunter fort, um ihre Nester im Schilfgras zu bauen? Warum erkannten sie nicht, daß dies geschehen war? Warum machte es für sie keinen Unterschied? Es machte für sie wirklich keinen Unterschied. Der *Unbekannte Gott* warf keinen einzigen Blick darauf und der Abend würde wie gewöhnlich zur Neige gehen.

Bis zu jener Stunde war es der Brauch gewesen, die Toten zu verbrennen, damit man ihre Körper freiließ, ihre Energie in Rauch zurückwandelte, so daß sie sich mit den Wolken des Himmels verbindet. Ich vermochte es nicht, die alte Frau zu verbrennen, und sie war die erste Wesenheit .... die ich unter einem sehr großen Baum begrub.

Es war mir einst ein Kind übergeben worden, das heranwuchs ... Ich hatte über einhundert Kinder, wußtet ihr das? Sie wurden mir als Geschenk übergeben. Nie hielt ich ihre Mütter für schrecklich, weil sie dies taten. Es war eine Ehre. Und so hatte ich all diese Kinder. Ich hatte einen Sohn, der mir als ein solches Zeichen der Wertschätzung übergeben worden war, den ich sehr liebte. Und man stellte ihm eine Falle in der Stadt mit den großen weißen Mauern, weil er herausgefunden hatte, daß sie dort Kinder an Satrapen <Statthalter> verkauften. Und der alte Schurke machte ihn ausfindig und lockte ihn zu einem Graben, in den er hineinfiel, und der Schurke nahm seine "neunschwänzige Katze" und peitschte ihn aus, bis er in jenem Loch starb. Er exhumierte dessen Knochen.

Und ich sitze also da und denke über die alte Frau nach, und es war vor so langer Zeit. Die Erde hat sich an jenen Orten verändert, wo jener Fluß und jener Baum einst stand. Gibt es dort nicht mehr. Es ist nun anders. Nun ... ich sitze da und trinke noch ein wenig mehr von diesem Wein, und ich denke über mein Leben nach. Und denke an Cathay und sein Pferd. An, wie es gleichsam in der Tat bezeichnet wird, Cathay und seine Freunde und jene Frauen, die Zwillingsschwestern waren, und die so drall waren; die eine war häßlich wie die Sünde und die andere war wunderschön; nur daß die Häßliche der Schönen immer einredete: "Du siehst genau so aus wie ich, Liebste." Was für eine herrliche Geschichte dies ist! Und wie sie Cathay und mich und die anderen einluden zu ihren hm ... Salons. Und wie sie den Schauplatz zurechtgemacht hatten für solch eine Szene der Lust und Leidenschaft. Mit Jasmin, der im Säulengang üppig strömte, und mit Wassern, die von Liebe wisperten, und draußen war alles trächtig mit Sternen und so weiter und so fort ... Nun, und wie ich auf mein Pferd stieg und geschwind zum Lager zurückritt. Ich ließ sie zurück, das tat ich tatsächlich! Hm-hm-hm. Und wie sie in betrunkener Benommenheit am nächsten Tag zurückkamen, einander herumjagten, wie ein paar Narren, liebeskranke Kerle ... die auf ihren Pferden ins Lager ritten ... nun ja! Cathay pflegte später einen großen Teil meiner Armee anzuführen und zog gleichsam in der Tat zu dem Land, das den Namen Türkei trägt, wie ihr es heute bezeichnet; und er ließ sich auf einer großen Landfläche nieder, die später nach ihm benannt werden würde - Cathay. An ihn ... und an mein Erlebnis mit dem Wind dachte ich.

In meinem Leben habe ich mich umgeschaut und gefragt: "Welcher von meinen Feinden hätte ich wohl sein können?" Konnte keinen finden. Ich habe mich in meiner ganzen Armee umgeschaut und herauszufinden versucht, welcher von ihnen ich hätte sein können. Konnte keinen finden! Ich dachte an all die Dinge, die ich über den Menschen *dachte*, konnte es nie finden. Doch meine größte Eroberung war es, ein Abseitsstehen <engl. stand-off> mit dem *Unbekannten Gott* zu haben.

Ich schaute mich suchend um und versuchte etwas zu finden, durch das ich *mich* hätte verstehen können, und ich konnte es nicht finden. Mein Erlebnis mit dem Wind indessen war grandios. Auf dem Stein sitzend mit einem Umhang, einem langen, der mit Zobel eingesäumt war. Dort sitzend und auf das weite Tal hinausschauend, und darum bemüht, mich daran zu erinnern, wie der Himmel auszusehen pflegte, wenn die Lagerfeuer großer Armeen quer über den Fluß hinweg einander gegenüber errichtet worden waren und wie die Mitternacht hellstrahlend gefärbt war. Konnte es nicht sehen.

Sitze auf jenem Stein ... und ganz plötzlich weht der Wind um mich herum. Und er bildete diese Säule aus Staub, Schmutz, Steinen, Teilen von dem Sträucherwerk! ... Vogelnester!! Und er blies heftig und spuckte mir die Steine und den Schmutz auf mein Kinn und auf mein Gesicht und auf meine Miene, und ich drehte meinen Kopf weg, und ich drehe mich und schaue nach oben, und diese Säule von Schmutz und

Staub und Geröll und Nest und Federn! .... sie waren sehr hoch droben in der Luft!! Und gerade als ich es müde wurde, sie anzuschauen, stoppte sie und die ganze Sache kam auf meinen Kopf hernieder! Fiel in meinen mit Zobelpelz eingesäumten Umhang! In meine Wimpern! In meine Augen! Auf meine Hände! Auf meinen Bart, der schon eingeölt war! In mein, wie man es bezeichnet, Essen! Und dann kam der Wind und machte sich wiederum auf meinem Gesicht lustig über mich und kam herbei mit einem ... fast süßen, elfengleichem Lachen. Und er kam so sanft. Und dann drehte er sich in nur einem Augenblick um und wirbelte in das Tal hinunter, und ich sah, wie sich das Wasser unter seiner Kraft ausdehnte und wie Blätter sich von Grün in Silber wandelten, und wie Frauen ihren Tüchern nachjagten, und bekam Beine wie Alabaster zu sehen. Kinder, die übermütig lachten, als ihre Strohhüte das Flußufer entlangrollten. Und ich erblickte eine Macht, mit der ich nie zuvor gerechnet hatte.

Wissen ... Jener Wind kam wieder durch jene Schlucht zurück und um den Stein herum und um den Ram herum, und ich hatte erkannt, worum es sich bei dem *Unbekannten Gott* handelte. Er war der Wind. Denn welches andere Ideal würde solch eine Freiheit besitzen! Was könnte die Wolken den ganzen Tag herumschieben und das herrliche Weiß von den Spitzen der Berge herunterwehen? Was könnte durch einen Wald donnern und die Herbstblätter rascheln lassen? Und was könnte die Tränen in euren Augen schneller trocknen oder den Duft von dem Parfüm eines Geliebten mit sich bringen? Nur der Wind. Das war mein Ideal. Und keiner hat mir je gesagt, daß ich nicht zu dem werden könnte, was ich werden wollte. Keiner!! Ich war wild genug, um alles zu werden, was ich werden wollte ... der Wind.

Und ich erinnere mich daran, daß in dem Augenblick, als der Wind bei mir war, ich nicht mehr länger meine Wichtigkeit war, sondern daß ich hoch droben über meiner Wichtigkeit war. Nie zuvor war ich droben über meiner Wichtigkeit! Für einen Augenblick sah ich den Umhang und die Sträucher und den Wein alles weit unter mir, in einem Augenblick - und jene Erfahrung führte mich dahin zu verstehen, wohin ich später gehen würde.

Mein Leben war ein Wunder. Ich tat, was ich tun wollte. Keiner sagte mir, daß ich irgend etwas nicht tun könnte, da es zu meiner Zeit kein Gesetz gab. Ich machte das Gesetz.

Ich lernte alles kennen. Leben ... Haß ... Krieg. Was Tyrannei ist. Wie und welche Form sie annimmt. Ich lernte großartigen Wein kennen. Ich lernte die Sterne und die Lehrbücher von dem alten Lehrer kennen. Ich lernte die tiefe, tiefe Liebe einer alten Frau kennen. Ich lernte den Tod zur Mittagszeit kennen. Die Ehrwürdigkeit der Flüsse. Und die Liebkosung der unaufhörlichen Jahreszeiten. Ich sah die Zerstörung eines verlorenen Planeten. Eines Kontinenten, der nie wieder zu sehen sein wird. Ich sah den ersten Schimmer einer grandiosen Sonne. Ich sah das Verbrennen der Vergangenheit. Ich marschierte quer durch die bekannte Welt. Ich war im Land Indus bevor die großen Berge ihr höchstes Ausmaß annahmen. Ich sah Menschen aller Hautfarben. Ich sah sie kopulieren, lieben und neue Frucht, neue Kinder, ein neues Geschlecht, neuen Mut gebären. Ich wußte, wie es war, allein zu sein, und ich wußte, wie es war, lachende Kinder zu haben. Ich tolerierte die Kälte, umarmte die Hitze. Ich wanderte in einen ... geheimnisvollen Wald hinein und kam unsterblich heraus. Ich zog gegen die Heidenländer und trank fremdländischen Wein. Ich besaß den Wind .... und lernte das Leben kennen - Gott.

Im 56. Jahr meines Marsches war ich ein alter Mann mit einer großen Narbe von meinem Rücken bis in meinen Bauch, mit Augen, die alles gesehen hatten, und einem Gesicht, das sich von hartem Stein zu sanft gewordenem Verstehen gewandelt hatte. Und ich liebte alles am Leben. Ich liebte es vollständig. In meiner Hütte, im 56. Jahr meines Marsches ... *Croshan* würde niemals wieder gezogen werden. Und jene alten Wandbehänge aus Häuten und Seide, die grandiose und legendäre Zeiten veranschaulichten, sie alle waren vergangen, getan, beendet. Bis zum 63. Jahr meines Marsches hatte ich mit allem von meiner Vergangenheit abgeschlossen und das feinste Leben gefunden, das je gelebt wurde. Aufgrund von Würde und Mut und einer unheimlichen Unsterblichkeit erschuf ich eine Legende und eine Religion, auch nur eine weitere Form von Tyrannei. Ich sah eine alte Welt und die Keime einer neuen.

Im 63. Jahr meines Marsches versammelte ich mein ganzes Volk 120 Tage lang am Hang eines großen Berges. Und dort sprach ich 120 Tage lang zu ihnen über meine Abenteuer und über das, was ich gelernt hatte, wohin ich gegangen war, denn ich war bis zu dieser Stunde bereits siebenmal aufgefahren und wieder zurückgekehrt. Ich besaß die Dimensionen bereits. 120 Tage lang lehrte ich, und lebte es noch einmal, und dachte nach, und gab ihnen alles, was ich <als Weisheit> besaß, und trug ihnen auf, es weiterzugeben: "Ich habe euch alles gegeben, was ich habe." Wißt ihr, wie sie mir zuhörten? Einige geradeso wie ihr. Einige, indem sie alles in ihrem Gedächtnis eingruben, kostbar, denn der Moment war da und doch auch flüchtig. Und andere, indem sie ihren Geist mit der Vorbereitung auf das Pflanzen von Saatgut beschäftigten. Meine alten Soldaten ... alles, was sie tun wollten, war, ein Nachmittagsschläfchen zu machen und vor sich hinzudösen, und Feigen und kandierte Früchte zu haben, und über ihre Kinder zu lachen, und bald nach dem Abendessen einzunicken. Sie hatten keine Ahnung.

Und an jenem herrlichen Morgen verließ ich diese Ebene - für einen langen Zeitraum. Und meine Leute gediehen. Sie bevölkerten die bekannte Welt mit einer Intelligenz und einer Freiheit und einer Kultur, was die ganze Welt erblühen ließ, denn dazu kam es infolge eines wohlgelebten Lebens.

Lehren kann man einen anderen nicht .... die Meisterschaft vom Verstehen des Lebens, vom Erkennen des Wertes und Sinns des Lebens. Man kann jemanden nicht lehren, sich selbst innig zu lieben. Man kann diejenigen nicht Zwangsernähren mit der Speise der <inneren> Wiedervereinigung, die einnicken und vor sich hingrübeln, die nicht wissen wollen. Da verwehen die eigenen Worte lediglich im Wind. Alles, was ihr je tun wolltet, war, ein Heim zu haben. Alles, was ihr tun wolltet, war, eine Stadt zu erschaffen und fruchtbaren Boden zu kultivieren. Ihr seid 63 Jahre lang von einem Heim zum anderen marschiert, Obstgärten zurücklassend und mitmachend. Ihr wolltet nicht weggehen! Ihr wolltet leben! Ihr wolltet einfach nur ein Heim.

Seit 35.000 Jahren schafft ihr euch nun ein Heim. Und ich kam nur deshalb zurück und schwelge in der Erinnerung dieser Geschichten mit euch, nicht um mich reden zu hören - diesen Teil meines Lebens besitze ich schon <als Weisheit> -, sondern um euch etwas über *euch* zu erzählen. Ihr seid deshalb hier, weil ihr jetzt bereit seid zu wissen. Ihr seid hier, weil ihr bereit seid, die Dinge zu lernen, die ich lernte ... einige von euch, einige von euch nie. Ich kann euch niemals lehren, was ich lernte. Ich kann es euch lediglich zeigen, und eine Situation, die Umstände neu erschaffen, die euch eine Gelegenheit bieten, euch direkt dahinein zu begeben und zu sehen, ob ihr die Unsterblichkeit in dem Wald finden könnt. Euch zu einem Stein führen, um zu sehen, ob ihr den *Unbekannten Gott* erkennt. Mit euch einen Trinkspruch rubinroten Weines trinken, um zu sehen, ob ihr begreift, was es ist, das ihr trinkt. Ich kann manifestieren, bin eine allmächtige Wesenheit. Wenn ich nicht wäre, wärt ihr nicht hier. Aber mein Leben war mein eigenes. Und eures ist nicht weniger illuster als meines; ja sicher, ihr habt nicht irgendwelche Köpfe abgehackt, seid nicht auf feurige Rösser gesprungen, habt nicht große Flüsse überquert, seid nicht mit den zwei Schwestern verwickelt gewesen .... aber ihr hattet euren Teil von Erfahrungen.

Im 53. Jahr und im 56. Jahr meines Marsches, dort in meiner unbedeutenden Hütte, und während ich zu *Croshan* hinschaute, hatte ich jede Gelegenheit, einen Blick auf mein Leben zu werfen und Abscheu, Wut, Schmerz, Scham wegen all der Dinge zu fühlen, die ich getan hatte; an jenem Feuer jedoch und aufgrund jenes Baumes, fand ich heraus, daß alles, was ich getan hatte, einen großen Menschen herankultivierte. Und genau das war ich.

Bei genauer Betrachtung gibt es nichts, das ihr getan habt, nichts, dessen ihr euch je schämen solltet! Stimmt, da gibt es einige Dinge, über die ihr nicht gerne in einem Wirtshaus würdet sprechen wollen, oder die ihr nicht bei einem formellen Festessen ans Tageslicht würdet bringen wollen .... oder die ihr nicht bei euren Kindern in deren Pubertät ausplaudern würdet. Aber alles, was ihr getan habt, verhalf dazu, einen großen Menschen heranreifen zu lassen .... einen großen Menschen. Denn, wenn ihr es auf diese Weise akzeptiert, belohnt euch das Leben mit einer Fülle von Verstehen und ihr könnt dem Leben irgendwo in dem sanften Tal begegnen, ihr könnt den *Unbekannten Gott* zueigen haben. Und in Dingen, die unschuldig und rein sind, so wie lieblich duftende Gräser und leuchtend farbige Flora und himmelblaue Firmamente und zarte Schmetterlinge, irgendwo in jenem Tal, könnt ihr dem Leben begegnen, und es belohnt euch für euren Traum. Denn es akzeptiert euch hier in seinem Reich, in seinem Bewußtsein, in seinem Hoheitsgebiet ganz gewiß als herausragend. Und dahinein wird ein sanfter Geist geboren. Eine Seele, die aufgeschrien hat, erlangt Frieden.

Und der große Mensch hat sich zu einem lebendigen Gott transformiert.

Was euch die Vergangenheit gestattet ist die Möglichkeit der Reflektion an einem Feuer, um mit euch selbst ins reine zu kommen und in Frieden zu kommen, damit alles, was auf euch wartet, möglicherweise jenseits des großen Flusses, am Hang eines großen Berges, irgendwann auf eurem Marsch, der Höhepunkt sein kann, der Höhepunkt von eines Menschen Befreiung aus einer überaus wahnsinnig machenden Gier.

Shamiradin ... sein Erbgut ist nach wie vor auf dieser Ebene, seine Nachkommenschaft. Der große Ahne. Seine Gattung gedeiht seit Äonen, sie sind überall.

Das Schwert ... das Schwert wird nie wieder zum Vorschein kommen. Es ist dorthin verschwunden, wo ich bin. Und jene alten Häute und Wandbehänge, nun, die Würmer machten sich vor Äonen daran. Doch das Land existiert nach wir vor dort.

Ich kann euch nicht lehren, wie ich zu sein, denn ihr habt einen anderen Charakter und eine andere Art. Seit 35.000 Jahren habt ihr nun eure Heime gehabt, aber irgendwo zwischen all dem Ziegelstein und Mörtel und Dünger und Holz habt ihr möglicherweise die Überzeugung verloren, daß euch Größe angehört. Ich kann euch dies nicht lehren. Ich kann es euch lediglich vorzeigen und manifestieren ... und euch ein Wissen ohne Worte zukommenlassen, euch einen Platz gewähren, um es euch zu darzubringen, damit auch ihr zu *werden* vermögt.

Ich bin eine heitere, grandiose Wesenheit, aber das bin ich nicht dadurch geworden, daß ich voller Gewissensbisse wegen meines Lebens gewesen wäre. Und ich bin nicht dahingelangt, wo ich war, dadurch daß ich dumm und verschlossenen Geistes gewesen wäre. Ich wurde Ramtha der Erleuchtete, der Ram, “Rama, Rama, Rama” ... Herr des Windes, für immer und immer und immer.

Ich kam zurück, weil ich euch liebe und ich euch seit 35.000 Jahren dabei beobachtet habe, wie ihr nach eurem Heim <Zuhause> sucht. Und ich kam zurück, weil es niemals einen solchen Strategen wie mich gab, und seht ihr, ich weiß wie man eure Mauern nieder-ram-men muß. Und ich weiß, wie man einen Boten* sendet, klug, geschwinde und erfolgreich. Ich weiß, wie man einen Traum auf den Punkt genau und äußerst stutzigmachend manifestiert. Ich weiß, Wesenheit, wie man eine Türe öffnet, wie viele, und die Zeitabstimmung ist genau richtig. Ich weiß, wie man manifestiert ... jedes und alles, aber die wichtige Sache dabei ist, welche Wirkung es auf euch, die ihr *sagt*, daß ihr wissen wollt, hat. Ich bin sehr, sehr gut bei dem, was ich tue. Und die Antwort auf das 'Warum ich es tue' ist, weil ihr dies alles wert seid, jeder von euch. Seid für euch selbst der Herr-und-Gott eures höchst kostbaren Seins! Das ist alles, was ihr braucht. Etwas anderes braucht ihr nicht. Einzig und allein das braucht ihr. Und wenn ihr mit eurer Vergangenheit Frieden schließt und eurer Gegenwart die Krönung verleiht, dann werdet ihr eines Tages lange vor mir verweilen und voll Demut sagen: "Siehe Meister, ich sehne mich danach zu wissen, was du weißt. Ich sehne mich danach zu lieben, wie du liebst. Ich sehne mich danach, so voller Freude zu sein, wie du voller Freude bist. Meister, ich sehne mich danach, da hinzugehen, wohin du gehst."

Im 56. Jahr meines Marsches besaß ich meine ganze Vergangenheit <als Weisheit>. Und in den darauffolgenden sieben Jahren traf ich die Vorkehrungen für meine Zukunft.

* * *

* <Boten, engl. runner: Damit meint Ramtha Träume, Visionen, Menschen, Dinge, Situationen, durch die wir etwas Bestimmtes lernen können, durch die wir auf etwas aufmerksam werden, die uns etwas bewußt werden lassen und somit unserem Bewußtwerdungs- und Wachstumsprozeß dienlich sind. >

Kapitel 19

DER BEOBACHTER

Auf einem Hügel, einst vor langer Zeit ... konntest du dich niedersetzen. Sobald du dich von deinem Nachtlager und seinem traumerfüllten Schlummer erhoben hast und munter deinen Gürtel um deine Hüfte gelegt und deine Robe aus abgetragenem Leinen über deinen Umhang gezogen hast ... gehst du also zu diesem wundervollen Ort und du steigst dort hinauf. Und die Zauberin <Mond> steht nahezu erwartungsvoll an ihrem Platz, um am Horizont ihren Abschiedsgruß zu entbieten. Und alles ist ruhig. Und die Feuchtigkeit hat die Kräuter der Erde mit einer Süße versehen, und der Salbei und das Apfelholz und Riedgras und grüne Wasser ist von anregendem Duft ... und du gehst zu diesem Lager und setzt dich nieder.

Du nimmst deinen Umhang und läßt ihn so um dich herumfallen, daß du den Anschein erweckst, als seist du ein Teil der Landschaft. Und da sitzt du ... in solch lieblichem Ruhen. Stille und der Tau auf meinen Wimpern. Und du wartest.

Zarte Geräusche dringen an mein Ohr; ein locker gewordener Stein, der den Hang des Hügels hinabrollt und in eine Spalte fällt. Du hörst das Flattern von Flügeln, die du nicht siehst. Da gibt es sanfte Schritte über dir ... so still. Und du lauschst, und der grüne Fluß rauscht um ein Schilfbett und erzeugt einen Strudel und dann ist da ein Plätschern und du schaust nach unten ... du kannst nur vage eine Gestalt ausmachen.

"Ja, doch! Ich erkenne diese Wesenheit." Es ist ein Mann dort, der sanften und leisen Schrittes das Ufer hinunterging, mit seinem Leinengewand zu einem Lendentuch hochgebunden, und er watet in den grünen Fluß hinein und er fängt zu ziehen an. Er hat während der Nacht ein Netz ausgeworfen und sanft zieht er jetzt seinen Nachtfang ein, denn dieser wird mit Sicherheit seine Speise bei Tagesanbruch und die Speise am Mittag für seine Familie und seine Nachbarn sein. Und während er ihn noch einholt, riechst du mit einemmal ganz schwach brennendes Holz. Ein Hüsteln neben Geflüster. Unwirklich. Und wie du zu der Stelle hinüberschaust, von der jener Geruch herkommt, siehst du mit einemmal ein schwaches Flackern, ähnlich den Feuerfliegen. Und du weißt, daß der Bäcker zeitig aufgestanden ist. Sein Mehl ist gemahlen. Seine Brotlaibe sind geformt und der Ofen wird gerade heiß und bald schon wird das Versprechen der grandiosen Erde in all ihrem Überfluß die Luft erfüllen ... und du wartest auf jenen Duft.

Und du sitzt da. Und du schaust zur Zauberin <Mond> hinauf und einzig die Spitzen ihres Haares verweilen, während sie rasch entschwindet. Und du schaust zum Mitternachtsblau und zu den tanzenden Lichtern ... und du wartest.

Der Fischer hat seinen Fang eingezogen und es war ein guter Fang. Ruhig trifft er die Vorkehrungen, um sie durch ihre Kiemen auf eine verlängerte Rute zu hängen, und ruhig macht er sich auf den Weg zum Lager. Die Geräusche der sanften Schritte sind verschwunden und wo ihr Pfad sie hinführt, das kann man nur vermuten.

Ein Flattern von Flügeln! Und ein schwaches Zirpen, und ein SCHREI! ... Vielleicht ein Schakal in der Ferne. Und die Feuerfliegen tanzen noch stärker, und du hörst ein Rauschen, und du schaust hinunter zu dem Lager ... das sich so weit ausdehnt. Es sieht aus, als hätten Maulwürfe der Erde Maulwurfshügel gemacht so weit das Auge sehen kann. Und es gibt dort leuchtende Zelte, von denen du jetzt langsam einen Blick erhaschen kannst, wohingegen in der Nacht alle Dinge grau sind. Du siehst das Aufblitzen eines strahlenden Orange, ein Banner, das bei einer prunkvollen Lagerstelle aufgestellt ist. Und du siehst dessen Flagge sich sanft in der Brise bewegen. Und der Tau wird von meinen Wimpern auf meine Wangen gezwinkert, und ich warte auf den Duft des Brotes ... aahh, denn der Bäcker ist der Beste im Lande. Und der Himmel ... beginnt sich zu verändern, beginnt blaß zu werden. Und jene wunderschönen Kinder der Zauberin <Mond> beginnen inmitten ihres blassen Lichts zu schwinden. Und mit einemmal gibt es dort unten noch mehr Geräusche! Gibt es dort mehr Feuer. Und man kann den Duft von Apfelholz auffangen. Und der Wind rauscht nun durch die Schilfgräser und die Wasserwirbel kommen in Bewegung, und der grüne Fluß ist mit einem großen Gähnen aufgewacht, mit dem Ausatmen eines Nebelschleiers, der über jenem Uferweg, der zum Lager führt, geisterhafte Bilder herbeiführt. Und ich schwöre, es ist wie ein Traum! Solch eine Nacht! Daß sie die Geburt eines solchen grandiosen Zurschaustellens des erwachenden Lebens herbeiführt. Nun, in was hinein erwachen sie also!

Die zerklüfteten Berggipfel der weitentfernten Orte beginnen sich an einem rosafarbenen Himmel abzuheben, und da ist eine winzige Wolke, die in Sicht gekommen ist, ein Eindringling am Horizont, die, wie du weißt, nur deshalb dort herumgetrödelt hatte, damit das verheißende Licht ihren Bauch vergolden und ihr für einen glorreichen Augenblick Majestätschaft verleihen würde! Damit jemand in seiner ganzen Weltlichkeit hinaufschauen und sagen würde ... "Ach. Wunderschön. Diese Wolke muß göttlich sein." Und das genügte ihr, das war alles, worauf sie gewartet hatte.

Jetzt ist das Lager, so weit das Auge sehen kann, ein Irrgarten voll von gedämpftem Geplapper. Frauen gehen dort insgeheim zum Fluß, und mit all ihrer Anmut ziehen sie Eimer kostbaren Wassers herauf. Und man kann das Kichern der jungen Frauen hören, deren Röte nun tief auf den Wangen liegt. Und junge Männer gibt es dort, die sich ihren Umhang und ihre Kurzschwerter und ihre Schwertscheiden anlegen. Und ganz eifrig beschäftigen sie sich mit der Waffenausrüstung, die Hoffnung hegend, Ruhmesgeschichten aufzuschnappen ... und in einem kurzen Augenblick vor dem großen Aufgang von Ra, konnten sie sich, die Söhne der Krieger, die unbesungenen Helden der Zukunft, die Forderer der Rechte der Leute, der Unterdrückten tanzen sehen! ... und du weißt, daß ihr Leben von einer Süße sein wird.

“Ahhh .... jetzt kommt der Duft des Brotes auf. Ahhh. Muttergottes. Das, wonach sich dieser leere Magen in der Nacht zauberhafter Kontemplation gesehnt hat. Ach, ich bin nur ein Sterblicher, denn ich bin hungrig und es verlangt mich nach dem Brot und dem sauberen Wasser und vielleicht auch nach einer Pfanne Fische von dem Fischer. Es riecht wundervoll.”

Jetzt kommt der Wind auf! Die Nebelschleier fahren damit fort, den Fluß hinunterzuziehen! Fische springen! Das Licht bricht über dem Horizont herein! Die Wolke ist noch fülliger an ihrer goldenen, vergoldeten Unterseite geworden! Die Banner wehen! Jetzt kannst du die seidenen Zeltdächer sehen! Sie sind wunderschön! Es gleicht einem Hügel von zauberhaften, gigantischen Blumen auf einer Wiese, die noch nie ein Mensch erblickt, nie befleckt hat! Nie eine von ihnen gepflückt hat, und die, ihrer Freiheit überlassen, in Hülle und Fülle blühten! .... Und die Lieder der Frauen bei ihrer Arbeit. Und da geschieht es. Der letzte Tropfen Tau fällt in meine Augen und reinigt sie. Eine Taufe, bevor etwas Zauberhaftes beginnt, und während ich unbeweglich dasitze, sage ich zu mir selbst: “Ach, mein Lieber. Wie viele Morgen hast du schon dabei ausgeharrt im Warten darauf, dieses Ereignis zu sehen. Wird es je das gleiche sein? Ist es je das gleiche gewesen?” “Nein, sage ich! Jene Wolke war nie zuvor da. Und der Fischer fängt nie die gleiche Menge Fische. Es ist ein anderer Tag.”

In großer Demut beobachte ich das wunderschöne Licht dabei, wie es gleich dem glänzenden Schwert eines unsichtbaren Kriegers hervorkommt, während es über den Horizont heraufzieht. Und da ist es! Pulsierend, sich in Strahlen ausbreitend - orangefarbene, goldene Zepter wunderschönen Lichts, die überall um mich her auftreffen. Und die Feuchtigkeit in meinen Augen ist trocken geworden. Und da ist Lachen und Freude und die Klänge von Liedersummen an entfernten Orten. Das Brot liegt nun stark im Nebelschleier. Und der Welt wurde ein weiterer Tag ... des Lebens geschenkt.

Wird der Bäcker ... was wird er heute anders machen? Ist seine Arbeit immer die gleiche? Nein, an diesem Tage wird sie anders sein. Der Bäcker wird heute eine neue Möglichkeit entdecken, sein Brot zu süßen, sehr zur Freude der ganzen Armee.

Und der Fischer, wird er das gleiche tun? Wird er seinen

hervorragenden Fang an sich reißen? Und wieviel davon wird er an diesem Tage seiner Familie geben, und wieviel wird er mit seinen Nachbarn teilen? Und vermutet ihr! ... daß da irgendetwas etwas anders sein wird, als an der Angel zu schnitzen? Das wird es. Er wird einen hervorragenden Preis haben. Er wird einen Fisch haben, der einen Regenbogen an seiner Seite hat, und die Götter haben sein Haus gesegnet.

Und die Frauen, die das Wasser holen, werden sie heute das gleiche tun, wie sie es auch gestern taten? Nein. Die Frauen werden sich mittels ihrer herrlichen Klugheit einen besseren Wasserbehälter, eine bequemere Hülle ausdenken. Sie werden ein besseres Gericht von zubereiteter Speise erfinden. Auf ihrer Jagd auf den Hügeln, gleich hinter mir, werden sie neue Wurzeln und Knollen entdecken, und auch sehr zu ihrem Vergnügen und mit Geplapper - wer wird als erste kosten, und das werden sie natürlich alle. Sie werden neue Nahrung entdecken.

Und wie ist es mit den jungen Männern. Tun sie je mehr, als nur ihre Ausrüstung zu polieren und wie Hähne herumzustolzieren? Besteht ihr Leitbild früh am Morgen in einem Helden, der mit der Sonne im Rücken tanzt, unbesungen, die Verheißung ... aller zukünftigen Leute der Armee? Werden sie das je verwirklichen? Und denken sie je an irgendetwas anderes? An diesem Tage werden sie es. Sie werden eine andere Geschichte hören, und vielleicht wird sie diesmal nicht von Schlachten längstvergangener Zeiten handeln, sondern statt dessen geht es vielleicht um die Weisheit der Alten. Und durch Geschichten wie diese werden sie vielleicht in den Bann gezogen und werden damit beginnen, Teil einer neuen Zukunft zu sein. Nicht mehr ein Krieger, der am Horizont tanzt, die Sonne in seinem Rücken, der stolz sein Banner zur Schau stellt und darauf hofft, daß der Wind genau richtig darauf auftrifft, damit es nicht zurückkommt und ihm ins Gesicht schlägt ... was sehr peinlich sein kann! Heute ... mögen solche Träume seinen Geist vielleicht verlassen und vielleicht wird dieser Geist statt dessen mit dem fruchtbringenden Gefühl angeregt werden, das sie alle im Innern ihrer Lenden haben, durch das sie lebhaft und straff und schön bleiben. Vielleicht wird dieses Gefühl zu einer anderen Stelle hochwandern und ihren Geist dazu inspirieren, wundervolle Dinge zu tun. Vielleicht werden sie ein anderes Metall erfinden. Vielleicht werden sie ein anderes Interesse wahrnehmen. Vielleicht werden sie einen anderen Kurs einschlagen. Vielleicht wird die Erzählkunst an diesem Tage geändert werden ... und das wurde sie.

Was hat es nun mit dieser Vision auf sich? Ich lege euch dar, was ich an vielen Morgen aus erster Hand sah und erlebte. Was ist so heilig an dieser Geschichte? Sie ist nicht mystisch. Sie ist nicht spirituell. Und dennoch liegt zu ihren Wurzeln tiefgründiges Wissen.

An jenem Morgen trug ich eine große Sehnsucht in mir, die man in späteren Zeiten unter dem Begriff "Glaube" einzuordnen pflegte. Ich würde sie "Göttliche Wissenheit" nennen. Ich sitze auf dem Stein und *weiß* auf göttliche Weise, daß der Tag wiederkommen würde. Das, was ihr für so selbstverständlich haltet, wurde zu meiner Zeit nicht für so selbstverständlich gehalten.

Ich war der "BEOBACHTER" <Watcher, auch: Wächter> meines Volkes. Und ich achtete sorgfältig auf all die Aspekte eines neuen Tages. Wo würdet ihr morgen sein, wenn der Tag nicht käme? Was würdet ihr sein und wo würden der Fluß und die springenden Fische sein? Für mich war dies sehr heilig, wegen des Lebens, welches das Geschenk in dieser Domäne, in diesem wunderschönen Schauspiel ist. Es ist das Geschenk des Bewußtseins, das sich selbst in einen physischen Körper integriert hat, in eine Form, damit es mit anderen Formen in Austausch treten und eines Tages erkennen möge, daß alle diese Formen und Bewußtseine das gleiche sind. Ich war das gleiche wie jener Morgen. Welch grandiosere Sichtweise seiner selbst könnte man haben! Es war nicht das große Schwert und der Brustpanzer und die seidenen Banner. Es war nicht der Ruhm und nicht einmal die Narben. Es war der Morgen. Das ist es, wofür ich mich hielt. Denn ohne ihn könnte ich mich, als unwissender, wilder Barbar, nie zu der anderen Seite weiterentwickeln, um die Strecke zurückzulegen auf der Suche nach einer Vereinigung und einem *Grund* für mein Leben, und dem *Grund* für den Fluch auf meinem Volk.

Selbstsüchtig ... man ist selbstsüchtig, wenn man selbst-verengt ist. Man ist grandios und göttlich, wenn man der gesamte Morgen und dessen gesamte Lebensvielfalt ist. Und wenn man anwesend ist, gegenwärtig, um es als eine Wirklichkeit zu beobachten, statt lediglich zu *vermuten*, daß er eingetroffen ist. WIE WOLLT IHR WISSEN, DAß ER

EINGETROFFEN IST? Weil an diesem Tag meine Leute etwas lernen würden, das sich von dem, was sie bisher an jedem einzelnen Tage taten, unterscheiden würde. Jeden Tag wurde der Wert des Lebens ... der GESAMTHEIT des Lebens zu ihnen hingedrängt. Der BEOBACHTER, der da auf dem Stein saß, sicherte zu, daß der Morgen kommen würde, und trug außerdem die Verheißung mit sich, daß an diesem Tage etwas Neues entdeckt werden würde, gefunden werden würde bei der Ausführung ihrer Arbeit. Es war keine erbärmliche Arbeit! Es war eine Arbeit von Entdeckung, spannendem Reiz, Kontemplation. Ein besserer Wasserbehälter wird an diesem Tage hergestellt. Ein exotischer Fisch wurde entdeckt. Und ein neues Bewußtsein wurde in den jungen Männern geboren, die einmal die zukünftigen Keime für Zweidrittel der bekannten Welt sein würden, und sie trugen sie in ihren Lenden. Es war wichtig, daß sie eine Gelegenheit hatten, sich etwas anderes als Kriegstrommeln zu vergegenwärtigen, denn in ihrem Samen übermittelten sie den Morgen. Die Kinder, die einmal aus ihren Lenden geboren würden, würden die Kinder des Morgen sein. Und alle diese Kinder würden die Verheißung in sich tragen, daß alle Morgen damit fortfahren würden zu kommen!! Es war wichtig an diesem Tage, daß ein neues Konzept entdeckt werden würde. War das Hoffnung?! Hoffnung hat ihre Bedeutung verloren. Hoffnung wird nunmehr als streßvolle Tollkühnheit <Verzweiflung> definiert. Die Hoffnung war kein Glücksspiel, sondern war wie die Henne, die auf ihrem Ei sitzt. *Hofft* sie etwa, daß ein Küken ausschlüpft? Sie sitzt auf ihrem Ei, weil sie *weiß*, daß ein Küken aus dem Ei hervorkommen wird. Das war die alte Bedeutung oder Definition von Hoffnung.

Jeder Tag war eine Verheißung von Evolution. Und ihr könnt nicht behaupten, daß die jungen Krieger, die eine neu ertönende Wahrheit bezüglich ihres Seins fanden, daß das bedeutender wäre als die Frauen, die das Wasser holen, lange bevor das Tageslicht am Himmel erscheint. Das, was sie schufen, war ein leichterer Wasserbehälter für ihre Schultern. Alle waren gleichgestellt. Die Bedeutsamkeit war, ist, daß sie sich veränderten. Daß sie voranschritten. Daß sie sich weiterentwickelten. Und der BEOBACHTER gab ihnen die Gewißheit, daß der Morgen kommen würde, und daß ihnen der Morgen ... eine neue Gelegenheit geben würde.

Sich vorzustellen an diesem Tage des Alles-Wissens, eine Blume auf einer Wiese über dem Hügel zu entdecken, die bisher noch nie entdeckt worden war. Was für ein herrlicher Preis! Es kostete gar nichts.

Während des ganzen Tages also wuchsen und veränderten sich die individuellen Bewußtseine jener wundervollen Leute. Und das Leben handelte weder davon, daß alte Frauen um den Brunnen herumsaßen und über ihre Aufregungen und ihre Miseren und ihre Ehemannsleute jammerten. Das existierte nicht. Das ist Nichtigkeit! Noch waren alte Männer fett und betrunken aus lauter Jammer darüber, daß die Vergangenheit vorüber war. Es gab keinen Streß! Es gab keine Herzschmerzen! Es gab nichts, das zu groß gewesen wäre, als daß es nicht hätte vollbracht werden können!! Denn das Vollbringen, gleichsam, war die Verheißung des neuen Tages! Wenn die Arbeit schwer war, dann stellte dies eben eine größere Herausforderung dar, und dadurch würden sie zu Genialität aufgerufen sein, um einen besseren Weg herauszufinden!! Ganz anders als die Einstellungen heutzutage.

Und den ganzen Tag über geschahen Wunder. Wunder! Es war der Tag, an dem die Schakale stolz durch das Lager spazierten ... sich niederkauerten und niemand jagte sie weg, und niemand verletzte sie. Und von ihnen würden später Hunde abstammen. Und am Ende des Tages, als alle genährt waren und der Austausch von Nachrichten stattgefunden hatte, und junge Liebende den Kochherd verließen und Arm in Arm hinter schweren Türen verschwanden und zu ihrem Ruhelager gingen - da wußtest du, daß die Nacht ihnen Liebe darbringen würde, eine Süße und eine Freude so einfach und so unberührt von Eitelkeit, Schwächlichkeit, unberührt von dem Kleister des "Image". Sie liebten und lachten, und dämpften ihr Lachen, aber dennoch klang es immer aus den Fenstern heraus ... Und der alte Mann und die alte Frau fanden sich ein und pflegten mit einem Lächeln auf ihrem Gesicht einzuschlafen. Denn ihre Liebe war unvergänglich. Und die Feuerkohle pflegte zu erlöschen und herbei kamen die Feuerfliegen. Und der Duft von altem Wein und einer Prise Knoblauch, und von Honig und Salbei hing noch immer in dem starken Rauchnebel. Aber nach und nach senkte sich Stille über das Dorf. Und nun geht der BEOBACHTER zu dem Hügel, zu dem Stein, und mit demselben Umhang, mit dem Geruch des Abendessens noch immer in seinem Bart .... und setzt sich nieder.

Und was ist des Nachts so schön für den BEOBACHTER? Eine phantastische Darbietung von Ewigkeitheit. Die Zauberin <Mond> wechselt ihr Kleid von Nacht zu Nacht. Gleich einer Frau, die dich umgarnt, erscheint sie vor dir jeweils nur ein wenig, und dann letztendlich bei Vollmond bekommst du all das zu sehen, was sie, diese verlockende Zauberin, ist! Und ihre Schönheit ist so herrlich und strahlend, daß alle anderen Lichter im Vergleich zu ihr verblassen! Und die Ewigkeit. Wie malt man die Ewigkeit aus? Ab wann hört das Auge auf zu schauen. Ab wann hört das Auge auf, die Tupfer der eisblumenartigen Lichter zu sehen? Jene schöne Zauberin - wann hört das Auge auf, dort hinzusehen, und fängt an, hinsichtlich dessen zu schauen ... welches Mysterium sie dort oben an ihrem Platz hält. Wie weit, nehmt ihr an, kann euer Auge in die LEERE <void> der Mitternacht hineinsehen? Wie tief kann ein konzentriert ausgerichtetes Hineinschauen <Fokussieren> zwischen zwei Lichtpunkten gehen? War die Mitternachtsleere sich dessen bewußt, daß ich sie anschaute? Und ach, der Druck in meiner Brust gab mir das Gefühl, daß ich SO weit sah, daß etwas erwachte und zu mir zurückschaute. Oh Gott, wußte ich es doch! Und für dieses eine Mal starrte ich mit dem Allmächtigen Gott - dem offenbar Nichtoffenbaren - Auge in Auge; es sah zu mir zurück, denn das konzentriert ausgerichtete Schauen drang hinein. Wie weit kann das menschliche Auge ins Nichts hineinschauen!

Der Nachtvogel ... die Nachtigall singt die süßeste Melodie und ein Hauch von wildem Jasmin liegt über der Ebene, beginnt in den Nebelwolken der Mitternacht zu schweben, fast wie die Schleier eines beachtlich schönen Geschöpfs, das die Absicht hat, sich um dich zu legen, und eine Verzauberung beginnt, die dein bekümmertes Herz oder deinen erschöpften Geist oder deine schmerzenden Hände in ein Gefühl elektrisierter Freude erhebt! Es ist berauschend um Mitternacht! Jasmin in den Nebelwolken zu riechen .... Die Nachtigall ist weitergezogen. Sie ist den Fluß entlang gezogen. Der Fluß ist ruhig. Die Feuerfliegen werden dunkler an den Lagerfeuern des Abends. Und das Kichern ist verstummt. Und es scheint ein süßes Ruhen über diesem endlos großen Dorf zu liegen. Und meine Seele freut sich, denn was ist es, das der BEOBACHTER in der Nacht sieht? Das, was zurückschaut und beobachtet.

Was an der Nacht ist es, das den Zauber hervorruft? Es ist in der Nacht, daß einer über den vergangenen Tag nachdenkt. Es ist in der Nacht, daß der Friede sanft auf der Seele des Mannes und der Frau ruht. Und wenn der BEOBACHTER Bewußtheit besitzt, dann ist es in der Nacht, daß all das unerfaßbare Erfaßbare <Wißbare> emportaucht, und vielleicht gleitet es auf den Flügeln eines exotischen Jasminduftes. Und vielleicht ist es der Nebelschleier selbst. Aber so oder so, die Nacht wurde geschaffen für süßes Ruhen und für einen einzelnen BEOBACHTER. Für einen BEOBACHTER, der in die Ewigkeit hineinstarren würde, solange, bis sie schließlich zurückblickt. Die Nacht wurde geschaffen für Gedanken des Unerfaßbaren. Und wenn einer dort sitzt, in der ungestörten Stille, dann beginnt er wundervolle Dinge zu wissen. Die Seele wird gerettet, beziehungsweise transformiert. Der Geist wird wieder lebendig und der Körper wird geheilt. Und es kommt zu einer Taufe durch den Morgennebel, durch den Tau auf dichten Wimpern, sobald er in dein Auge fällt; das ist das Geschenk des Lebens. Und bis zum nächsten Morgen <verweilt dort> der BEOBACHTER, der den Morgen im Leben gewährleistet hat. Für den Fluß und jene smaragdfarbenen Schilfgräser. Die Verheißung auf Lotusblüten im Frühjahr. Und auf silberne und smaragdene Blätter an Olivenbäumen. Und auf Regenbogenfische; möge der Fischer sie in Fülle in seinem Netz haben.

Der BEOBACHTER garantiert es, daß der Morgen da sein wird, daß das Leben die Gelegenheit haben wird, "unters Leben gemischt zu werden". Der BEOBACHTER hat infolge der süßen Mitternachtsruhe dem Morgen eine neue Weisheit gegeben, ein neues Bewußtsein, ein neues Verstehen, denn das Wunderwerk von Wissenheit hat zu einem veränderten Beobachten am Morgen geführt, was dann wiederum verändert und vergrößert und vertieft und erweitert hat ... den Geist all jener wundervollen ... anmutigen ... Leute.

Wenn nie jemand jemals auf dem Felsen sitzt ... die ganze Zeit über bis nach Mitternacht, nie jemand das Auge der Ewigkeit gefunden hat inmitten eines langen, alles durchdringenden Hineinschauens - wenn nie jemand auf dem Felsen sitzt und mit all dem Unerfaßbaren Verbindung aufnimmt, getauft und verzaubert vom Jasmin, vom lieblichen Nebelschleier, und wenn er diese Weisheit nicht mit sich trägt bis zum Morgen, wer wird vorankommen, wo doch jeder die Nacht verpaßt hat und durchgeschlafen hat bis zum Sonnenaufgang? Jemand, in der Tat, muß der Beobachter sein! Damit sein Geschenk an den Morgen und ans Bewußtsein eine neue Erkenntnis seiner Leute ist. Damit sein Geschenk das Gewähren und die Befähigung ist, auf ruhige und ungestörte Weise einen neuen Weg zu lernen, etwas zu tun. Originelle Wurzeln zu finden. Eine neue Farbe zum Malen zu entdecken.

Denn wenn niemand den BEOBACHTER macht und wenn niemand in den Nebelschleiern der Mitternacht getauft wird, dann werden diejenigen, die bis zum Morgen durchschlafen wieder den gleichen Tag haben, den sie gestern, und an dem Tag davor, und an dem Tag davor hatten. Und junge Männer werden weiterhin davon träumen, Helden zu sein ... und wie Hähne herumstolzieren, willens, ihr Leben ausschließlich dafür zu geben, daß ihr Name genannt werden kann an künftigen Lagerfeuern, die noch nicht einmal entzündet sind. Jemand muß ein größeres Bewußtsein haben, um ihnen die Gelegenheit zu geben, ein größeres Bewußtsein zu erlangen, so daß die Generationen, die erst noch kommen, "die Kinder des Morgens ... die *Erwachten*" genannt werden können. Denn ohne Zweifel, so wie der junge Mann ist, so ist auch sein Erbgut. Und was er an seine Kinder weitergibt, ist die Reproduktion von dem, was er ist, und wenn er nicht größer ist ... als seine geringste Schwäche, wird er generationenlang die Frucht hervorbringen, die genauso sein wird. Und wenn Frauen es nicht lernen, gleichgestellt zu sein, und ihre Genialität bei ihrem Handwerk hervorzurufen, und Freude bei ihrer Arbeit zu empfinden, dann wird das Lachen bei ihrem Arm-in-Arm-Gehen mit ihrem Geliebten, ihren Ehemannsleuten, hin zu ihrem gemeinsamen Nachtlager, für immer verloren sein, denn es wird sich in ein primitives Spiel verwandeln. Und die Liebe wird in der Alten Zeit verloren sein, und sie wird sich in Bedürfnis und Besitzsucht und Eifersucht und Mangel-Leiden wandeln, und was werden die Kinder aus der Frucht ihres Leibes dann sein.

Da gab es einen BEOBACHTER .... all dieses Wissen, von dem ich euch erzählt habe, entstammt der Beschwingtheit des BEOBACHTERS, der Leidenschaft des BEOBACHTERS, enstammt dem ununterbrochenen, durch nichts eingeschränkten BEOBACHTER, der es garantiert, daß der Morgen und sein neuerliches Licht von echter Hoffnung erfüllt sein werden. Die Henne, die auf ihrem Ei sitzt, weiß, daß ein Küken hervorschlüpfen wird. Der BEOBACHTER garantiert es, daß ein Küken hervorschlüpfen wird. Der BEOBACHTER garantiert es, daß das Morgen da sein wird, auch wenn ihr durchgeschlafen habt. Und wenn ihr aufwacht, dann wird ein neuer Gedanke existieren ... und eine Gelegenheit und eine Herausforderung und eine Wahl, die zu treffen ist - seine Hände schmutzig werden zu lassen, seinen Rücken zum Schmerzen zu bringen, doch anstatt den Schmerz und den Pflug und Jammer zu fühlen, fühlt ihr es mit Freude und mit dem Lachen eines sich *stärkenden Selbstes.*

Und wenn *eure* Nacht kommt, und während der Rauch eurer Lagerfeuer abkühlt, werdet auch ihr ... unerfaßbare Dinge erfassen <wissen>, und der nächste Tag wird weitaus grandioser werden.

* * *

Teil Zwei:

Dies ist eine wahre Geschichte . . .

Kapitel 20

BESHANI

Vor vielen Jahrhunderten gab es einmal einen sehr wohlhabenden Mann, der inmitten eines weit entfernten Meeres lebte, das nur noch zu einem sehr geringen Teil dessen, was man von ihm in jenen Zeiten kannte, besteht. Er und seine Familie, die er wohl umsorgt hatte, lebten zu einer Zeit fern jeder Erinnerung auf einer kleinen Insel, nicht weit von einer sehr urtümlichen Küstenlinie.

Der Name dieses Mannes war Beshani. Und er lebte auf seiner winzig kleinen Insel mit seiner Frau, vier Söhnen, drei männlichen Bedienten und vier weiblichen Bedienten und einer ganzen Schar Tiere. Beshanis Diener hatten ein wundervollen reichen Besitz, mit dem sie auf jenem urtümlichen Küstenland Tauschgeschäfte machten. Und der Besitz bestand darin, daß Beshani und seine Sklaven in die Wasser, nach wie vor rein und lavendelfarben, hinabtauchten und Meeresgeschöpfe, die eine Schale hatten, heraufbrachten.

Sie pflegten diese Geschöpfe zu nehmen und eine Tinte von ihnen abzusondern, die auf den ersten Blick schwarz war. Doch wenn sie verdünnt wurde und ein wenig mit Meersalz gemischt wurde, dann entstand daraus die wohl wundervollste Farbe. Diese Farbe war selten, und sie wurde ausschließlich von Königen, Edelmännern, Priestern begehrt ... und die Farbe war Violett. Beshani und seine Familie verdienten sich ihren Lebensunterhalt durch die Herstellung der Farbe Violett und dadurch, daß ausschließlich sie dies taten und auch ihr Geheimnis wahrten, was die Art der Herstellung anging.

Beshani liebte seine Familie und, in der Tat, behandelte seine Sklaven, seine männlichen Bedienten und seine weiblichen Bedienten, als Gleichgestellte und mit Respekt. Und dort auf der winzigen Insel gab es viele Tage balsamische und süße Freude, und viele wundervolle Abende mit einer von Jasmin erfüllten Luft.

Doch da brach über all diese Glückseligkeit ein rasender Sturm herein, der aus dem Norden herbeistürzte. Ein ungewöhnlicher Sturm. Und selbst Beshani hatte in allen seinen Tagen, so alt er doch schon war, niemals einen solch unheilvollen Wind erlebt. Denn ohne Zweifel war der gesamte Horizont scharlachrot erhellt, das Licht diffus - bedrohliche, wogende, feuerkesselartige Wolken. Der Sturm brach mit einer ungeheuren Raserei los, ungeheuren Raserei in der Tat. Die Regen fielen und der Hagel fiel und sogar unsaubere Dinge fielen vom Himmel herab. Und er tobte zwei Tage und zwei Nächte lang. Und das Wasser stieg und stieg. Und trotz immenser Anstrengungen wurde Beshanis Heim - sein Haus, in der Tat seine Rinder, seine Schafe, seine Ziegen, seine Wildvögel, in der Tat all die Dinge, die ihm am Herz lagen und ihm notwendig erschienen, in dem Sturm weggeschwemmt und vernichtet. Und in der letzten halben Stunde, während die Sandbänke untergingen, wurde Beshanis Familie von einer riesigen Welle verschlungen. Wie könnte es auch anders sein, er selbst wurde gerettet. Aber was bedeutete ihm sein Leben noch, wo doch alles, wofür er gearbeitet hatte, weg war, alles, was ihm am Herzen lag, weg war, und alles, für das er gelebt hatte ... das er geliebt hatte, weg war.

Beshani wurde wie durch ein Wunder gerettet, obschon ein Lebensgeist in ihm war, der eher dem eines Leichnams glich. In seinem Lebensgeiste war er wie tot. Da er viel lieber sterben als leben wollte, war er höchst unglücklich darüber, daß er ans Ufer geschwemmt und gerettet wurde. Man brachte ihn zu einem damaligen sogenannten Priesterhaus, wo er gepflegt wurde und wo Menschen waren, die ihn wiedererkannten als den Schöpfer der Farbe Violett ... der würdevollsten aller Farben, und nur er kannte das Geheimnis ihres Ursprungs.

Unverzüglich sandten sehr hochgeborene Edelmänner nach Beshani, die für ihn sorgten und ihm Pflege angedeihen ließen und ihm ihre privaten Gärten, und Tonika und süßen Wein und Nektar zur Verfügung stellten. Hinreichend sorgten sie für ihn ... wollten sie doch immer schon das Geheimnis seiner Farbe, seines Violetts wissen. Er kam von einem Edelmann zum nächsten.

Nach wie vor grau in seinem Lebensgeiste, warf er sich eines Abends auf einem Hügel nieder ... und grub sein Gesicht ins Gesträuch und schrie auf ... "Was ist WAHRHEIT! Wo sind die Götter? Was habe ich Falsches getan, daß sie mich mit diesem Leben bestrafen würden wollen und mich alle Tage meines Lebens in so einem fürchterlichen Elend und Schmerz zubringen würden lassen wollen!"

Und Beshani wanderte weg. Ein alter Mann, gezeichnet an Jahren, alternd. Gram in seinem Herzen; war zuviel, konnte es kaum mehr verkraften. Und er stieß auf einen Weisen jener Tage, der wundervolle Kräuter mischte und für ihn Elixiere und Tränke bereitete, und ihn ohne ein Wort zu einem Rest von Gesundheit nährte. Und der alte Weise, der stets an seinem Gebräu arbeitete, stets für lange Momente verschwand und wieder mit seltsamen Dingen in einem seltsamen Sack zurückkehrte, pflegte einfach nur zu lächeln und seine Kräuter zuzubereiten und es ihm dann zu reichen, und sagte niemals auch nur ein Wort.

Und eines Tages sagte Beshani zu ihm: "Ich werde verrückt werden, meinen Verstand verlieren, wenn mir nicht irgendjemand erklärt "Warum". Warum sollte ich wohl leben? In der Tat, warum solltest du dich um mich kümmern! Ich will nicht leben, denn niemand hat mir WAHRHEIT gegeben."

Und der Weise bereitete für ihn eine goldenes Elixier zu und sagte: "Trinke." Die ersten Worte, die der Weise zu ihm gesprochen hatte.

Beshani trank also das Elixier und nur Augenblicke danach wurde es ihm warm und frohgemut, und wurde erfüllt von einem leichten Herzen und Freude. Und rief aus und erklärte: es sei ein neues Leben, das durch seine Adern ströme. Und viele Augenblicke lang konnte man ihn in großem Frohsinn und Heiterkeit und Glücklichsein vorfinden.

Und der Weise sprach zu ihm: "Du, der du zu verstehen suchst, mußt zu dem entferntesten Gebirge, auf den höchsten Berg. Du wirst ihn sehen. Er ragt weit im Westen auf. Und dorthin mußt du deine Reise machen, und wenn du die Reise überlebst, mußt du den Berg hinaufklettern. Er ist sehr tückisch. Und sobald du zu dem Berg gelangst, wird er in den Nebelwolken verhüllt sein, und dort wohnt der Herr, und wenn du den Herrn finden kannst, wird er dir die WAHRHEIT geben."

Beshani, in all seiner Heiterkeit, war über alle Maßen froh. Und er machte sich auf seine Reise mit mehreren Packen Weizenkuchen und Kräutern und Paprika und Knoblauch und altem Käse, und der Weise schickte ihn auf seinen Weg. Und auf dem ganzen Weg hat er, obgleich er ein alter Mann war, vielen Mühsalen standgehalten, denn dort, von wo er kam, gab es für ihn nichts mehr, und alles, was er wollte, war, zu wissen "Warum" und WAHRHEIT zu verstehen.

Und so zog der alte Mann auf wackligen Beinen gen Westen. Und schließlich erblickte er ein hoch aufragendes Gebirge. Und etwas zur Linken war ein riesiger Berg, scheinbar in reines Kristall getaucht, da er so schimmerte. Er schimmerte, leuchtete und brachte Farben in dem diffusen Lichte, von dem er umgeben war, hervor. Und der alte Mann machte am Fuße dieses großen Berges ein Lager und überlegte, wie er wohl dort hinaufklettern sollte. Und er dachte darüber nach, wie er weit in den Tiefen des Ozeans nach den Geschöpfen zu suchen pflegte, die jene zauberhafte Tinte aussonderten; er würde sich einfach diesen großen Berg als die Tiefen des Ozeans vorstellen und statt nach unten zu gehen, würde er nach oben gehen. Das war einfach genug.

Beshani, der alte Mann, war also voller Entschlossenheit, überdeckt mit dem Gram in seinem Herzen. Und er brauchte viele Tage, den Berg zu erklimmen. Und immer mehr näherte er sich den Nebelwolken, die seinen Gipfel wie ein Heiligenschein umgaben. Und als er schließlich ankam, waren dort große und wundersame Wesen. Sie rochen schrecklich, aber sie spielten wundervolle Musik. Als ob sie ihn erwartet hätten, führten sie ihn in eine große und wundersame Halle, die kein Deckengewölbe hatte, statt dessen wogende, seidige Wolken Und in der Halle, wie durch Zauber vor ihm zubereitet, war ein herrliches Festmahl mit dem feinsten Fleisch und kandierten Früchten, und mit einer goldenen Flüssigkeit in Kristallkelchen. Und man lud ihn ein, sich niederzusetzen, während Musikanten wundervolle und seltsame Musik spielten. Und stets kamen bezaubernde Klänge aus ihrem Mund und tanzten Lichter in ihren Augen. Und zu seiner großen Verwunderung waren auf diesem Zaubertisch sehr, sehr winzige Leute. Und sie tanzten diesen großen Tisch auf und ab und sangen ihr eigenes jubilierendes Lied. Sie waren nicht kleiner ... so klein wie seine Hand. Und alles und jedes an diesem Ort schien so richtig glücklich zu sein. Und plötzlich verstummte die Musik und ein wundervoller alter Mann kam in die Halle herein. Und er begrüßte Beshani. Er sprach: "Ich glaube, ich bin derjenige, nach dem du gesucht hast."

Und Beshani erwiderte: "Gewiß, wenn du mir die WAHRHEIT mitteilen kannst."

Und der alte Mann sagte zu ihm: "Was ist es, das du zu wissen begehrst, denn ich werde dir die WAHRHEIT geben." Und Beshani fing gerade an, seinen Mund zu öffnen und zu sagen. "Warum ...."

Und da verschwanden mit einemmal alle Musikanten. Das ganze Essen verschwand. Und die winzig kleinen Leute verschwanden ebenfalls. Und nichts war zurückgeblieben, außer der goldenen Flüssigkeit in dem Kristallkelch und dem Licht, das von nirgendwo in diesem dachlosen Raum herzukommen schien. Und anstatt diesen Herrn nach dem "Warum" zu fragen, sagte er statt dessen zu ihm: "Warum ist WAHRHEIT so schwer zu finden? Warum mußte ich den ganzen langen Weg hierher kommen und diesen tückischen Berg erklettern, nur um zu wissen?"

Und der Herr, ein alter Mann, blickte ihn an mit Feuer in seinen Augen, mit einer Seinsheit, die heiter über sein Gesicht tanzte, und er antwortete Beshani mit den Worten: "Siehe, deshalb, weil du die Antwort an diesen Ort gestellt hast. Weil du *mich* hierher gestellt hast. Warum bin ich auf diesem Berg? Weil du mich hierher versetzt hast. WAHRHEIT, mein geliebter Beshani, ist nur so weit weg, wie sie es unserer Auffassung nach ist, und so nahe, wie wir ihr es zu sein erlauben."

Beshani genoß das Fest seines Lebens. Es brachte nicht seine Familie zurück. Es brachte nicht sein Haus zurück ... aber es brachte *ihn* zurück. Denn WAHRHEIT, was ihr Verstehen angeht, ist nur so groß wie unser Bedürfnis nach ihr. Und wenn wir sie finden, waren wir niemals wirklich weggegangen, es war nur eine Reise nach innen ....

* * *

Kapitel 21

DER STROM DES LEBENS

Ich war ein Strom. Er fließt dahin, wie es zu sehen ist, und wenn man an den Uferhängen steht, wie man weiß, und zum großen Osten schaut, in der Tat, zum großen Westen, nein, da wird man weder seinen Anfang, noch! ... sein Ende sehen.

Ich werde euch zu diesem Ufer führen. Dieser Fluß und seine Strömung, ganz silbern und wunderschön; und das Licht der Himmel spiegelt sich auf ihm. Und die dahinziehenden Wasser, wie rein und schön sie sind. Und sie sind nicht ausgebeutet. Sie sind nicht verunreinigt. Denn dieser Strom hat die Weisheit gleichsam in der Tat eines lebendigen Lichts, eines Lebens in einem Kontinuum.

Viele gibt es da, die an seinen Ufern stehen und verwundert sind über seine Schönheit, seine unausgesprochenen Worte, die nicht in ein Schriftwerk gefaßt werden können. Jedoch, sie suchen nie danach herauszufinden, wohin der Strom fließt. Ich würde es euch nicht genug damit sein lassen, daß ihr an den Ufern seid, sondern direkt *im* Strom.

Ich erzähle euch dies über den Strom, weil ich in der Tat eine Art Geschichtenerzähler bin. Dieser Strom, wie es zu sehen ist, wird euch nicht euer Leben nehmen. Er wird euch erheben. Und mit großer Geschwindigkeit in der Tat, wird er euch durch viele Biegungen, zu vielen weißen Wassern, vielen Flauten, vielen Weihern führen. Doch wie ist es um euch bestellt? Wenn ihr Ruhe wünscht, werdet ihr unter den Schatten eines großen Baumes gelangen. Es ist eine schattige Eiche, doch ihr erinnert euch nicht mehr daran, was sie sind. Und doch stehen sie dort draußen an seinen Ufern.

Und unter dem Schatten dieses großen Baumes hat dieser Strom in seiner Erscheinung, in seiner Schönheit, in seinem edlen Licht eine Pause eingelegt, um sich auszuruhen. Und um wieder zu strudeln und zu wirbeln und um in seinen Strudeln, gleichsam in der Tat, seinem wiedererneuerten Licht zu sein, werdet ihr an diesem Orte unter dem großen Schattigen rasten, denn an diesem Weiher gibt es kontemplativen Gedanken und kontemplatives Leben.

Doch seid weise und geht, wenn ihr ausgeruht seid, gleichsam in der Tat wieder zurück in das Fließen und zu dem sich auftuenden Abgrund und laßt euch von ihm weitertragen. Und ihr werdet sogar auch Land sehen, das ihr nie zuvor gesehen habt. In der Tat! Ihr werdet zu wilden Schluchten kommen, deren Wände von so gewaltiger Höhe sind, daß ihr fordern werdet, des Himmels ansichtig zu werden, der eurer Sicht entzogen ist. Und zu Tälern so lieblicher Art. Und zu Wiesenland, das gleichsam in der Tat den Saum des Wassers berührt, wo zarte Lilien und Wildvögel an dessen Ufern sich ihr Heim bereitet haben. Und ihr werdet innmitten dieser Schönheit schwelgen, wie ihr nie zuvor geschwelgt habt.

Und bei eurem Weiterziehen, wie man gleichsam in der Tat sieht, werdet ihr zu Flachländern, zu Grasländern, zu fruchtbarsten Bergtälern gehen - zu allen, auf eurer Reise. Aber was, wenn ALLE diese Orte, an denen ihr vorübergekommen seid, süße Erinnerung sind. Sie werden im Augenblick gelebt. Sie werden für immer und ewig im Gedanken innegehalten. Und sie sind immer da, wenn wir den Wunsch haben, unter den großen Schattigen, hinein in den Weiher zu gehen. Immer ist uns die Möglichkeit gegeben, dies zu tun.

Es stellt jedoch immer eine größere Herausforderung dar, auf unseren Abenteuern so klug zu sein, mit dem Strom weiterzugehen und dorthin, wohin er fließt. Dieser Strom, von dem ich spreche, er ist das LEBEN! Er ist mein Strom.

Jene, die an seine Ufer! kommen ... und von seinen Wassern

trinken, werden die Süße seiner Reisen oder die Schönheit, und das, wohin er fließt, nicht kennenlernen. Denn sie wagen es nicht, in ihn hineinzugehen. Ich sage euch, sie werden in ihren Leben am Ersticken sein, wieder und wieder und wieder, wie es zu sehen ist. Sie werden zu den Ufern zurückkommen, und sie werden gleichsam in der Tat nie in die Wasser hineingehen, wie es zu sehen ist, die so frei und zu diesen wunderschönen Orten fließen, von denen ich euch erzählt habe. Doch für euch, die ihr es tut, für euch ist es mein Strom. Und wenn ich euch in meinen Strom führen werde, werde ich euch zu den grandiosesten Orten und zu den süßesten Wassern und zu wunderschönen Tälern führen ... denn hierbei handelt es sich um LEBEN, das ist gewiß!

Und wohin zieht mein Strom? Es gibt da ein großes Meer. Man nennt es die Aquatische Substanz <auch: Wässrige Substanz>. Sie ist in der Tat mit all den Königreichen angefüllt, die in euren Herzen ersehnt werden. In der Tat! Mit all jenen Gedanken, die erst noch in eurem kontemplativen Geist geboren werden müssen; und dort drinnen strömen sie umher. Dies ist es, wohin ich euch bringen werde, zu den *Gestaden der Siebenten* <Bewußtseinsstufe> ... und das ist die Ewigkeit.

Ich werde von meinem Strom erzählen und von euren Ebben und euren Fluten und von euren Augenblicken an den Ufern und davon, wo ihr euch befindet. Wenn ihr euch am Ufer befindet, lernt ihr das nicht kennen, wovon ich erzähle. Ihr wißt dann nichts von der schattigen Eiche oder einem lieblichen Weiher oder Fischen, die so sorgenfrei sind in ihrer schönen Lage, in der Tat, ihren schönen Farben. Ihr wißt dann nichts von diesen Dingen! Kommt mit mir ... und ich werde sie euch zeigen.

Jene von euch, die sich in der schnellen Strömung befinden, schaut auf! Wo befindet ihr euch jetzt? Wo seid ihr gewesen? Könnt ihr gleichsam den fernen Horizont sehen, von dem ihr hergekommen seid? Und was sagt ihr dazu, ist es nicht schön? Oder geht es gleichsam so schnell, daß ihr gleichsam die Schönheit der einzigartigen Blume, die an dem vom Wasser durchweichten Holzstamm wächst, nicht anschauen könnt? Könnt ihr nicht sehen?

Und zu euch, die ihr in dem Weiher seid. Ist es nicht an der Zeit, wieder die Strömung zu werden? Und in das Tal zu ziehen, in der Tat!

... in die Berge, in der Tat, in die Ebenen, und das Leben zu erfahren! Wo befindet ihr euch in diesem Strom? Überprüft es selbst. Denn wenn ihr nicht die Morgenröte gesehen habt, die an meinem Horizont auftaucht ... wenn ihr nicht diese Täler gesehen habt, von denen ich erzählt habe, dann habt ihr nicht das Leben gesehen, und, meine geliebten Brüder, dann habt ihr nicht Gott gesehen im reichsten, vollständigsten Maße.

Fangt nicht mit mir zu handeln oder zu feilschen an, denn ihr wißt nicht, wovon ich spreche. *Seid* in diesem Strom des Lebens; er ist ewigfließend. <Seid> in der kristallinen Schönheit seiner weißen Wasser, sie wird euch so sehr erheben, wie es zu sehen ist. Ich bringe euch zu einem neuen Land .. ALLE .. wenn ihr kommen wollt, doch ihr müßt mittels des Stromes kommen. Das ist der einzige Weg.

Leben. Christus. Gott. Erhabene Ewigkeit! Hiervon handelt dies, und ihr seid Teil davon.

Die größeren Herzen werdet ihr sein. Was tatet ihr also? Habt ihr die Blume an dem vermoderten Holzstamm gesehen? Wenn ja, erzählt mir von ihrer Farbe. Das, was wir jetzt in dieser Stunde tun, ist Bestandteil des Stromes. Steht nicht müßig dort am Ufer herum, nehmt teil!

Es ist eine gute Botschaft, die wir in dieser Stunde an diesem Tage in eurer Zeit ans Licht gebracht haben, und sie wird für immer fortleben, das ist gewiß.

Denkt über den Strom nach! ... über sein Leben und seine unentdeckten Täler, und darüber, wo ihr euch darin befindet! Ich fordere euch dringlich dazu auf, dies zu tun. Antwortet darauf in eurem Herzen. Ich werde es sehen. So Sei Es.

* * *

Kapitel 22

DIE STRASSE DER WAREN

Begeben wir uns auf eine Reise. Schließt eure Augen. Siehe, ich werde euch eine Vision geben. Wie ihr nun leicht seht, gleichsam in der Tat, gibt es da eine LEERE, und sie ist dunkel, und sie ist ohne Licht, Meister. Aber in Wahrheit, gleichsam in der Tat, ist sie nur deshalb ohne Licht, weil ihr es nicht sehen könnt. In Wirklichkeit gleichsam in der Tat, ist dort Licht, ganz und gar zwingend, und ein solches Element namens Dunkelheit gibt es nicht ... außer gleichsam in der Tat in den verschlossenen Manifestationen unserer Herzen, in der Tat unseres Geistes <spirit>, unserer Seelen, unseres Verstandes <mind, auch: Denkhaltung>. Laßt es Licht werden, und ihr werdet Licht sehen!

Und siehe, vor euch gleichsam in der Tat, seht ihr eine gewissermaßen eine große und prachtvolle Straße. Und siehe, ihr werdet sie hinunterschauen und erkennen, daß sie asphaltiert ist, in der Tat Meister, mit einem einzigen fortlaufenden Granitstein. Sie hat keine Unterbrechungen. Sie hat keine Fugen. In der Tat, sie hat keine durchtrennenden Nahtlinien, durch die sie zusammengefügt würde. Sie hat keinen Mörtel gleichsam in der Tat, der sie zusammenhalten würde. Und in diesem Reich gibt es kein anderes Fleckchen Erde, Meister, das gerader, feiner und glatter und kühler wäre, gleichsam in der Tat, als diese marmorne Straße. Und ihre Farbe, Meister, ist von einem rosigen Ton. Fühlt sie unter euren Füßen. Sie ist so richtig kühl. Sie ist so richtig gleichsam in der Tat angenehm. Denn gleichsam in der Tat in nur einem Augenblick habt ihr entdeckt, daß ihr barfuß seid und keine Sandalen an euren Füßen tragt. Warum würdet ihr wohl gleichsam in der Tat Gefallen an einer harten Sole an euren Füßen finden, wenn ihr doch die Kühle und Glattheit dieses rosigen, gleichsam in der Tat, Marmors haben könntet, der unter euch ist. Und wenn ihr euch gleichsam in der Tat an der edlen Architektur erfreut ... gleichsam in der Tat und auch an der Bauweise, wie ihr es bezeichnet, dieser so überaus prächtigen gleichsam in der Tat Straße, dann werdet ihr deutlich erkennen gleichsam in der Tat, daß es hier ein großes Reich gibt und auch große Tore, die auf eure Ankunft warten.

Ich möchte, daß ihr den Namen dieses Reiches wißt und ihn euch merkt. Es heißt Sacreah. Sacreah. Und was meint ihr, daß das bedeutet, Meister? Es bedeutet “Das Königreich der QUELLE” <auch: Urquelle/ Ursprung>. QUELLE! Das ist es, was es bedeutet ... QUELLE. Laßt uns nun weiter vorangehen. Es gibt hier vieles, was ich euch zeigen möchte.

Und bevor wir uns gleichsam in der Tat noch lange entlang der Straße dieses so marmornen und wundervollen Ortes aufhalten, sind wir schon an den Toren. Und sie sind massiv sowohl in ihrer Schattierung, wie auch in ihrer Farbe. Die Farbe gleichsam in der Tat dieser Tore, in der Tat Meister, ist ein Blattbronze, und wenn ihr richtig nahe hinseht, gleichsam in der Tat, werdet ihr das Scharnier sehen gleichsam in der Tat, bei dem nahezu gleichsam zehn Männer mit ihrer ganzen Körperkraft nötig wären, um es zu öffnen, nichtsdestoweniger laßt es uns öffnen, und wenn wir es berühren gleichsam in der Tat, öffnet es sich vor uns.

Und was ist es, das ihr hört und riecht und seht? Ahh ... laßt uns davon absehen, gleichsam in der Tat hier noch länger stehenzubleiben, und laßt uns all die Dinge erforschen, die da gleichsam in der Tat vor uns dargeboten sind. Welcherlei Dinge sind dies?

Da sind die Stimmen gleichsam in der Tat von Tauschhandel treibenden Männern zu hören, in der Tat. Da sind Verwünschungen und Wortwechsel zu hören, und in der Tat, und es sind gleichsam in der Tat wunderschöne, verschleierte und unverschleierte Frauen zu sehen.

Klänge ertönen von den Terrassen herab und von Lyren, und Musik, die gleichsam in der Tat von fernen Königreichen hergeweht kam. Und Gärten gleichsam in der Tat in voller Blüte. Und überall tauschte man und traf man sich und wurde Handel jeder Art getrieben in Sacreah.

Und warum, fragt ihr, findet all dies statt? Sind wir gleichsam in der Tat denn nicht eingeladen? Aber natürlich sind wir eingeladen! Sie warten schon gleichsam in der Tat, um uns die Straße der Waren hinunterzugeleiten. Waren! ... gibt es da ... Waren!

Vieles möchte ich euch zeigen. "Du dort, entschuldige bitte und führe doch deinen Esel aus dem Weg, damit wir unsere Reise, bescheiden wie sie ist, fortsetzen können." Und stört euch nicht daran, daß sich der Staub gleichsam in der Tat fein in der Luft verteilt und euch zum Husten reizt. Nehmt einfach gleichsam in der Tat das Tuch aus eurer Gesäßtasche und wischt ihn von eurem Mund und eurer Nase, und unsere Reise, laßt sie uns nun bitte fortsetzen.

Während wir gleichsam in der Tat die Straße der Waren hinunterspazieren, werdet ihr bemerken gleichsam in der Tat, daß rechterhand eine Frau steht gleichsam in der Tat, die sich in allen Farben bemalt hat. Sind doch ihre Lippen recht bizarr in ihrem Scharlachrot. Und ihre Augen gleichsam in der Tat sind bis zum äußersten Winkel ihrer Ohren und Schläfen mit Khol bemalt. Und <seht> auf ihr Haar, das schnurstracks nach hinten gezogen ist gleichsam in der Tat, und das verflochten ist mit Juwelen und Schmuck und sogar Glöckchen, infolgedessen sie jedesmal, wenn sie mit ihrem Kopf nickt, von einem Klang süßer Melodie umgeben ist. Und was sind ihre Waren?

Nun, Meister, seht genau hin. Seht nur, womit sie Handel treibt! Sie klatscht in ihre Hände und vor euch erscheinen gleichsam in der Tat, schöne Frauen, die der Reihe nach kommen. Da sind Nubierinnen, da sind Nordländerinnen, in der Tat, da sind jene gleichsam in der Tat von Crater, da sind jene gleichsam in der Tat, die aus dem Süden stammen. Und sie alle gleichsam in der Tat haben funkelnde und verführerische Augen. Sie haben kupferfarbenes Haar gleichsam in der Tat, und sonnenhelles Haar, und schwarzschimmerndes Haar, und rabenschwarzes Haar, und braunes Haar. Und ach! ihre Haut gleichsam in der Tat hat die Blässe von Safran, in der Tat, von Sahne, in der Tat, gleichsam in der Tat ist von Bronze. Und ihre Augen sind umrahmt von allerlei Sachen, die schwarz wie Kohle sind, bis hin zum azursten Blau. Und sie haben sich gleichsam in der Tat mit solcherlei zarter Seide und glanzverleihendem Gold geschmückt, daß es für das Auge ganz und gar verlockend ist.

Und als da gleichsam in der Tat die Herrin dieses ersten Geschäftes dort auf der Geschäftsstraße der Waren in ihre Hände klatscht, beginnen sie Wiegenlieder solcher Art zu singen, daß sie sich besänftigend auf die Seele legen. Und nahezu alle von euch, die sich hier mit mir eingefunden haben, sind versucht gleichsam in der Tat, von ihrer Reise abzusehen und dazubleiben, und sich von hier eine ganze Weile nicht loszureißen, und zwar nicht nur um der lieblichen Musik und den Klängen zu lauschen, sondern auch um Schönheit in ihrer ehrerbietigsten Gestalt zu schauen.

Und was ist es, das diese Stelle auf der Geschäftsstraße der Waren zu etwas so Wunderlichem macht, in der Tat? Daß diese Madam nämlich gleichsam in der Tat, die vor uns die wunderschönsten Juwele der Welt präsentiert hat, und sie auch voller Liebreiz sind, daß es sie aber überdies für einen Preis gibt, Meister. Schaut in euren Taschen nach. Wer von euch gleichsam in der Tat besitzt eine Rupie, eine Gnadengabe gleichsam in der Tat, um bezahlen zu können, denn ihr Preis, gleichsam in der Tat, für diejenige mit dem kupferfarbenem Haar ist nahezu eintausend Gnadengaben. Siehe, da schaut ihr in eure Taschen und besitzt nichts! Und siehe, da durchsucht ihr wild gleichsam in der Tat eure Ärmel. Überprüft auch eure Zehen und seht nach, ob ihr dort einen mit Edelsteinen besetzten Ring tragt, der den Augen verborgen ist. Vielleicht an euren Fingern. Schaut doch einmal gleichsam in der Tat auf euren Gürtel. Was habt ihr auf eurem Gürtel? Ist er mit ausreichend Gold besetzt, daß er als ein guter Tauschpreis gelten würde, um für ein solches Juwel zu bezahlen. Ihr besitzt gar nichts?

Ach, jammerschade, Ramtha hat uns als arme Bettler auf diesen Weg geführt, und hat uns gleichsam in der Tat mit solch liebreizenden Wesen herausgefordert, daß uns der Schaum vor dem Mund steht, und nichtsdestoweniger hat er uns nicht einmal einen Pfennig zukommen lassen, damit wir uns an ihrem Lied und ihrer Schönheit und der Güte ihrer Berührung erfreuen könnten. Oh, du grausamer Ramtha, du Zauberer des Osten. Warum hast du uns das nur angetan!

Und ach, jammerschade, dies will ich euch sagen ... ihr habt gleichsam in der Tat nicht die Gnadengaben, um zahlen zu können, oder die Rupien, oder das Gold? Dann ist es gewiß, daß ihr hier nicht bleiben könnt und auch nicht irgendwelche dieser Dinge haben könnt, oder teilhaben könnt an dieser Lieblichkeit oder ihrem Lied. Denn ihr könnt den Preis nicht bezahlen.

Vielleicht können wir einen anderen Ort ausfindig machen. In der Tat, und vielleicht werden sie dort die rauhen Wollsachen, die ihr auf eurem Rücken habt, eintauschen für das, worin auch immer die Freude und Wirklichkeit liegen mag, die euer Herz lockt! Laßt uns doch weitergehen. Nun kommt schon weiter! Kommt schon! - Eile dich, bewege deinen Esel von der Straße weg. - Kommt, laßt uns weitergehen! Dort ist noch ein anderer Stand, zu dem ich euch führen möchte.

Ahh, was ist dies für ein Stand. Laßt uns doch die Straße überqueren und treibt gleichsam in der Tat die Gänse aus eurem Weg, damit ihr nicht auf sie tretet und ihr wegen eurer Handlung die Kinder dazu veranlassen würdet, auf euch zu lästern und zu zanken. Laßt uns die Straße überqueren.

Und was können wir hier nicht alles sehen! Ohhh .... ahh ... Und was ist mit dem kleinen Mann, der da erscheint. Ist seine Haut nicht sonnengebräunt im tiefsten Braun. Und dann sein Haar, gleichsam in der Tat, ist buschig und schwarz. Und seine Augenbrauen verbergen gleichsam in der Tat schmale und kleine Augen. Ist er nicht ebenfalls ein Gott. Und warum gleichfalls in der Tat hat er seine Hände zusammengefaltet, auf denen große Geschwüre sind, wohl deshalb, weil er uns herbeikommen sieht. Vielleicht sieht er so etwas wie ein gutes Geschäft auf sich zukommen. Oh laßt uns zu ihm hinübergehen.

Und was, freundlicher Herr, hast du, das du diesen sich mir Anschließenden, dieser meiner buntgemischten Schar anbieten kannst. Ahh ... Teppiche. Nun seht euch doch bitte nur einmal derlei Teppiche näher an. Hatte Hatosulous solch einen Teppich gehabt, auf den er seine Füße hätte stellen können? Und wie ist es mit dem Pharao? Hatte er je derart phantastische Perserteppiche, um damit seine Hallen zu dekorieren, in der Tat, seine Gärten? Oh nein. Wenn er sie gehabt hätte, dann wäre die Welt heute an einem anderen Punkt, das versichere ich euch.

Laßt uns diese Teppiche betrachten. Da gibt es karmesinrote Teppiche. Da gibt es azurblaue Teppiche. In der Tat! Da gibt es

Teppiche in allen Farben, und solche Bildwerke und wunderschöne Muster darauf, und diese Webkunst! Und der Teppich, den ihr gerade mustert und den der kleine Mann gerade mustert, benötigte für seine Herstellung nahezu zwölf Jahre. Solch eine Qualität wird man nirgends sonst finden. Solch eine Qualität! Und wer könnte da widerstehen und würde seine flinken Finger und seine flinken Zehen nicht in solch eine Behaglichkeit hineintauchen. Und wer könnte wohl widerstehen, solch eine Farbe besitzen zu wollen, um damit auch nur die einfachste Behausung zu schmücken. Und welchen Preis verlangst du, alter Mann? Wofür würdest du deine feinsten Waren tauschen? Ach ... ach ... zwölfhundert Rupien. Schaut in euren Beutel. Wer von euch besitzt zwölfhundert Rupien? Ach ... ihr habt nicht einmal einen Pfennig in eurem Beutel. Ihr seid am Verzweifeln und verwünscht mich! Hmm.

Alter Mann, meine Schar, arm wie sie sind und hilflos wie sie sind, kann sich deine Waren nicht leisten. Doch wir haben hier Halt gemacht gleichsam in der Tat, um uns an deren Schönheit zu ergötzen und um gleichsam in der Tat einem solchen Künstler wie dir zu huldigen, der etwas Derartiges anfertigen kann, daß es eine Seele dazu verlockt, die Straße zu überqueren.

Und höre ich da tatsächlich gleichsam in der Tat, leise unter ihrem Atem, Verwünschungen und Gezänk gegen Ramtha? Hmm. Ich glaube tatsächlich, ich habe hier ein Zeichen ... vielleicht von Bitterkeit, von Durchtriebenheit entdeckt ... Ahh, meine geliebten Brüder, wenn ihr nicht die Pfennige oder die Rupien habt, um solch einen schönen Teppich in seinem Scharlachrot und seiner Herrlichkeit bezahlen zu können, dann müssen wir weitergehen. Und vielleicht werdet ihr dann die Wollsachen auf eurem Rücken für einen anderen netten Gegenstand eintauschen, auf den wir stoßen auf dieser Straße der Waren in dem Reiche von Sacreah.

Nun beeilt euch aber. Verweilt dort nicht länger. Es liegt ein Zweck in all diesen Dingen. Macht schnell!

Ahh ... was gibt es nun hier. Hmm ... was ist dieser Geruch, auf den ihr mich hinweist? Es ist nicht vergammelte Milch! Es ist Käse. Käse! Ihr alle mögt Käse. Und was riechen wir? Alles riecht hier. Machen diese Gerüche gleichsam in der Tat den Magen etwa nicht hungrig! Bereiten sie gleichsam in der Tat dem Magen etwa kein

Vergnügen!

Ahh. Laßt uns zu dem Käsemacher gehen. Vielleicht wird er Erbarmen mit meiner kleinen Schar haben, die derart Huldigungen erweisen und ... derart arm sind. Käsemacher! Ahh ... da bist du. Bringe deinen feinsten Käse herbei. Ich will nachschauen, ob irgendeiner von uns wenigstens einen Pfennig hat, um eine Scheibe davon zu kaufen. Du verkaufst ihn nicht für einen Pfennig? Für wieviel verkaufst du ihn denn? Ach! Entsetzlich! Das ist Straßenraub! Drei Rupien für eine Schnitte! Und wer zahlt solche Preise. Jeder?? Hmmm ... Nun, was hast du eventuell für einen Pfennig? Oh gräßlicher Mann, hast du denn kein Herz und keine Seele im Leib! Wie kann man jemandem das zu essen geben! Ich würde es nicht einmal den Ratten geben, die sich gleichsam in deinem Keller tummeln!! Nimm es bloß zurück! Was für eine Abscheulichkeit, meiner Schar solch saure und bittere Sachen zu geben. Also nicht einmal der Maulwurf würde das haben wollen! Was?? Was sagtest du?

Nun denn, ich muß zu einer Entscheidung kommen. Ich muß euch noch einmal fragen. Hat irgendjemand von euch drei Rupien, drei Pfennige, irgendetwas, das uns auch nur ein wenig von den Waren des Käsemachers einbringen würde? Na kommt schon, schaut nach ... vielleicht habt ihr ein einziges wohlgefälliges Ding dabei, das wir gleichsam zu Geld machen könnten und somit uns allen eine Scheibe kaufen könnten. Keiner von euch? Womit sollen wir alle unsere Mägen verköstigen am heutigen Tage auf diesem Ausflug in Sacreah? Hmm. Nicht ein Ding, eh? Nimm deinen verdorbenen Käse und lege ihn an einen finsteren Ort, Meister. Und biete ihn ja nicht irgendeinem unglückseligen Herumstreuner an, der gleichsam in der Tat vielleicht sogar an deine Türe klopft, und verwünscht sei dein Unternehmen.

Kommt laßt uns weiterziehen. Was haben wir hier als nächstes. Nun kommt doch und laßt uns weiterziehen. Wir wollen an diesem Ort nicht eintreten. Nun laßt uns doch weiterziehen. Wir werden an diesem Ort nicht eintreten. Nun laßt uns schon weiterziehen. Wir werden an diesem Ort nicht eintreten! Kommt weiter!

Ahh ... was ist es, das man da riecht? Eine Braterei. Schnüffel. Was ist es, das man da riecht? Es ist Fleisch und dazu die starke Andeutung von Knoblauch und Öl. Oh, ich Unglückswurm! Laßt uns zu der Braterei gehen. Vielleicht haben sie dort eine milde Gabe für eine so buntgemischte Schar, wie es die unsrige am heutigen Tage zu unseren Zeiten ist.

Bitte, freundlicher Herr, wozu lassen sich deine Weinblätter verwenden und womit füllst du sie, und wieviel mögen sie wohl kosten? Ein Pfennig? Ahh ... vielleicht haben wir einen Pfennig. Laßt uns doch einen Pfennig finden. Wir haben keinen Pfennig? Nur einen Pfennig! Ich sende dir einen Pfennig. Oh, aber freundlicher Herr, ich habe deine Braterei schon weit bei den Toren von Sacreah gerochen! Und ich muß dich beglückwünschen zu deinen Ölen und deinem Knoblauch und zu der Köstlichkeit, zu der du sie zubereitest. Und ich muß sagen, gleichsam in der Tat mit aller Wertschätzung und Wahrheit und Aufrichtigkeit, daß ich noch an keinem Laden vorübergekommen bin, so einnehmend wie der deine, so würdig wie der deine, so gut wie der deine, und bestimmt könntest du, angesichts solcher Empfehlungen und solchen Geschäftsgebahrens gleichsam in der Tat vielleicht nur eine geringe Menge erübrigen, damit ich meine kleine Schar verköstigen kann? Denn sie sind sehr hungrig und wir sind dessen überdrüssig geworden, den ganzen Tag schönen Sachen ins Auge zu schauen und sie nicht zu haben.

Was für ein gütiger Mensch du bist. Was, ein .... Was sagst du da? Hmmm. Wenn du es dir so vorstellst, dann muß ich einen Augenblick darüber nachdenken. Ich habe sehr wenige in dieser Schar, die gewillt wären, hereinzukommen und zu lernen, ein Koch in deiner Braterei zu sein. Siehst du ... ich bin mir sicher, daß ihre Mägen noch nicht hungrig genug sind, als daß sie lernen wollten, ein Handwerker wie du zu sein. Nur ein einziger? ... Ich sehe tatsächlich nicht einen unter uns, der gewillt wäre, in deinem kleinen Unternehmen tätig zu sein, damit sie zu ihrem Mahl kämen.

Siehst du ... sie haben es nicht gelernt, ein Handwerker zu sein, wie du es bist. Sie haben sich nicht ernsthaft die Mühe gemacht, all die herrlichen Dinge zu haben, die du hast, und ... und ganz besonders fiel mir die ähm ... man könnte sagen Geschicklichkeit auf, mit der du deine Speisen darbietest. Sehr zu dem Ansehen deines Unternehmens hast du ausgesprochen tüchtig für dich gesorgt. Du hast einen überaus wichtigen Punkt zur Sprache gebracht, das ist gewiß! Und was meine Schar betrifft, ich denke wir müssen unsere Schar zu einem anderen Ort weiterführen. Ich bin erfreut darüber, daß du uns an diesem Tage mit deinem Wohlwollen beehrt hast und uns einen kleinen und einen ... wahrscheinlichen Grund für unseren Mangel an Geldmitteln aufgezeigt hast. Sei versichert, daß du überaus gesegnet bist, denn du hast uns mehr als Essen gegeben. Du hast uns Weisheit gegeben.

Kommt, meine werte Schar, ich möchte euch zu einer anderen Stelle führen. Ihr mögt den Ort nicht, an den ich euch geführt habe? Wenn ihr den Wunsch habt achtzugeben, dann werdet ihr erkennen! Ihr habt mich verwünscht? Es gibt keine Stühle oder Bänke? Nur den Erdboden gibt es? Und was wollt ihr, daß ich euch biete? Was gleichsam habt ihr euch verdient? Wir haben Marmor und Bänke nicht verdient, denn wir haben nie herausgefunden, wie man sie macht. Wir haben gleichsam in der Tat feinen Rasen nicht verdient, denn wir haben nicht gelernt, ihn zu kultivieren. Wir haben gleichsam in der Tat die Pflanzenwelt nicht verdient, denn wir haben nichts über ihre Schönheit und ihre Geheimnisse in Erfahrung gebracht. Und was einen Teppich anbetrifft, nun ... was kann ich euch sagen, außer vielleicht diesem ... Wenn ihr bisher nicht die Rupien hattet, ihn zu kaufen, wäre es demnach weise von euch gewesen, ihn anzufertigen. Und da ihr gleichsam in der Tat nicht die Kreativität besessen habt, um in diesem Reiche tätig zu sein, um unsere eigenen Teppiche herzustellen, haben wir keine Teppiche. Und betreffend jene lieblichen Dinge gleichsam in der Tat und die wunderschönen Frauen mit all ihren Farben und ihrem Mysterium und ihrer schlangenhaften Schönheit ... nun, warum würdet ihr sie an einen solchen Ort bringen wollen, den ihr ja noch nicht einmal für euch selbst hergerichtet habt.

So nehmt ruhig auf diesem harten Erdboden Platz. Und vielleicht gleichsam in der Tat, werden die Polster von Beleibtheit und Fettleibigkeit, die sich nach wie vor um euer Hinterteil herum befinden, euch ein bequemeres Sitzen ermöglichen, als jemandem, der sie nicht hat.

Euch gefällt dies nicht? Warum ich euch zu der Straße der Waren und dem Reiche von Sacreah gebracht habe?

Ich möchte es euch zeigen, und hört mir gut zu: Alle von euch haben sich alle diese Dinge gewünscht - und MEHR -, die es auf der Straße der Waren in Sacreah gibt. Es ist ein Königreich, Meister, das alle

Dinge besitzt. Und ALLE! .. Dinge, die einen vorstellbaren Gedanken besitzen, haben einen Platz in Sacreah, alle Gedanken und geistig vorgestellten Dinge haben ihren Platz in Sacreah.

Und warum, und wer sind die Leute in Sacreah, die solche Herrlichkeiten, solche Edelsteine, solche Mysterien, solche prächtigen Dinge kaufen, gleichsam in der Tat, für die ihr nur wenig Erklärung habt. Und warum tun sie all dies in Sacreah? Weil sie aktiv sind in Sacreah! Die Frau gleichsam in der Tat, die sich mit Farben und Glöckchen schmückt, hat die Mittel, gleichsam in der Tat genügend Rupien, um gleichsam in der Tat die feinsten Teppiche von unserem kleinäugigen Mann zu kaufen und sie auf den Boden zu legen, damit es die Schönheiten ihres Unternehmens komfortabel haben. Und der kleinäugige Mann gleichsam in der Tat hat die Pfennige, um gleichsam in der Tat den feinsten Käse vom Käsemacher zu kaufen, um sich zu ernähren und sich im Hinblick auf seinen Körper gleichsam in der Tat gesund zu erhalten. Und jener wiederum hat gleichsam in der Tat die Pfennige, um Fleischspeisen zu kaufen, die in Knoblauch und Öl eingetaucht werden und die auf riesigen Weinblättern serviert werden, so daß er sich zufriedenstellt, währenddessen er seinen Käse herstellt.

Und alle von uns gleichsam in der Tat, die diese mystische und magische Straße von Sacreah hinuntergegangen sind, und die wir nicht einen einzigen Gegenstand in unseren Taschen oder unseren Beuteln haben, oder an unseren Gürteln, oder einen einzigen Edelstein gleichsam in der Tat, der unsere Zehen oder unsere Finger oder vielleicht sogar unsere Nase ziert ... wir sind eine wertlose <unwürdige> Schar! Wertlos, Meister, insofern, weil wir gleichsam in der Tat nicht einmal den schlichten Wunsch haben, die Kunst des Braters zu lernen, um uns dadurch zu ernähren.

Und das bringt uns zu einem überaus wichtigen Punkt dieses Nachmittags, und der ist folgender: In dem Reiche von Sacreah zu leben heißt, *aktiv* darin tätig zu sein. Es bedeutet, aktiv in der QUELLE tätig zu sein! Wenn ihr nicht in der QUELLE rege seid, meine geliebten Brüder, dann seid ihr rege im Mangelhaben, so wie ihr es jetzt gerade seid. Und alles, was ihr für euch zusammenbekommt ist harter und bitterer Boden. Und Staub, gleichsam in der Tat, der eurer Zunge und euren Lippen die Feuchtigkeit nimmt, und zwar deshalb, weil ihr es beim *Wünschen* belaßt und nicht aktiv in Hinsicht auf eure Sehnsüchte seid.

Das Reich von Sacreah ist für alle offen, die seine Tore schlicht und einfach berühren. Sie öffnen die Tore nicht *gewaltsam*, sie berühren sie. Und die Herrlichkeiten und der Zauber und die Lieder und die Gerüche und die Hitze und die Schatten und die Farben, die alle flammend und blühend sind in diesem Königreich, sind alle für euch vorhanden. Und viele von euch, gleichsam in der Tat, sitzen auf ihrem dürren Hinterteil und verkünden lauthals, daß die Wünsche gleichsam in der Tat nicht in Erfüllung gegangen seien! ... und dennoch, gleichsam in der Tat, bleibt ihr weiterhin unbeweglich stehen, und dennoch seid ihr nicht bereit, hinauszugehen und gleichsam in der Tat die einfache Braterlehre zu machen, um damit anzufangen, euren Magen zu verköstigen; so daß ihr euch voranarbeitet gleichsam in der Tat vom Käsemacher zu den feinen Teppichen, zu den schönen Frauen und zu allen anderen Dingen, die es da gibt in Sacreah.

Sie sind aktive Meister. Sie haben die Kunst dessen, was sie tun, gemeistert. Sie haben die Kunst des angemessenen Darbietens ihrer Waren gemeistert. Und, Meister, sie haben die Kunst des Meister-Werdens gemeistert! Und sie wissen eine ganze Menge gleichsam über einen Un-Handel, wie ihr ihn ihnen geboten habt. Nichtsdestoweniger haben sie euch geliebt und haben euch in ihrer Weisheit auf euren Weg weitergeschickt, euch Weinerliche, euch Jammernde, euch Fluchende und euch Zankende. Denn in ihrer Weisheit wissen sie, Meister, daß, sobald der Boden zu hart wird und das Fett am Hinterteil weggescheuert ist und die Knochen sich am Boden stoßen, daß ihr vielleicht dann zu diesem Zeitpunkt sagen werdet: "Dies ist es, was ich ersehne. Und die Türe hat sich für mich geöffnet. Und ich werde in einen leeren Laden in Sacreah hineingehen und ich werden ihn gründlich saubermachen und ihn für das hellste Licht blank polieren. Und ich werde meine einfachen Waren in einer großartigeren Aktion anbieten. Und siehe, dann wird die ganze Welt gleichsam in der Tat sich vor mir regen müssen, jeder und alle gleichsam in der Tat, jedwede Ware, jedwede Herrlichkeit, jedwedes einzelne Wesen, Ding ... auf großartigere Weise, als ich es tue." Und sie alle wissen dies.

Und sie alle wissen dies. Und der Boden, auf dem ihr sitzt, bekümmert sie nicht, sondern sie lieben den Boden, auf dem ihr sitzt.

Denn beim aktiven Handeln, Meister, wird er euch anspornen zu größeren Höhen und zu größerer Partnerschaft mit all den anderen Meistern in Sacreah.

Nun, ich sage euch: Keiner in dieser Schar möge mir vorseufzen, er sei vernachlässigt worden oder es sei ihm ein Streich gespielt worden gleichsam in der Tat von einem all-liebenden Gott! ... denn er ist ein Dummkopf. Alle in dieser Gruppe, Meister! Alle <sind> Gott! Und wenn sie beschließen, töricht zu sein, gleichsam in der Tat, und ihre lieblichen Tage an einem ausgedörrten Ort zu vergeuden und ungenutzt verstreichen zu lassen, dann haben *sie* diese Wahl getroffen und nur sie.

Wenn ihr innerlich bereit seid, gleichsam in der Tat, zu einem größeren Ort der Erkenntnis und des Verstehens zu gelangen, und ihr bereit seid *weiterzuschreiten* <euch in Bewegung zu setzen> ... dann bereiten wir einen Platz für euch vor. Aber ereignen wird es sich durch euer eigenes Werk und eure eigene Herrlichkeit und eure eigene Vision - Höchster Göttlicher Gott, der individuell nach seiner Vision handelt, damit sie vollbracht wird - und auf keine andere Weise.

Wir sind Diener des Gottes, nicht des Intellekts, Meister. Wir sind Diener in der Tat des Christus, nicht des Begrenzten Egos, Meister. Wir sind Diener der Bruderschaft, nicht der Dummköpfe, Meister; und dies ist, wie es ist.

Sitzt ruhig weiter auf eurem Boden, und wenn ihr gleichsam in der Tat der leeren Hand, des leeren Gürtels, der leeren Tasche überdrüssig seid und es überdrüssig seid, keine Juwelen zu haben, um sie gleichsam in der Tat auf eurem Zierat anzulegen, dann werdet ihr euch in Bewegung setzen und *wir* werden den Geschäftsladen bereitmachen, und dies ist, wie es ist in Sacreah.

* * *

Kapitel 23

DER WIND

Der Wind zu sein bedeutet, eine Höchste Essenz zu sein. Denn der Wind ... seht ihn euch an. Seht euch an, was er hinter euch macht. Seht ihr? Ihr seht die Auswirkungen seiner Bewegungen, doch seine Bewegungen seht ihr nicht. Und dennoch, was da ist, ist dort drüben, und was dort ist, ist da drüben, und er ist energisch umhertreibend. Er treibt all die Wolken umher, spielt mit dem Haar einer jungen Frau, und spricht zu euch.

Tief über den Wind nachdenken bedeutet, eine Essenz zu werden, die wild und sich frei bewegend ist, die allumfassend ist, die keine Grenzen besitzt, die keine Form hat, Wesenheit. So daß alles, was sich im Wind befindet, seine Form IST.

Wenn andere gleichsam in der Tat ein Ideal für ihr eigenes Gottheit-Werden ins Auge fassen, dann haben sie immer nur das ins Auge gefaßt, was man als die Gott-Persönlichkeit bezeichnet, die der *Mensch* erschuf. Und wie wird dann ohne Zweifel dieses Gottheitsideal aussehen? Es wird einen schönen Körper haben, wundervoll, muskulös ... ausgestattet, liebreizend, aber außerdem ist es auch eingegrenzt.

Nun, wieviel kann eine solche Wesenheit zustandebringen, gleichsam in der Tat? Diejenigen, die ihre Ideale *danach* ausgerichtet haben, wurden zu diesem Ideal, und hinfort ist die Menschheit in das "Ideal" des Image weitergeschritten.

Wenn jemand den Wind <als Ideal> ins Auge faßt, Meister, dann wird er zu einer Essenz, die nicht mehr eingegrenzt ist ... die man nicht sehen kann, die man fühlen kann. Das ist magisch und wundervoll und erforscherisch und abenteuerlich.

Als ich der Wind wurde, Wesenheit, wurde ich *alles*. Ihr kennt doch die Götter, die sich so große Mühe geben, schön und eindrucksvoll in ihren Körpern auszusehen ... Ich werde herbeikommen und ihnen ihre Haare durcheinander wehen. Und alles, was ihnen dazu einfiel, war, mich zu verwünschen.

Nun ... der Wind ist eine wundervolle Essenz. Und dies ist es, wie die Gott-Essenz des Lebens wahrlich ist! Er hat die größte Ähnlichkeit mit ihr. Das Leben ist immerwährend. Kann nicht gesehen werden. Machtvoll. Ehrfurchtgebietend. Schöpferisch. Abenteuerlich. Und wißt ihr, Meister, der Wind urteilt niemals über euch. Weißt du, Wesenheit, der Wind läßt euch niemals im Stich. Und weißt du, Wesenheit, der Wind wird, wenn ihr ihn ruft, zu euch kommen. Das geschieht durch Liebe.

Denkt nochmals über den Wind nach. Betrachtet seine Erhabenheit, seine Schönheit. Sprecht mit ihm noch öfter auf innige Weise. Ihr werdet ihn dabei erleben, wie er durch euer Fenster hereinkommt, gleichsam in der Tat, das sich auf wunderbare Weise am Abend öffnen wird, damit er eintreten kann. Und eines Tages, Wesenheit, wird er ein wundersames Licht mitbringen. Und das Licht gleichsam in der Tat wird wie Staub sein, der in eurem Abendrot glitzert. Das Licht, Wesenheit, wird die Formulierung eines, wie man es bezeichnet, weiterentwickelten Gedankens für euch sein.

Der Wind ist ein herrlicher Bote. Ich sende ihn los, und ich sende ihn zu denen, die seiner bedürfen.

Wie bin ich nun eigentlich auf das Thema über den Wind gekommen?

* * *

Kapitel 24

DIE GESCHICHTE VON MARIA

Ich werde euch eine kurze Geschichte erzählen. Es gibt einen Ort ... und von allen Orten in diesem Lande kommen sie zu den Küsten dieses Gebietes. Viele Gerüche gibt es dort, die scharf die Nase durchdringen. Und von all den Städten, die nahe am Meer gelegen sind, ist keine auch nur annähernd so scheußlich wie jener Ort namens Antiochia. Er ist gleichsam in der Tat von der Art, daß man dort möglicherweise alle Talente antrifft, doch sie bringen nicht nur ihre Schönheit und ihre Harmonie mit sich, sondern ebenso ihre Scheußlichkeiten. Und es herrscht große Armut in Antiochia. Gewiß, es gibt dort einige Staatsmänner, doch zu jener Zeit, in der Tat Meister, sind dort jene, die gleichsam in der Tat, die Freunde der Regierung und der sogenannten Römischen Herrschaft sind.

Das <ist es>, was im, wie es gleichsam in der Tat bezeichnet wird, Volk immerzu Ärger <und> all die Aufstände ausgelöst hat gleichsam in der Tat gegen die Tyrannei eines zuzeiten guten und zu anderen Zeiten böswilligen Oberherren, je nachdem, wer gerade die Herrschaft innehatte. Die Absicht, gleichsam in der Tat jenes Tyrannenrecht abzuschaffen, hatte da eine Gruppe namens Zeloten. Und sie waren von solch fieberhaftem Eifer, daß sie in ihrer Besessenheit oftmals lächerlicher und unterdrückender waren, als genau die Wesenheiten, die über sie herrschten!

Doch es gehen Gerüchte um, daß in einem Tempel in der Tat, daß im "Hofe der Frauen" Geschichten erzählt worden seien und Mitteilungen vorgelesen würden, die prophezeit worden seien gleichsam in der Tat. Viele, wie man sie bezeichnet, Prophezeiungen gibt es, über das Kommen eines großen Königs. Das Kommen eines großen Königs? Was wird das wohl zur Folge haben? Für wen ist der König? Ist er gleichsam in der Tat für Israel? Ist er gleichsam in der Tat für die Stadt Zenwo, und oh entsetzlich wäre es, wenn er für das sogenannte Ägypten ist, denn damit wäre alles verloren.

Im "Hofe der Frauen" gibt es eine überaus bewanderte Frau, auf deren Gesicht gleichsam in der Tat eine Herbheit des Wetters lag. Und da sind so etwas wie Grübchen gleichsam in der Tat, die das zieren, was man als Wange bezeichnet. Und die Gewänder, die sie trägt, sie sind aus uneben geschnittener Wolle, die gefärbt worden ist, und das gleichsam in der Tat bei weitem nicht in vollendeter Form. Doch sie hat ein Band, das sie gleichsam in der Tat um ihre Hüfte trägt, und dessen Farbe ist rot und schwarz, gewissermaßen die Farben eines Volksstammes.

Diese Frau gleichsam in der Tat hat an diesem Tage die Geschichte über eine gesegnete Wesenheit gehört, welche gleichsam in der Tat als Jungfrau einen König, der in die Welt kommen würde, gebären würde. Und während sie gleichsam in der Tat ihre Hände auf ihren Leib legt und auf ihn hinabsieht, hat sie, wenn auch nur für einen Augenblick, das zarte Gefühl, daß sie diese liebliche Frau, dieses Mädchen sein könnte.

Und das ist selbstverständlich keine Träumerei, denn sie trägt ein Kind in sich. Es ist wohl sicher, daß nicht sie diejenige ist, denn sie ist eine verheiratete Frau, nun schon an die acht Jahre. Und überdies hat sie bereits, wie es bezeichnet wird, zwei Söhne in ihrem Hause zur Welt gebracht.

Während sie ihre Hand auf ihren Schoß legt, da wundert sie sich ... was mag darin sein? Und wird sie den Stern schauen? Wird sie den König sehen und ihn kennenlernen? Und als gleichsam in der Tat die Zeit kam für den Gebetsgesang in dem Wind vom Tempel her, da wurde sie innerlich von einer großen Woge erfaßt. Ein Gefühl erfaßte sie, das sie in so große Ehrfurcht versetzte, daß sie ihr Gesicht auf die marmornen Fliesen niederlegte und weinte, und aus einem Grunde, den sie in ihrem Herzen nicht kannte.

Und als sie an diesem Tage den "Hof der Frauen" verließ, machte sie sich auf den Weg zu ihrem Wohnort und ging zu der, wie es bezeichnet wird, Hütte ihres Seins. Und dort gleichsam in der Tat blieb sie viele Augenblicke sitzen, in den Abend hinausstarrend, gleichsam in der Tat, die fernen, in Eintracht brennenden Lagerfeuer riechend, und sprach ihr Gebet - an Jehovah: Daß alles, was sie ist, in Erinnerung bleiben möge durch das, was sie nun unter ihrem Herzen trägt. "Daß, wenn dies Wahrheit ist, und ich glaube, daß dem so ist ... bitte, erweise uns die Ehre und die Huldigung, meine Kinder <den König> schauen zu lassen." Und es gab da nichts Außergewöhnliches am Himmel an jenem speziellen Abend, in der Tat. Und die Wesenheit ging, wie man es bezeichnet zu Bett und löschte ihre Öllampe und zog gleichsam in der Tat mit einem Griff die wollenen Vorhänge von ihrem Fenster zur Seite, damit sie in die Himmel hineinschauen könnte, während sie sich langsam in den Schlaf zurückzog.

Der Ehemann ihres Seins, in der Tat, der in einem fernen Lande großer Arbeit nachging, ist nicht bei ihr zu dieser speziellen Zeit.

Mit dem Vergehen und Vorüberziehen der Tage war da gleichsam in der Tat eine außergewöhnliche Erregung unter der Stadtgemeinde entstanden. Wie man sie verstärkt darauf aufmerksam machte, gleichsam in der Tat, stand da ein ganz ungewöhnlicher Baum. Dann, mit einer Bewegung gleichsam in der Tat, die sich nahezu bis zu den Abendstunden hinzog, erschien eine funkelnde Schönheit, die man am östlichen Teil des Himmels sehen konnte. Und solch ein Licht hatte sie nie zuvor gesehen. Und obgleich sie durch die Äste ihres Baumes hindurch nach oben schaute, um dessen Herrlichkeit zu sehen, konnte sie doch gleichsam durch die Blätter hindurch sehen, daß das, was dort oben stand, von mächtigem Umfang war. Und sanft stellte sie gleichsam in der Tat ihren Krug auf den Brunnen ... und ging wagemutig hinüber zu ihrer Linken und legte ihre Hände auf den großen Baum und schaute suchenden Blickes nach oben. Was sah sie? Etwas, das sich bewegte und blendete, war alles, was sie sah, und dennoch, in ihrem Herzen wußte sie, daß es ein großer Friede war, der in dieser Stunde seinen

Klang erschallen ließ. Und in dem Augenblick gleichsam in der Tat, als sie auf der Bank saß, die gleichsam in der Tat unter dem großen Baume stand, und zu dem Stern hinaufblickte, bekam sie einen starken Schmerz in ihrem Sein, eine Bewegung ... gewissermaßen ein sich Dazugesellen zu dem, was man dort in dem Stern erkennen konnte.

Sie ist müde. Madam. Sie ist müde. "Oh, ich weiß nicht, was mehr meine Aufmerksamkeit auf sich zieht. Ist es diese Schönheit ... oh! ... oder bist du es mein süßes Kind. Kommst du denn jetzt?" Wiederum bewegt sich das Kind. Die Mutter möchte den Stern nicht verlassen. Es ist Zeit zu gehen.

Die Wesenheit erhebt sich und bittet ihre Kusine, nach der Helferin zu schicken, nach der alten Frau, die nun schon bei all ihren Kindern Geburtshilfe geleistet hat, einschließlich bei ihrer eigenen. Diese kommt im Hause an, und gleichsam in der Tat jene schöne Wesenheit ist bereits inmitten ihrer Mühsal. Und in dem Zimmer gleichsam in der Tat ist ein stickiger Geruch, der süßlich ist, der getrocknetes Blut genannt wird. Und Öle brennen, Dinge sind auf dem Kohleherd und Dampf steigt auf, und man kann ein Stöhnen hören, wenn auch nur gedämpft. Doch bei all ihren Tränen und all ihrem furchtbaren Schmerz ist es etwas Liebliches, das da im Begriffe ist, ans Licht der Welt zu kommen, und das dem Stern gleichkommen wird, da ist sie sich sicher.

Mit einer letzten großen Anstrengung erscheint da gleichsam in der Tat mit einem Schwall von Wasser ... ein Kind, das sich in das Bett hinein ergießt. Und alle sind von Ehrfurcht ergriffen und in großer Freude darüber, daß sie von ihrer Bürde entbunden worden ist. Und was tat nun dieses Kind? Es ist bereits dabei, eine kleine Plage aus sich zu machen; es schreit gleichsam in der Tat so laut, daß alle, die sich in der Nähe versammelt haben, es hören können.

Und die Frau sieht den Säugling an, die alte Frau sieht den Säugling eingehend an, und sie macht ein größeres Licht, und sie betrachtet den Säugling noch eingehender, und das Baby schaut sie an, und die Frau sagt: "Dieser Säugling ist gezeichnet, eine böse Erscheinung in seinem Auge." Und sie steckt den Säugling gleichsam in der Tat in seine Kleider und drängt ihn in die Arme einer jüngeren Frau, und wäscht sich die Hände und macht sich fort, um nur ja nicht mehr von jenem verdammenswerten Ding, das zur Welt gebracht wurde, berührt zu werden.

Die Mutter ... sie blickt auf ihre Tochter, sie ist voll Liebreiz. Wenn auch ein Auge "verfärbt" ist, so sind sie dennoch voll Liebreiz. Man betrachtet des Gesicht ihres Säuglings, während sie die Wollvorhänge gleichsam in der Tat vom Fenster wegzieht, damit das kleine Kind den Stern anschauen kann. Und das tut es.

Von jenem Augenblick an werden jene Dinge nicht einmal verborgen getan, eine lange Zeit gleichsam in der Tat, in der die Tochter sich immerfort in schlimmem Mißgeschick befand, da jeder sie wegen der unterschiedlichen Farbe ihrer Augen ungerecht beurteilte. Hielten sie für eine derart böse Frau, daß sie gewissermaßen eine Ausgestoßene war und ihre Mutter nicht als deren Tochter in die Nähe des Brunnens begleitete, wohingegen alle anderen das Wasser zurückzutragen pflegten.

Diese brodelnde Engstirnigkeit der Frauen ... alle liefen auseinander und verbargen ihre Köpfe, damit sie nur ja nicht ihre fürchterlich häßliche Tochter ansehen würden. Und sie war betrübt darüber. Alles war betrübt darüber. Und sie tat ihr Bestes, um ihre Tochter zu beschützen.

Indessen wuchs das kleine Mädchen zu einer Frau heran. Und ihr Aussehen war wie folgt: Die Farbe ihres Haares gleichsam in der Tat war nicht dunkel, war eher gleichsam in der Tat von kastanienbraunem Schimmer mit rostbrauner Tönung. Und ein Auge gleichsam in der Tat war, was man als dunkel bezeichnet, und das andere war, was man als blau bezeichnet. Und ihre Stirn gleichsam in der Tat war fest, ihr Kinn, es war fest, und ihre Wangen, sie waren sanft. Doch die Härte gleichsam in der Tat der Jugend hatte sich stets als eine Blässe ihres Seins niedergelegt. Wenn auch ihre Schultern gleichsam in der Tat gerade waren und ihre Brüste aufrecht und fest waren, glaubte sie dennoch nach wie vor gleichsam in der Tat, daß sie, ganz gleich wie sehr sie heranwuchs und ganz gleich wieviel sie lernte, immer ausgeschlossen sein würde. Und das war sie.

Es nahte ein Ereignis gleichsam in der Tat, so daß die Zeit gekommen war, die Reise zu dem "Hofe der Frauen", zu dem Tempel zu machen. Die Jahresfeier. Die Tochter sollte gleichsam in der Tat mit der Mutter daran teilnehmen. Und alle haben sich mit ihren feinsten Leinen- und Wollkleidern und Halstüchern und Zierat von schlichter Art dafür bereitgemacht. Und an diesem Tage pflegten sie sechs Tauben in den Tempel mitzubringen, die weißesten die sie erwerben konnten, als Dank für die Güte, die ihrem Hause erwiesen worden war. Doch in weit stärkerem Maße war es für die Mutter Ausdruck des Dankes für die Güte, von der sie hoffte, daß ihr Haus sie erfahren würde. Denn wahrhaftig waren ihre Gebete bescheidener gewesen. Daß nämlich die Gnade gleichsam in der Tat dieses Gottes auf ihrer Tochter ruhen möge, denn ohne Zweifel mußte erst ein einziges Haus gefunden werden, das deren Schönheit gelten lassen würde.

Und auf der Straße, gleichsam in der Tat, zu diesem Ort, da gingen sie an einer äußerst gewandten, gleichsam in der Tat, und liebreizenden Wesenheit vorüber. Und diese brachte gleichsam in der Tat einen Sohn mit. Der Sohn gleichsam in der Tat war gerade seiner Mutter behilflich, die auf ihrer Reise ermüdet war, und bat sie, sich niederzusetzen. Und nicht weit davon entfernt gleichsam in der Tat war eine Wesenheit namens Maria und ihre Mutter. Das kleine Mädchen, das ihr Gesicht verbarg, stets mit Haß in ihren Augen, sah mit leuchtenden Augen zu dem jungen Mann. Er sah zu ihr zurück. Er sah sie an mit Augen, die so tief sind, ewiglich, mit einer Gesichtsblässe, die erkennen ließ, daß er ein Teil der Sonne ist; doch nur wegen seiner Augen, seines Blickes, war sie tief beeindruckt von ihm. Denn er wandte sich nicht ab, und er wies sie nicht in scharfem Ton zurecht, und noch dazu ist er solch ein junger Mann. Sie vergaß ihn nie.

Indessen hat die Mutter ihn nun wieder die Straße hinunter geleitet und Maria beobachtet ihn. Die Kleider der beiden sind von schlichtem Niveau, die den Staub von der Straße auf den Saum seines Gewandes befördern, und sie beobachtet ihn. Wenn er sich doch nur umdrehen und sie noch einmal ansehen würde ... und sie muß sich beeilen, ihr Gesicht zu verbergen, denn es ist nicht gut für eine Frau, sehnsuchtsvoll einen Mann anzuschauen. Und natürlich war es gleichsam in der Tat nicht ihre Wesensart, sehnsuchtsvoll zu schauen, denn jemand, der nach Liebe und Zuneigung und Angenommen-Werden gehungert hatte, ist einen harten Weg gegangen, das ist gewiß.

Algarion und ihre Tochter sind indessen gleichsam in der Tat unterwegs, um sich am “Hofe der Frauen” zu zeigen. Von Antiochia gleichsam nach, wie es bezeichnet wird, Jerusalem zu reisen, ist eine ziemliche Reise. Nur Wenige entlang des Weges, wenn überhaupt jemand, waren dabei behilflich, sich der einfachen und geringfügigen Bedürfnisse gleichsam in der Tat einer Frau und deren Tochter anzunehmen.

Bei ihrer Ankunft gleichsam in der Tat, war dort bereits das Jubelfest und Feiern in großem Gange, denn dies ist eine Zeit besonders starker Gefühle, und an diesen Tagen wallte das Blut. Und Mutter und Tochter wurden bei ihrem Bemühen, den Tempel der Frauen zu betreten, scharf zurückgewiesen, denn man bezeichnete sie als unrein. Und die Mutter wandte in tiefer Wehmut die Tochter um, und sammelte sich; die Tochter indessen, vor Rache und Feuer innerlich brennend, fluchte und spuckte auf die Treppen, gleichsam in der Tat, dieses gesegneten Hauses. Die Mutter ergriff ihre Tochter und drängte mit ihr hinaus, mit solch einer Enttäuschung und einem fürchterlichen Schmerz in ihrem Sein, angesichts einer solchen Zurückweisung, wie sie es nie zuvor gesehen oder gefühlt hat, und doch war es geschehen.

Auf dem Rückweg jedoch, als die Mutter ihre Tochter zur Ruhe gebettet hatte und ihr sanft das schöne Haar aus der Stirne strich, ihr in die Augen sah ... da sagte sie zu ihr: “Oh, Maria, die Menschen meinen nicht immer ... was sie tun. Du bist immer ein Glück für mich gewesen. Du weißt nicht, wie oft ich gebetet habe, ein Mädchen zum Kind zu haben ... und du hast mich nie enttäuscht. Es gibt andere Orte, an die wir gehen können. Und alle dort werden fähig sein, uns zu schätzen und uns einen Platz <zum Leben> einzuräumen. Schlafe, Kind. Schlafe. Es wird uns guttun, wenn wir dies tun.”

Wie nun die Tochter ihr Gesicht von ihrer Mutter abwandte, während sie gleichsam in der Tat auf dem groben Strohsack lag, da beobachtete sie, wie die sanfte Nachtbrise gleichsam in der Tat durch das kurze Gras wehte, das überall um sie herum wuchs. Und da ertönte ein leiser Aufschrei, und keiner hat ihn gehört ... Die Tochter hatte gerade erkannt, daß sie über ihre Mutter gleichsam in der Tat solcherlei Haß und Bitterkeit und Verzweiflung gebracht hat, und daß das einzige Gute im Leben der Tochter ihre Mutter war, und sie konnte es nicht ertragen, Schande über sie zu bringen.

Die Tochter erhob sich und nahm ihren Umhang ab und legte ihn zu ihrer Mutter. Es würde auch noch Wein vom Nachtmahl, genug Brot vorhanden sein, um für ihre Mutter zu reichen, da sie selbst nur sich brauchte, und sie ging fort.

Das kleine Mädchen, das in dem Alter von, wie es bezeichnet wird, zwölf Jahren war, machte ihre Reise zurück in die Straßen von Jerusalem. Und dort wurde sie von einem, wie man ihn gleichsam in der Tat bezeichnet, Kostherrn <Gastwirt> aufgegriffen. Und er nahm sie auf und zeigte ihr gleichsam in der Tat die Kunst des sich Dienstbarmachens gegenüber denjenigen, die nach mehr Bier verlangen, und er zahlte ihr gleichsam in der Tat einen geringfügigen Betrag für ihre Arbeit.

Von jener Stunde an, in der Tat Meister, wurde das Kind Maria zu der Frau Maria. Und bald schon begann sie zu entdecken, daß, wenn Männer von ihren Angehörigen oder ihren Frauen getrennt waren, daß dann deren ganze Aufmerksamkeit entschlossen auf sie gerichtet war. Und aufgrund der Schlauheit ihres Seins erkannte sie, daß sie ihren Lebensunterhalt dadurch bestreiten konnte, daß sie gleichsam in der Tat den, wie es bezeichnet wird, Vorteil und die Anmut ihrer Lieblichkeit ausnutzte, um ihren Weg zu machen. Und das tat sie.

Und Jahre vergingen. Und Zeiten vergingen. Und die Wanderungen eines Messias und seiner zusammengewürfelten, zerlumpten Schar sind zwar durchgefiltert, aber nichts von Bedeutung.

Und war nicht wieder geschehen, gleichsam in der Tat, daß sie den jungen Mann auf der Straße nach Jerusalem gehen gesehen hatte, aber sie erinnerte sich seiner.

Und bei all ihrer Jugendfrische und all ihrer Schönheit, brachte sie es zuwege, kein einziges Kind in ihrem Schoß zu tragen. Sie muß verdammenswert sein. Sie muß verflucht sein.

“Wenn man das Leben mittels Elend zu erlangen suchen muß, in den Hinterhöfen und Mauern, die alle Dinge verschleiern, was soll dann nur aus mir werden ... *je* aus mir werden?”

Es kam gleichsam in der Tat ein ungewöhnlicher Tag, als nämlich ein Werber erschien. Er ist gleichsam in der Tat ein, wie man es bezeichnet, hellenistischer Jude. Er ist ein Mann mit Vermögen und Besitztum, und er hat festgestellt gleichsam in der Tat, daß Maria von großer Schönheit ist, und er ist eine Art Sammler ... von solcherlei Schönheit. Und er hat sich entschlossen gleichsam in der Tat, sie zu bitten, ihm in seiner Sänfte Gesellschaft zu leisten ... was sie tut. Und er bietet ihrer Schönheit gleichsam in der Tat Platz auf einem Kissen, das von karmesinroter Farbe ist, und gibt ihr einen ganz beachtlichen Pfirsich. So nimmt sie also den Pfirsich und unterzieht ihn einer ganz genauen Prüfung, um sicherzugehen gleichsam in der Tat, daß er nicht nach irgendetwas anderem riecht, daß er nichts anderes als ein Pfirsich ist, oder daß ihm nichts eingespritzt wurde. Sie ißt ihn ohne weiteres Zögern. Und als er gleichsam in der Tat seitlich von ihrem Mund herabtropft, wischt sie es weg. Sie fragt ihn: "Wieviel wirst du mir für meine Gunstbezeigung zahlen?"

Der Mann schaut sie an, Gariell: "Was, wenn ich dich für keine Gunstbezeigung bezahle."

"Haa!" sie lacht. "Du bist ein Narr. Was hast du in deinem Geldbeutel. Was möchtest du, daß ich tue, dich schlagen? Was sollen wir tun, deine Haare ausreißen! Deine Haut zerkratzen! Da hast du den Pfirsich!"

Und er wischte sich den Pfirsich vom Gesicht. "Ich habe dich zu einem Ort gebracht und du kannst dort deine Gunst mit allen teilen ... und ich werde gut für dich sorgen. Aber ich werde dich nicht für mich haben, denn du bist Abfall unter meinen Füßen ... und wenn du dich doch darum bemühen solltest, jage ich, der ich Gariell heiße, dich zum Teufel."

Er packt sie bei ihrer Hand, in der Tat Meister, und biegt sie grob um und hinterläßt gleichsam in der Tat eine für immer verkrüppelnde Verletzung an ihrer Hand und eine Quetschung auf ihrem Arm. Und sie schrie auf.

"Fangen wir an!"

Zwei Wesenheiten kommen herbei gleichsam in der Tat, die sie zu diesem Ort führen, und dort gibt man ihr Opium und all die Dinge gleichsam in der Tat, die die Welt zu etwas Fremdem werden lassen. Und sie fängt damit an, wieder ihre Gunst zu vergeben gleichsam in der Tat, nun jedoch in einer strukturierteren Form.

Gleichsam in der Tat, es kommt der Tag, daß sie all dessen müde ist und durch die Straßen wandert, gleichsam in der Tat, als ein halbnacktes Geschöpf und in den Augen all derer, die sie sehen, sicherlich voller Verdorbenheit. Und siehe, sie beschließt gleichsam in der Tat, daß sie sich für eine kleine Weile im Zelt irgendeines Mannes niederlegt. Und als der Mann zurückkommt gleichsam in der Tat und sie dort liegend vorfindet, ist er entgeistert, denn jeden Augenblick gleichsam in der Tat werden seine Frauen zurückkehren und dieses arme, fürchterliche Ding hier liegen sehen.

Und während er sich sogleich umdreht, um hinauszugehen, in der Tat Meister, erscheint da ein anderer Mann, der ihm einen Besuch abstatten will. Und siehe, wie er umherblickt und sich umsieht, da entdeckt er Maria, die ausgestreckt daliegt gleichsam in der Tat in irgendeiner widerwärtigen Bekleidung, die ihm nicht gebräuchlich ist. Und er schaut den Mann an und er nennt ihn einen Ehebrecher. Der Mann sagt: "Ich weiß nicht, wo sie herkommt! Ich kam zurück und sie lag da! Ich habe nichts getan. Siehst du, mein Geldbeutel ist unangetastet."

Der Mann erwidert: "Du bist ein Ehebrecher nach dem Gesetz und jetzt ist ein Hoher Feiertag!"

Und bald schon hat sich eine große Menge versammelt. Und die Frauen kommen zurück, und sie mögen diese Frau nicht und nicht, daß deren Gestank sich in ihrem Zelt breitmacht. Sie schimpfen sie Ehebrecherin und fangen alsbald an, an ihr zu ziehen und zu zerren, und sie führen sie hinaus, und sie hat nicht in vollem Umfang Kenntnis über all das, was sich da zusammenbraut.

"Eine Ehebrecherin! Ehebrecherin!"

Und selbstverständlich gibt es in der Menge etliche, die sie im Hause von Gariell aufgesucht hatten und die sie nun auch Ehebrecherin nannten. Heuchler!

Sie bringen sie herbei, beschließen, daß die Bestrafung gleichsam in der Tat, die das Gesetz des Landes festlegt! ... Steinigung ist. Und es gibt eine Grube, die sie sich für Steinigungen so vielsagend ausgedacht haben. Sie ist holprig und wo immer man hinfällt, wird sie mit Sicherheit den Körper aufschlagen, denn sie besteht nicht aus Treppen und Stufen, sie ist aus Gesteinsbrocken und noch dazu aus zerklüfteten. Und die Wesenheit wird in den Graben gestellt und alle fangen zu werfen an.

Siehe, da erschallt gleichsam in der Tat ein mächtiger Schrei. Und alle drehen sich um, um nachzusehen, woher dieser Lärm kommt. Sie drehen sich um und aus der Menge taucht ein Mann von großer Gestalt auf, denn er ist größer als alle anderen. Und seine Haube ist nicht über seinen Kopf gezogen. Und sein Haar gleichsam in der Tat ist von feurigem Glanz. Und er tritt hervor, gleichsam in der Tat, mit glühenden Augen, die blau sind! Und er wirkt auf sie ein und er packt sie und er sagt: "Ihr Menschen Gottes! Wo ist der Mensch Gottes hier? Und niemand gibt eine Antwort, denn sie haben schreckliche Furcht vor diesem Mann.

Und Maria, sie dreht sich um und sie erkennt ... es ist der Mann von der Straße. Der junge Mann ist´s, der damals auf der Straße war.

"Oh ... wo ist meine Mutter? Wo sind jene Tage? ..."

Und der Mann schaut sie alle an, und er hat eine schreckliche Erscheinung an sich, die ehrfurchtgebietend ist. Er ergreift die Steine, und er schleudert sie zur Seite. Und er blickt auf sie.

"Wie viele von euch, ihr Männer Gottes, haben mit dieser Frau das Lager geteilt!"

Und bald darauf, gleichsam in der Tat, wandten sich die Köpfe ab, die Hauben wurden nach vorne gezogen und keiner wollte erkannt werden. Und er ging zu einem nach dem anderen und bot ihnen gleichsam in der Tat den gefährlichsten Stein an, und er sprach zu ihnen: "Herr, Mann Gottes, wenn du nicht mit dieser Frau geschlafen hast, wirf den ersten Stein." Und er übergab ihn jedem einzelnen, und sie wollten ihn nicht annehmen.

Und alle gleichsam in der Tat in herber Verlegenheit, mit Flüchen unter ihrem Atem, flohen vor dem Fremden, denn er ist ein abscheuliches Geschöpf, das ihre Herzen in Schrecken versetzt.

Er schaut hinab zu der Wesenheit namens Maria. Geht hinunter gleichsam in der Tat in die Grube, und er reicht ihr eine Hand ... solch wunderschöne Hand ... "Hast du je so eine Hand wie diese gesehen, Maria? Er greift gleichsam nicht nach deinen Kleidern oder deinen Reizen oder deinem Haar, deinen Armen. Die Hand ist da, um zu helfen."

Und sie legt bedachtsam ihre Hand in die seine und erhebt sich. Und er führt sie aus der Grube hinaus und setzt sie an einen Brunnen, und er spricht zu ihr: “Tue diese Sache nicht mehr. Denn du bist mehr als diese Sache. Sündige nicht mehr.” Sie schauen einander ins Angesicht und er geht, und in nur einem Augenblick kann sie nicht mehr feststellen, wohin er gegangen ist, nur noch, daß sie gleichsam in der Tat im strahlenden Sonnenlicht allein zurückgeblieben und unversehrt ist.

Und was ist mit der Quetschung, die bleibend gewesen war und was mit der verkrüppelnden Verletzung an ihrem Arm ... sind nicht mehr vorhanden. Und die Wesenheit fängt zu weinen an, ein bitterliches Weinen ... das hervorschluchzt und schmerzt.

Im Laufe der Zeit machte sie ihn stets ausfindig; ging gleichsam in der Tat zu mancherlei Orten, um ihm zuzuhören, denn er ist ein Rabbi ... “Ein solcher, wie ich noch keinen Rabbi je zuvor gesehen habe. Er ist der eine Mann, der mir geholfen hat und nichts von mir gefordert hat. Ich werde ihm mein Leben weihen.”

Und sie sagte zu ihm: “Meister, hast du einen Platz für mich in deinem Gefolge? Ich bin recht bewandert, was das Ölen der Füße und der Hände und des Körpers und dessen Entspannung betrifft. Und ich bin gut im Herrichten der Haare, aber recht schwach im Zubereiten von Speisen.”

Er sah sie an: “Gesegnet seist du, die mir nachfolgen will, denn du wirst in großem Maße lernen.” Und das tat sie.

Und diese grandiose Frau, die Maria gerufen wird, gleichsam in der Tat, sie ist in Wirklichkeit nicht Maria von Antiochia; ihre größte Sünde war in Magdala. Ihre größte Sünde war in Magdala!

Die ganze Zeit über gleichsam in der Tat, als dieser geliebte Meister all die Dinge vollbrachte, war sie Zeugin davon. Als gleichsam in der Tat jene Tage kamen, als die Himmelsgewölbe sich verdunkelten und das Beben der Erde und ihres Innern in Bewegung kam, und alle gesagt hatten: “Kreuzige ihn” ... verließ sie ihn nicht.

Als gleichsam in der Tat, der *Schreckliche Tag des Herrn* über dem Land lag, der Himmel grau und unheilvoll war ... und ein Urteilsspruch gefällt worden war, und dort ein Mann war, der dort hing, und Gase und Kot seinen Körper verließen, und Urin, in schierem Elend, blickte sie ihn an und liebte ihn.

Das einzige Bedauern, das sie je fühlte, - kann ihn in seinem Todeskampf sehen -, war, daß sie nicht mit ihm gehen konnte. Denn wenn je einer sie gerettet und geliebt hat, dann war es dieser Mann. Und: "Mag er auch dieser neue König sein, dem sie Gewalt antun und er ihnen doch keinerlei Leid zugefügt hat, und mag er auch der Erlöser sein, wovon ich gehört habe ... so war er doch für mich an erster Stelle ein Mann."

Als der Körper herbeigebracht wurde, und er zu ihnen sagte: ".... *du hast mich nie verlassen",* da wußte sie in ihrem Herzen, daß sie ihn wiedersehen würde, denn groß und mächtig waren seine Worte schon immer. Und als er nicht mehr war und sie ihn wegbrachten, da gingen alle weinend und klagend im Lande umher, und der Wind ... er kam herbei an diesen Ort als Trostbringer.

Und als der Körper fortgebracht worden war, gleichsam in der Tat, und an diesen sonderbaren Ort gelegt wurde, und ein großer Stein gleichsam in der Tat davorgestellt wurde, um den Körper vor Diebstahl zu schützen, da saß sie in einem einsam gelegenen Garten und lauschte gleichsam in der Tat dem Schließen der Yabba-Tore von Jerusalem. Alles war hinweggegangen.

"Ist es schon immer so in meinem Leben gewesen? Daß ich sogar die Dinge, die ich liebe, verlassen mußte. Wird es immer so sein? Oh Herr! Oh Gott! Hast du denn die reine Not in meines Herzens Sehnsucht jetzt noch nicht wahrgenommen?" Und sie blieb dort, Meister, die ganze Nacht hindurch, während Soldaten, wie sie genannt werden, ... aufgestellt sind. Und sie können gleichsam in der Tat nicht schlafen, denn sie sind in Furcht gleichsam in der Tat vor all jenen Dingen, die in der Nacht rascheln ... derweil sie sehr schläfrig werden ... sehr schläfrig.

Und als diese Wesenheit mit einemmal erwacht, wird sie gleichsam in der Tat von einem Klang erschüttert, den sie noch nie zuvor gehört hatte. Und es ist ein unheimlicher Klang, und ist zugleich auch ein erfüllender Klang, der von irgendeinem weit entfernten Himmel herkommt und das Universum durchdringt; und alle können ihn hören.

Und sie schaut hinauf gleichsam in der Tat und sieht einen außergewöhnlichen Vogel, der in der ihm eigenen Bewegung am Himmel entlangzieht. Die Sonne brennt heiß auf ihr Gesicht. Ihre Gewänder, sie sind dunkel und schwer. Und mit einemmal wird sie dessen gewahr, was geschehen ist, und schaut zu dem Stein, und siehe, da ist nur noch eine weitaufklaffende Öffnung. Und während ihre

Hände noch auf jenem Felsen liegen, beugt sie ihren Körper nach vorne und wirft einen Blick hinein. Da ist nichts drinnen! Sie ging hinein. All die Salben konnte sie riechen, doch wo ist der Herr? Noch ein Verrat etwa? Und sie fängt zu weinen an, und weint und weint, und wirft sich gleichsam in der Tat auf den rauhen, goldenen Boden, so daß sich der Staub auf ihre Zunge legt. Und schluchzt. Ein Schluchzen gleichsam in der Tat, das tief aus der Seele einer jeden Wesenheit kommt und dennoch hohl ist.

Und wie sie sich hin und her wirft und ihr Gesicht wendet und der Staub sich auf ihren Wimpern verkrustet hat - er liegt dick auf ihren Wangen - da sieht sie gleichsam in der Tat die Robe von jemandem, der sie beobachtet. Und in dem Augenblick gleichsam in der Tat der Peinlichkeit und Demütigung erhebt sie sich geschwinde in eine Gebetshaltung und bittet um Vergebung. Und die Wesenheit sagt zu ihr: "Frau, erhebe dich aus dem Staub."

Und sie raffte sich zusammen und erhob sich aus dem Staub. Und, mit all der Erde auf ihrem Gesicht, und dem Schmutz, der sich um ihre Augen herum festgesetzt hatte, da schaut sie zu ihm hin ... Er ist tief im Schatten seiner Haube verborgen. Er spricht zu ihr: "Meine Frau. Warum weinst du?"

"Bete für mich, Meister, denn sie haben meinen Herrn weggetragen von mir. Und ich bin doch den ganzen Abend hier gewesen, und dennoch haben sie ihn weggestohlen!"

Die Wesenheit zog seine Haube zurück und sagte zu ihr: "Ich bin niemals weggegangen. Ich bin größer geworden. Ich habe das Gesetz erfüllt. Gehe an alle Orte und bewahre das, was du hier gesehen hast, als ein Geheimnis in deinem Herzen. Sprich nicht darüber, bis deine Zeit bereit sein wird."

Und wie sie nach ihm fassen wollte, zog er sich von ihr zurück und bat sie, ihn nicht zu berühren, denn er hatte gleichsam in der Tat seine Reise hinein in die Schwingung transzendiert ... denn dies ist es, worum es sich handelte.

Die Wesenheit ging weg. Und Maria gleichsam in der Tat voll des Jubels in ihrem Herzen und ihrem Sein schrie hinaus: "Er lebt!" und rannte gleichsam in der Tat zu einem Ort, der das Heim des Simon Petrus genannt wird. Sie konnte es nicht zurückhalten, was sie gesehen hatte, denn jene hatten die Hoffnung verloren.

Das Übrige ist euch bekannt ... außer dieser einen Sache ... Die Wesenheit Maria Magdala war eine schöne Frau, die, hätte sie die Gelegenheit gehabt, vieles von dem Werk des Frauseins zur Erfüllung hätte bringen können, wäre sie nicht “entstellt” gewesen. Doch dadurch, daß sie “entstellt” war, folgte sie einem Gott nach und sah ihn auffahren. Und lernte das Leben kennen. Und entwickelte sich ins Leben hinein. Und lebte gleichsam in der Tat nahezu bis zu ihrem zweiundneunzigsten Lebensjahr als eine alte Frau, die von der Gefolgschaft des Simon Petrus, hoch geachtet wurde, ... und die die Geschichten von all den Dingen, die sich in ihrem Herzen zugetragen hatten, erzählte ... und auch von einer Liebe zu einer Wesenheit, von der sie nie verlassen wurde.

^

* * *

Kapitel 25

DIE STRASSE DES LEBENS

Auf unserem Pfad, Meister, werde ich euch jetzt zeigen, wo er hinführt. Er ist eine wundervolle Straße. Und die Straße, gleichsam in der Tat, geht über Hügel hinauf und Hügel hinunter und hinauf. Und sind wir näher an der Anhöhe, dann meinen wir, daß wir in hohem Grade etwas vollbracht haben! Und danach gehen wir gleichsam in der Tat zum Fuße der Anhöhe hinunter und meinen, wir hätten alles verloren, und erkennen dabei gar nicht, daß das Unten des Vollbringens, das jetzt folgt, höher liegt, als der Punkt der Erkenntnis, den wir gerade vor nicht allzu langer Zeit hinter uns gelassen haben.

Doch die welligen Hügel, Wesenheit, wo mein Pfad ist, bestehen nicht nur in den Höhen der Heiterkeit des Vollbringens, sondern auch gleichsam in der Tat darin, ohne diese zu sein und was das wiederum lehrt. Daß sogar ohne sie, Wesenheit, wenn ihr sie gleichsam in der Tat für einen Augenblick verliert, es uns lehrt, den nächsten <Hügel> zu erklimmen. Und jeder Punkt, gleichsam in der Tat sogar der, unten in der Tiefe der Anhöhen, ist höher als der Hügel davor.

Wenn ihr auch fortwährend in der Welt voranschreitet, werde ich sie doch gleichsam in der Tat nicht aus Marmor sein lassen, denn das ist rutschig. Und ich werde sie auch nicht aus Granitgestein sein lassen, denn dann würdet ihr euren Geist weglenken von dem, war ihr tut, und nur noch auf die Straße schauen gleichsam in der Tat, denn die rosafarbene Schattierung von Granitstein ist recht wundervoll anzuschauen. Ja, ich werde sie staubig sein lassen, Wesenheit. Der Safranstaub, er bewirkt wie ein Zauberkünstler wundervolle Dinge. Nicht nur, daß er euch in euren Sandalen zwischen die Zehen schlüpft, er hängt sich auch an den Saum eures Gewandes, und sobald ihr einmal nach unten geht gleichsam in der Tat, wird er es verhindern, daß ihr ins Rutschen geratet, und wird euch dabei unterstützen und helfen, den nächsten <Hügel> zu erklimmen. Und wenn der Wind herbeikommt gleichsam in der Tat an einem besonders strahlenden Tag und den Staub aufgreift unter euren Füßen der Vollbringung, dann werdet ihr ihn in einen Wind hineinnehmen und ihn im Kreise herumwirbeln und dann wird der Staub vom Boden hochfliegen und er wird im Licht wie Gold glitzern. Der Staub, der euch unterstützt hat, Wesenheit, wird für euch am Himmel zu Gold werden.

Meine Straße birgt auf keiner der beiden Seiten Gefahren. Sie hat keine Böschungen gleichsam in der Tat, von denen ihr herabfallen könntet. Sie hat keine wilden Tiere, die euch verschlingen würden. Das wird zurückgelassen und ein anderer kann sich das zurechtlegen. Meine Straße führt nicht in das Tal der Furcht, Wesenheit. Meine führt geradewegs ins Vollbringen hinein. Denn Schritt für Schritt werdet ihr durch die Einfachheit des Verstehens eure Gottheitschaft, euren Gott-Willen vollbringen. Euer Gott-Verstehen, Wesenheit, sind die einfachen Grade von Abenteuern, auf die wir uns gemeinsam begeben.

Und das Element ... das Element ist wundervoll. Es wird konstant bei uns sein. Und es wird uns ein Leitstern sein und uns daran erinnern, daß wir uns auf dem Weg hinein in sein Territorium befinden, und sein Territorium, Wesenheit, ist der pulsierende Herzschlag Gottes.

Meine Straße ist eine gute Straße. Und ich bin ein guter Führer. Es gibt Zeiten gleichsam in der Tat, daß ich es zugelassen habe, daß andere auf ihre Nase fallen, und sie haben mich dafür verwünscht, daß ich nicht zurückkam und sie nicht aufhob und ihnen nicht den Staub abgeklopft habe, gleichsam in der Tat, und ihnen nicht den Staub von ihren Wimpern und aus ihren Nasen und ihren Haaren entfernt habe! Und wie grausam ich angeblich bin. Wie schade, daß sie mich grausam nennen!

Wenn ich sie nämlich dort lange genug liegen lasse, Wesenheit, werden sie hochschauen und feststellen, daß ich ohne sie weitergehe. Folglich werden sie aufstehen, da sie nicht allein zurückbleiben wollen, und werden so schnell sie können weitergehen, Wesenheit, bis sie mich einholen. Und wenn sie dann direkt an meine Seite herankommen, gleichsam in der Tat, und mir ins Gesicht schauen, können sie nicht anders, als mich lieben.

Dies ist die Weise, wie sie sich selbst lehren. Doch den Weg werde ich ihnen zeigen. Gehen zu *wollen*, das ist in meinen Augen, Wesenheit, die höchste Ehrenhaftigkeit von allen. Es zu wollen! Dann wird gleichsam in der Tat alles Schmeichelhafte eurem Königreiche hinzugefügt.

* * *

Kapitel 26

EINEN TRAUM TRÄUMEN

Es war einmal ein Mann, der lag in seiner, wie es bezeichnet wird, Hütte auf seinem Ruhelager in der Nähe eines Fensters. Und die Scheiben des Fensters waren so blankgeputzt worden, daß dadurch die Illusion entstand, daß keine Kraft in dem Fenster vorhanden sei, die einen daran hindern würde, seinen Arm hindurchzustecken und den Lufthauch zu fühlen, der draußen vor dem Fenster wehte.

Der Mann schlief auf seinem Ruhelager, und während er schlief, hatte er einen Traum, und in dem Traum hatte er Durst. Und aus seinem Ruhelager wurde die, wie es bezeichnet wird, ausgetrocknete Erde, und jede Bewegung führte dazu, daß der Safranstaub um ihn herum hochwehte und sich niedersenkte und seine Wimpern verklebte. Und seine Zunge schwoll an, seine Lippen wurden von seinem ständigen Anfeuchten der Lippen rissig - er hatte nichts mehr übrig <an Feuchtigkeit>. Und er hatte einen Traum über ungeheuren Durst.

Und er lag auf seinem Ruhelager, aus dem in seinem Traum eine safrangelbe Erde wurde. Und die Sonne, unser Ra, brannte erbarmungslos von ihrem hohen Zenith auf ihn herunter. Und er konnte keinen Arm hochheben, um jemanden herbeizurufen, der mit ihm, wie man es bezeichnet, auch nur einen Tropfen Wasser, jenes kostbare Naß, teilen würde, um seinen Durst zu löschen. Und er drehte sich nicht hin und her in seinem Traum, auf seinem Ruhelager, und wußte nicht in seinem Traum, daß er träumte, sondern er war durstig. Und während da der Mann eine fürchterliche Qual durchlebte, und während der Durst seiner ah .. Lippen und Zunge in seinem Schlaf nicht gelöscht wurde, da ging draußen vor seinem Fenster ein sanfter Regen hernieder. -

Ein Mann träumte auf seinem Ruhelager einen Traum von der Angst vorm Sterben. Und in dem Traum bemühte er sich davonzurennen, um dem, wie man es bezeichnet, Reiter zu entkommen, dessen Hufe er aus der Ferne näher und näherkommen hören konnte. Und so sehr er auch rannte, er konnte nicht vorwärtsgehen. Und verzweifelt schrie er um sein Leben, doch er konnte sich in seinem Traum nicht bewegen. Und die Hufe, die in der Ferne funkensprühend auf Steine schlugen, ließen die Erde erzittern, und sein Herz war von Panik erfüllt. Und er träumte den Traum, daß er in nur wenigen Momenten sterben würde. Und bei seinem verzweifelten Bemühen zu rennen bemerkte er nicht die Erde, die süße Erde, unter seinen Füßen. Und während er den Traum vom heranreitenden Tode träumte, da wandelte sich draußen vor seinem Fenster der Winter in den Frühling. Und die Kahlheit der, wie es bezeichnet wird, großen Eiche und die langen, sich windenden Finger ihrer dürren Glieder brachten die Knospen der Hoffnung auf den Frühling hervor. -

Es war einmal ein Mann, der lag auf seinem Ruhelager und träumte den Traum von Armut. Und in seinem Traum träumte er, daß nicht, wie es bezeichnet wird, Gelegenheiten zu ihm kommen, in seinem Traum war er ein Bettler, der in seiner Armut die Almosen verzweifelt annahm, denn er hatte nur, wie man es bezeichnet einen einzigen Leinenumhang, der unzählige Male geflickt worden ist. Und hatte Stiefel, wie man sie bezeichnet, an denen keine Absätze waren. Und er hatte nicht ein einziges Zierstück, das in der Sonne wie Gold glänzen und strahlend schimmern würde. Auch nicht einen einzigen Gegenstand besaß er, denn sein Traum war einer von Armut. Und während er den Traum träumte, blies draußen vor seinem Fenster ein sanfter Wind über die Wildblumen hinweg, während sie sich in der Sonne badeten. Er wehte ihren Blütenstaub und ihren Samen auf den darauf wartenden

Schoß der Erde, und zwar in Harmonie, Balance und Einfachheit der Reichhaltigkeit: *Leben*. -

Es war einmal ein Mann, der träumte den Traum, daß er ein Gott ist. Und in dem Traum waren alle Dinge möglich. Und in dem Augenblick, in dem er etwas denkt, *ist* es. Und da hat er den Wunsch, in die, wie es gleichsam in der Tat bezeichnet wird, große Tiefe zu gehen und sein Netz auszuwerfen und große Fische heraufzubringen - kräftige, silbrige, schimmernde, opulente. Und er wirft sein Netz aus, und was er einholte war eine Überfülle des Meeres. Er träumte, er ist ein Gott, und wohin er auch blickte, nichts starb je. Das Grün, das Smaragdgrün, das Schimmern von dessen Schönheit wiegte sich sanft in einem himmlischen Wind. Und das, was gleichsam in der Tat Einbrüche der Jahreszeiten bezeichnet wird, pflegte es hier nie zu geben.

Er träumte einen Traum der Freude, in dem alle Dinge als das widerhallten, was gleichsam in der Tat Musik genannt wird. Sie war leicht, klar vernehmlich, harmonisch ineinander übergehend. Und wie es schien strömte all das, was in dem Traum sichtbar war, all das, was Licht war, einen harmonischen Klang aus - nie einen Mißton, nie eintönig oder schrill, sondern harmonisch. In dem Traum war alles schwingend, und Schattierungen von Farben gab es, die gleichsam in der Tat bei weitem über das sogenannte Erwachen hinausgehen ... ganz und gar schwingend. Und für ihn war alles in dem Traum in Harmonie, denn alles ging ineinander über und brachte das Lied hervor, das der Gedanke Gottes ist. Und in seinem Traum wandert er über, wie es bezeichnet wird, smaragdgrüne Auen. Und sieht Blumen leuchten mit, wie es bezeichnet wird, der Goldheit ihrer Blütenblätter. Und er hatte, in jenem Traum, nicht eine einzige der Neigungen zu Zorn, zu Bosheit, zur Urteilshaltung, zu Neid. Und auch krank, leidend und kummervoll war er in dem Traum nicht, sondern immer wohlauf, in einer Ewigkeit, die ein Lied der Harmonie sang, das weiterging und weiterging und weiterging. Dies war der Mann, der den Traum von Gott träumte. Und er erwachte ... und erkannte, daß er schläft!

Der Traum, in dem ihr lebt, *ist* der Traum. Wenn ihr aufwacht, hat er überhaupt nichts mit dem zu tun, was ihr um euch herum seht. Denn außerhalb des Traumes liegen die harmonischen Möglichkeiten eines, wie man es bezeichnet, ewigen Lebens, für immer und immer und immer. Ihr befindet euch in einem Traum. Und eure Wahrnehmung, und die Art und Weise, wie ihr euch selbst seht, hat den Traum der Begrenzung geschaffen, denn eure Wahrnehmung beruht auf fehlbaren, nicht auf ewigen Dingen. Ihr träumt den Traum, der alle anderen Träume und Möglichkeiten verheimlicht. Und weil dieser intensive Traum wie ein Wärter alle unerfüllten Dinge weggeschlossen hält, lebt ihr in der Illusion der Begrenzung.

Wißt ihr denn nicht, daß es draußen vor eurem Fenster regnet? Wißt ihr denn nicht, daß das, was draußen vor eurem Fenster im Winter gestorben ist, im Frühling wieder neugeboren wird! Wißt ihr denn nicht, daß das, was draußen vor eurem Fenster liegt, der Überfluß der Fortpflanzung ist ... die Samen von Genialität, von Wiederbelebung, die sich in die Erde selbst einpflanzen, und ihre Fülle ist legionsartig. Wißt ihr denn nicht, daß ihr schlaft? ... von Harmonie ... von Gott träumend.

Beim Manifestieren - wie ihr es hier gelernt habt - bei der Wissenschaft von den Emotionen, ist es die *Emotion*, die wach ist, und eure Logik, die etwas Lebloses ist. Es ist die Emotion, welches die lebendige Kraft ist, die die Schrecken des Intellekts transzendiert. Wißt ihr denn nicht, daß ihr nie gelebt habt, wenn ihr ein Intellekt seid! Ja wißt ihr denn nicht, daß ihr, wenn ihr euch in den Geburtswehen des Manifestierens befindet, daß ihr dann der Gott seid, der auf Auen grünen Grases wandelt und die Lieder der Harmonie hört, denn hierin liegt die Ewigkeit, die kein Anfang und auch kein Ende, keine derartigen Grenzen hat, die die Möglichkeit aller Dinge eingrenzen würde. Evolution könnte in der Natur nicht stattfinden, wenn es ein Ende gäbe.

Ihr ... die ihr die Macht anzapft, seht es umgekehrt. Ihr haltet sie <die Emotion> für sogenannte blühende, himmelschreiende Einbildung, für den Begeisterungstaumel einer Phantasie, und ihr bezeichnet sie als unwirklich. Das Gegenteil ist der Fall! Gerade durch die "Himmelschreinendheit" des Emotionalkörpers, der auf etwas ausgerichtet ist, geschieht es, daß ihr vom Herrn-und-Gott eures Seins aus wahrhaft Reales erschafft. Und ihr seid vom Gegenteil überzeugt, denn genau das ist das Menschliche Drama. Das Menschliche Drama hört auf, wenn es den Unterschied zwischen Illusion und Wirklichkeit erkennt. Wenn ihr meint, daß die Phantasie von dem, was ihr am Abend, der jetzt Vergangenheit ist, was ihr im Gestern, das jetzt Vergangenheit ist, *innerlich umarmt* habt, wenn ihr also meint, daß es sich hierbei um blühende Phantasie handelt, dann müßtet ihr ebenfalls schlußfolgern, daß es sich auch um eine blühende Phantasie handelt, daß das Königreich des Himmels *in* euch ist.

Das müßt ihr begreifen. Das muß in euch anklingen. Denn wenn das Königreich des Himmels inwendig in euch ist, dann ist es das Innen, das *alles* Äußere erschafft. Es ist das *Innen*, das euch das Privileg auf unbegrenztes Leben wegpfändet und euch in die Engstirnigkeit des Ringens ums Dasein führt. Wißt ihr, warum ihr das Ringen ums Dasein habt? Weil ihr engstirnig seid, weil ihr in dem Traum schlaft, daß ihr euch nicht bewegen könnt. Wenn ihr emotional erwacht, dann hört das ganze Ringen - der Kummer, der Schmerz, das Leiden - auf. Dann wird daraus Harmonie.

Die Schwierigkeit, die damit verbunden ist, die, wie sie bezeichnet wird, Ehre zu haben zu *wissen* - es ist ein Privileg, das zu wissen, was ihr lernt -, ist die, daß ihr euren alten Einstellungen über das, was real und das, was Illusion ist, Einhalt gebieten und sie ändern müßt. Wenn ihr ein Realist sein wollt, dann seid es in bezug auf Emotion, denn darin liegt keine Heuchelei. Versteht ihr?

* * *

Kapitel 27

DAS GESCHENK DES WEISEN

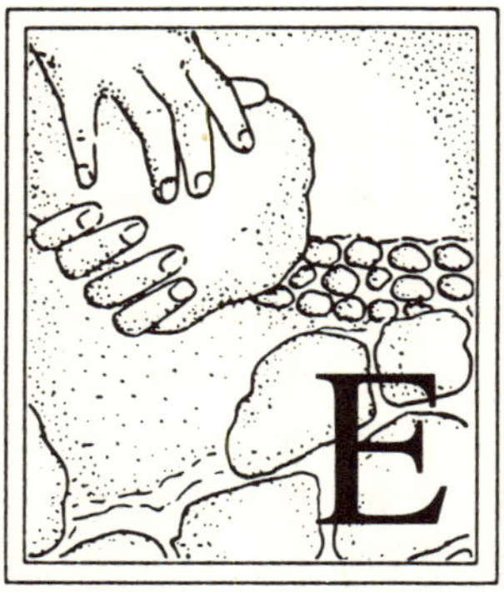

Es lebte einmal eine Wesenheit, gewissermaßen einer wie ihr, bar aller Kosmetik und Juwelen und feinen Leinenstoffe und Seide und dergleichen, eben eine ganz gewöhnliche, unscheinbare Wesenheit - die all das besitzen wollte. Könnt ihr mir folgen? Nebenbei bemerkt, dies ist eine wahre Geschichte.

Und er suchte einen, wie man es bezeichnet, Weisen auf, und er sagte: “Weiser, ich möchte ein Königreich haben, was soll ich tun?”

Und der Weise sandte ihn zum höchsten Berg und sagte zu ihm: “Du möchtest das Königreich, von dem aus du die ganze Welt sehen kannst ... gehe auf diesen Berg und sammle die Steine zusammen und baue dir eine Hütte auf jenem Berg.”

Und daraufhin war die Wesenheit sehr freigiebig, schenkte dem Bettler, der um Almosen bittet, einen Rubel, kaufte sich selbst köstliches Fleisch, belud seinen, wie man es bezeichnet, Esel, und zog los in Richtung jenes, wie man es bezeichnet, Berges.

Der Weise war der weiseste im ganzen Lande. Es brauchte nur jenen einen Rat und der Mann befolgte ihn. Und er stieg dort hinauf, und die Götter mußten mit ihm gewesen sein, denn wahrlich, es schneite eine ganze Jahreszeit lang nicht. Und er sammelte all die, wie es bezeichnet wird, Steine aus uralter Zeit zusammen und fügte sie mit dem Dung des, wie man es bezeichnet, wundersamen Esels zusammen, und baute sich eine Hütte. Und wie nun die Halme des Riedgrases zu trocknen begannen, zog er los und pflückte sie und trocknete sie zu Stroh und fügte das Dach obenauf. Und da es nicht viel, wie es gleichsam in der Tat bezeichnet wird, ähm ... wie ihr es nennt, Holz gibt, nahm er den Dung, trocknete ihn und benutzte ihn als Brennmaterial. Und einen Ausblick hatte er, ach .... was für einen Ausblick!

Nun, eine Zeitlang saß er da, genoß den Ausblick, aß seine mageren Krumen und all das; doch als er erkannte, daß ähm ... dieses gewisse Ding in Wirklichkeit gar nicht eintraf, steigt er auf seinen Esel und geht wieder hinunter zu dem Weisen und sagt: "Weiser, ich möchte das haben. Ich habe bereits all das getan."

Und der Weise sieht ihn an und sagt zu ihm: "Nun gehe und reiße alles nieder und lege die Steine dorthin zurück, wo du sie gefunden hast."

Nun ja, er war skeptisch! Also wirklich! Aber dann kam ihm der Gedanke, wie ihn alle Wesenheiten denken: "Wenn ich es tue, dann bekomme ich vielleicht den aus Gold!" So überzeugte er sich selbst, daß seine Arbeit, all die Steine wieder zurückzulegen, schlichtweg bedeutete, daß er einen leuchtenden Palast aus Gold haben würde. Seht ihr, das war seine Motivation.

Sodann belud er seinen Esel und machte sich auf den Weg zurück auf den Berg, gab dem Bettler einen Rubel, stieg hinauf und begann das ganze Riedgras vom Dach zu nehmen, und begann nacheinander alle Steine wegzubringen und war die ganze Zeit vollauf damit beschäftigt, zu versuchen sich wieder an die *exakte* Stelle zu erinnern, wo genau dieser Stein gelegen hatte! Denn er war absolut versessen darauf, dies durchzuführen, da er einfach wußte, daß, wenn er es genau vorschriftsmäßig machen würde, er dann seinen Palast aus leuchtendem Gold haben würde. Ihr könnt euch also vorstellen, daß er nichts dagegen hatte, sein Erinnerungsvermögen anzustrengen. Kleines Opfer. Als er mit allem fertig war, nahm er, wie man es bezeichnet, ein wohltuendes, wenn auch einfaches Abendessen ein, stieg auf seinen Esel und ging zurück, um den Weisen aufzusuchen.

Als er bei dem Weisen eintraf, saß da, wie er gleichsam in der Tat bezeichnet wird, derselbe Bettler, der laut rief: "Milde Gabe! Milde Gabe!!" Nun denn, er gab ihm eine; und der Weise sagt: "Gehe und finde jeden Stein, den du zurückgelegt hast ... jeden Stein ... und errichte deine Hütte wieder in der Art, wie du sie schon einmal errichtet hattest."

So ein Unsinn. ... "Heißt das, wenn ich dies zum dritten Male tue, daß das ein Glücksbringer ist?" Der Weise lächelte nur.

"Ahhhch." Er seufzte sehr tief auf. Nun ja, ihr könnt es euch vorstellen. Er ging nach draußen, und der Bettler schrie nach milden Gaben, und er ignorierte ihn ... Mittel wurden knapp.

Sodann belud er seinen Esel, ging auf den Berg zurück, machte *jeden* Stein ausfindig, machte seine Hütte in der Art wie sie schon einmal war ... und als er etwa dreiviertel dieser Stein- und Dungwand hatte, wurde ihm klar, was er hier tat ... daß nämlich, wenn er Ausdauer zeigen würde, er belohnt werden würde von Allah.

Alsdann beschleunigte er sein Tempo, sang eine kleine Melodie, das ganze Tal echote, der Esel blickte auf, schenkte ihm ein wenig Beachtung, wandte sich wieder dem Fressen zu - mehr Dung produzierend für das, wie es gleichsam in der Tat bezeichnet wird, Zusammenhalten der Steine! So fuhr er fort und brachte alles aufs Genaueste zusammen, nur daß ein fürchterlicher Schneesturm hereinbrach, kurz bevor er das letzte Viertel fertiggestellt hatte. Sei da, was mag, auch das soll Shambala, wie es bezeichnet wird, nicht am Kommen hindern! Er packte sich noch ein wenig wärmer ein, brachte seinen Esel in die Mitte des Hauses, ging hinunter und holte seine Riedgräser und deckte ununterbrochen das Dach mit dem Schilf ab inmitten eines wild tobenden Schneesturmes! Nun, keine Wesenheit, die all ihre Sinne beieinander hat, würde es aushalten, so eine ... nun, ihr könnt euch wohl denken, wie sie es bezeichneten, ... Sache zu tun.

Alsdann wurde er mit allem fertig und zitterte vor Kälte. Er machte ein spärliches Feuer. Der, wie es bezeichnet wird, Esel starrte ihn mit seinen blanken, braunen, taufrischen Augen einfach nur an und war mit sich zufrieden. Der Mann wurde ein wenig ärgerlich. Er hatte viel für Allah getan.

Nun, jeden Tag sprach er zu Allah. Jeden Tag flehte er zu Allah. Wußte Allah nicht ganz genau, was er für einen Diener in ihm hatte! Wußte dieser nicht, aus der Güte seines Seins heraus, daß er alles genau so getan hatte, wie der Weise es ihm gesagt hatte. Und könnte Allah ihn nicht mit einem Lächeln beglücken und ihm oh, sagen wir mal ... irgendein Strandgrundstück in Malibu geben ..... Ha-ha-ha-ha-ha-ha!!! Ich muß diese Geschichte doch modernisieren!

So ... der Schneesturm hatte sich völlig gelegt. Allah war stumm wie eh und je.

Belud also seinen Esel und stieg hinab, um den Weisen aufzusuchen.

Weiser sagt: "Ahhh ... Ahhh ... das hast du sehr gut gemacht. Nur noch ein klein wenig länger. Geh und reiße alles nieder und lege all die Steine wieder genau dorthin zurück, wo du sie gefunden hast."

"Machst du Scherze?! Ha-ha-ha-ha-ha-ha!!! Weiser, was hast du nur geraucht?!" (Noch einer eurer Ausdrücke.)

Und der Weise versicherte ihm: "Nur noch ein klein wenig länger!"

"Hhhhhm."

Na schön, er erhob sich und schleppte sein Hinterteil zum Esel. Und als der Bettler "Milde Gabe! Milde Gabe!" rief, spuckte er ihm ins Gesicht, denn er erkannte, daß der Bettler sehr wohlhabend geworden war! ... er hingegen nur ärmer.

Sodann machte er sich auf seinen fidelen Weg in einer keineswegs so fidelen Stimmung. An diesem speziellen Tag pfiff er keineswegs mehr ein Liedchen. Er schaute keineswegs mehr hinauf mit heuchlerisch angehauchten Augen, die, wie es bezeichnet wird, im Namen der Liebe zu Allah vor salzigen Tränen überflossen. Er schaute schlicht und einfach hinauf zur Sonne, so daß seine Augen schmerzten. Safranstaub legte sich nun in einer dicken Schicht auf ihn. Er hustete und würgte sich den Berg hinauf. Wißt ihr, man kann Allah nur so viel zollen, solange man sich gut fühlt. Wenn man also nicht so "gut drauf" ist, dann hat der Allah eben ausgespielt, dann gibt´s nur noch eine schreckliche Mittagssonne, die herunterbrennt, und dich und deinen armen ... brät.

Er stieg also wieder dort hinauf und empfand sogleich - wie soll man sagen - nicht die geringste Motivation wieder damit anzufangen, all diese Steine an Ort und Stelle zurückzulegen, denn seht ihr, mittlerweile wußte er, wo jeder Stein hingehörte, und er hätte es ... mit verbundenen

Augen machen können! Und so saß er da und in seinem Geiste ging es: " Ohh ... ich weiß, wo du hingehörst. Du gehörst dorthin. Du gehörst hierhin. Du bist dort drüben und jetzt lege ich dich hierhin zurück. Ich gehe da hinunter. Wieder diesen Weg zurück - rutschig, aber er gehört nun mal an diese Stelle dort." Und er saß da und in seinem Geiste wurde jeder Stein an seinen Platz zurückgelegt. Er war gereizt. Er war allein durch diese Prozedur sehr erschöpft, und dabei hatte er nicht einen Finger gerührt.

Alsdann sprang er auf seinen Esel und kehrte zu dem Weisen zurück, und der Weise sagt: "Hast du jeden Stein weggebracht?"

Und er erwidert: "In der Tat!"

"Dann mußt du einmal noch zurückgehen und alles aufbauen."

"Hab ich bereits getan ..."

Und der Weise sagt: "Nun ja, dann reiß es ein!!"

Und er erwiderte: "Hab ich gerade getan!!!"

Was also geschah mit dem Haus? Nun, ein schrecklicher Schneesturm kam auf und blies das Dach herunter. Und allmählich, weil es so kalt war, gefror der, wie es bezeichnet wird, Dung und wurde brüchig und all die Steine brachen vom Haus ab. Und für den Rest des Winters lagen sie dort unter einer dichten Schneedecke. Nun, als dann das Tauwetter des Frühlings einsetzte ... entstand natürlich eine Lawine, die den Berg hinabrollte. Als sie den Berg hinabrollte, kamen die ganzen Steine, die er so sorgfältig und peinlichst genau plaziert hatte, den Berg hinabgekugelt und zersprangen! Einige von ihnen trafen ihn und seinen Esel.

Im Zentrum jedes Steines verlief eine Erzader.

Nun, ich werde euch die Moral von der Geschichte selbst erfassen lassen. Abgemacht? Ach ... na kommt schon!

Im Innern eines jeden Steines, der den Berg hinunterkam, war das, was als das "Gelbe Fieber" bezeichnet wurde, Gold. Und jeder einzelne dieser Steine, die er aufeinander gebaut hatte, barg eine Goldader. Nun, ich werde euch nicht sagen, wo genau dieser Ort liegt ... aber ich werde euch einen Hinweis geben. Solomon erhielt seinen Anteil.

Nun, die Moral von der Geschichte - um euch hierbei weiterzuhelfen - ist die, daß Träume schlichtweg dem Bauen dieser Hütte gleichkommen. Es wird einmal die Stunde kommen, daß nicht mehr das zählt, was ihr außerhalb von euch manifestiert, sondern das, was ihr *in euch* vollbracht habt. Und in dem Augenblick, in dem das Äußere nicht mehr für die Ebene der Demonstration existiert, ist´s das Innen, das uns von all unseren Bürden, den Träumen entbindet. Und dazu werden eine ungeheure Zahl von Boten nötig sein und auch jeder einzelne eurer Träume, bei denen ihr euch hin und her bewegt und etwas immer und immer und immer wieder tut, solange, bis ihr imstande seid zu sagen: "Hab ich bereits getan." Bis es also derart beschleunigt ist. Dann ist der Herr-und-Gott eures Seins als strahlende Flamme erkennbar. Und was fortan hier *in euch* <zur Vorstellung> wird, werdet ihr in nur einem Moment besitzen, und die Nachwirkung kommt einer Lawine gleich. Es war ja bereits die ganze Zeit über vorhanden - in jenen Steinen! Versteht ihr?

Ihr müßt dies tun, damit ihr imstande sein werdet zu sagen: "Hab ich bereits getan." Ihr müßt in den Stand gesetzt sein, diesen Traum zu haben und die Dinge, die euch ein Bedürfnis sind, auf der Ebene der Demonstration umzusetzen, um sagen zu können: "Hab ich bereits getan."

* * *

Kapitel 28

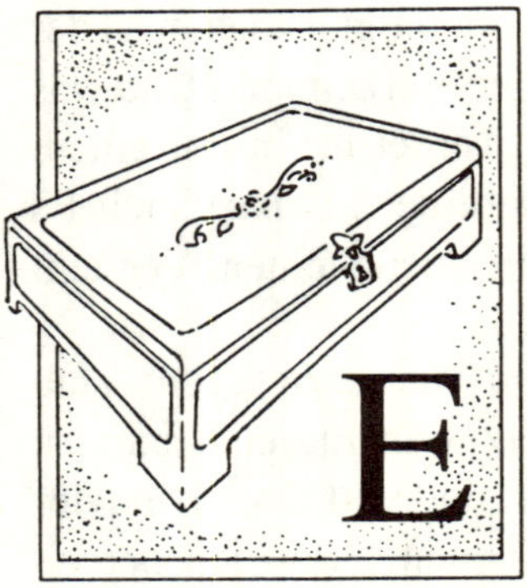

DER VATER UND DER SOHN

Es war einmal vor langer Zeit .... einmal vor langer Zeit, ja, das ist korrekt, denn es hat sich aller Wahrscheinlichkeit nach ereignet.

Es war einmal ein junger Vater ... jung insofern, daß gleichsam in seinen Zeiten die Stunde seines Ehestandes begann, als er im Alter von zwölf Jahren war.

Seine junge Frau war gleichfalls im Alter von zwölf Jahren. Und obgleich ihre Verheiratung zwischen ihren Familien beschlossen wurde, entdeckten die beiden, als sie einander vorgestellt wurden, daß ein wundervoller Funke, ein vorwitziger, wundervoller Funke sie erfaßte. Schließlich waren sie ja noch Kinder, die ihrer Kindheit entrissen wurden, weil sie die Zeichen aktiver Pubertät kundgetan hatten - die Zeit des Blutes, die Zeit des Samens, wie ihr es nennt, die Zeit für Nachkommenschaft, wie es damals bezeichnet wurde, doch nichtsdestoweniger waren sie nach wie vor Kinder.

Man erwartete von ihnen, eine Dynastie weiterzuführen. Der vorwitzige Funke bestand darin, daß sie einerseits mit aller Geziemendheit der Durchführung der an sie gestellten Anforderungen nachkamen, und zwar in allen Einzelheiten und mit der Grandeur, die von ihnen erwartet wurde, daß sie aber, sobald sie allein waren, ihre edlen Gewänder wegrissen und in die Ecke warfen und zum Spielen übergingen! Ts-ts-ts.

Beim Spielen gleichsam war es, daß sie einfach nur Kinder sein konnten, sobald sie hinter den verschlossenen Türen ihrer Gemächer waren. Hatten sie sich doch gegenseitig davon überzeugt, daß sie noch nicht ganz bereit für diese Sache wären, und einander freimütig gestanden, daß sie noch nicht alles gesehen hätten, was sie im Leben würden haben wollen, also - spielten sie.

Nun ja, sie wurden dabei erwischt. Und als sie beim Spielen erwischt wurden, sagte der sehr weise Vater des Sohnes, daß dieser noch nicht seine Familienpflichten, was die Zeugung von Nachkommen beträfe, erfüllt hätte. Und um dem nachzukommen wurden sie in ihre Gemächer geschickt. Ein Wachhabender wurde ausgewählt, er war ein Lehrer. Und er sollte sicherstellen, daß der Geschlechtsakt vollzogen werden würde, und den Nachweis dafür erbringen. Alsdann wurde das Leinentuch, das vom Hochzeitsbett weggenommen wurde, zum Beweisstück dafür, daß der Ehestand seinen Anfang genommen hatte. Und daraufhin änderte sich alles.

Es war gewiß, daß es in jener Nacht zu der Empfängnis in dem Schoß des jungen Mädchens gekommen war, denn nicht allzuviele Jahreszeiten danach beglückte sie die Familie mit einem gesegneten Ereignis, mit einem Erben für die Dynastie zweier sehr mächtiger Familien. Und es war ein männlicher Erbe.

Nun denn. Der junge Vater und seine junge Braut wuchsen weiterhin nach und nach in ihr Erwachsensein hinein, auch wenn sie jetzt das kostbare Gut ihrer Väterhäuser zur Welt gebracht hatten. So, wie sie es sich selbst gestatteten, hinter ihren eigenen Türen langsam heranzuwachsen, zogen sie - als Kinder - ein Kind in einer höchst vergnüglichen Weise auf.

Nun ... im dreizehnten Lebensjahr dieses Kindes hatte das wunderschöne junge Mädchen, das vor so vielen Jahren jenes Kind geboren hatte, die Schwindsucht bekommen und starb, den jungen Vater mit einem sehr einsamen Herzen zurücklassend. Seine Spielgefährtin, seine Freundin, seine Vertraute war von ihm gegangen. Doch so jung er auch war, hatte er dennoch große Weisheit erlangt, da er es sich gestattet hatte, langsam heranzuwachsen und sich unerschütterlich und mit Entschlossenheit gestattet hatte, ein Kind zu sein, ein Kind nämlich, das in derlei junger Weisheit wußte, daß dies es war, was es war.

Er heiratete nicht wieder, was sehr gegen den Wunsch seines Vaters war. Nie hätte er es einer anderen gestattet, sein Bett zu teilen, denn dies, so hatte er überlegt, war seine gesegnete Gefährtin für´s Leben. Und mit diesem seinem reifen Verstehen ging er daran, seinen Sohn großzuziehen.

Bevor der Sohn das zwanzigste Lebensjahr erreicht hatte, war sein Großvater verstorben. Und dieser hatte seinem Sohn in seinem Vermächtnis den Gesamtbesitz der Dynastie und auch der Dynastie von dessen Frau in dessen Hände übergeben. Er hatte also eine sehr, sehr große Besitzverwaltung, wie ihr es bezeichnen würdet, in Händen, eine sehr große Bürde, für die es Sorge zu tragen galt. Denn er hatte Räume voll von traditionell heilig gehaltenen Dingen - Juwelen und Rubine, die Tausende von Jahren alt waren; Gold, das man von fremdländischen Königen und Prinzen und Satrapen eingetauscht hatte.

Und folglich verbrachte er viel Zeit in jenem Bereich, um alles bis ins einzelne kennenzulernen, was fortan unter seine Leitung, unter sein Besitztum fiel. Sehr viel Zeit verbrachte er dort, und er wollte jedes einzelne Ding genau besichtigen. Und er spielte mit jenen Dingen. Durch seine Auffassung, daß ihr Wert ausschließlich darin lag, daß man mit ihnen spielen konnte, schwand jegliches Bedürfnis in ihm, sie zu besitzen. Nun ja ... sein Sohn war ganz das Gegenteil.

Während also der Vater umsichtig, scharfsinnig das Vermögen der beiden Familien verwaltete, trat der Sohn an seinen Vater heran und begann ihn zu "löchern". "Löchern" ist euer Ausdruck, doch er ist für diese Situation äußerst treffend. Und der junge Sohn, der von dem Reichtum ganz geblendet war und der dachte, daß die einzige Möglichkeit für einen Mann als Mann bezeichnet werden zu können, die war, einen großen Reichtum zu haben, träumte insgeheim davon, das alles zu besitzen - die Macht zu haben, alles, was er wollte zu haben; es ergriff Besitz von ihm! Und auf äußerst listige Weise fing er damit an, seinen Vater zu bearbeiten, indem er zu ihm sagte, daß sein Vater doch eine viel zu große Bürde tragen würde, und daß er nie wirklich gelebt hätte, daß er all diese Jahre über den Tod seiner geliebten Frau getrauert hätte, und daß es seinem Vater recht gut bekäme, ins Ausland zu gehen. So hört sich die Geschichte also an, und sie wird im Laufe vieler Sitzungen und Audienzen mit seinem Vater immer weiter ausgebaut.

Erinnert euch, der Vater ist selbst nach wie vor ein sehr junger Mann, doch nichtsdestoweniger ist ihm große Weisheit zueigen. Keines von all den Dingen, die in der Schatzkammer liegen, hat Besitz von ihm ergriffen, denn mit seiner kindgleichen Weisheit, hatte er sie <innerlich> in Besitz genommen. Für den Sohn jedoch, dem der Umgang mit ihnen nicht erlaubt war, für den Sohn war es ein verbotener Schatz, und bald schon schob die Lust und das Bedürfnis, über einen solchen Schatz zu herrschen, jede Weisheit beiseite, die der Sohn hatte, und gewiß auch jede Liebe beiseite, die er in sich hatte.

Der junge Vater sann darüber nach und begann klar zu erkennen, was sein Sohn bestrebt war zu tun. Und der junge Vater wandte sich nach innen, um mittels seiner eigenen Weisheit mit sich selbst ratzuschlagen. Er verbrachte viele jammervolle Nächte, in denen er sich an seine Spielgefährtin erinnerte und in denen er sich die Verbundenheit und Zuneigung ins Gedächtnis zu rufen bemühte, die so große Weisheit mit sich gebracht hatte, damit er diese Erinnerung im Hinblick auf seinen Sohn anwenden könnte. Und schließlich wurde es ihm klar. Wenn er zuerst auch nicht die ganze Wahrheit hat wissen wollen, so wurde es ihm doch letzendlich klar. Sein Sohn würde mit Freuden das Haus der Dynastien übernehmen und ausplündern, und würde tun, was auch immer dazu nötig wäre, um die Herrschaft darüber zu haben, selbst wenn es bedeutete, seinen eigenen Vater "zu Boden zu strecken".

Eines Tages also ging der Sohn, der nichts vermutete, sondern lediglich dachte, daß sein alter Vater sich nach wie vor seiner tiefen Trauer hingab, zu seinem Vater - Innerlichkeit vortäuschend - und sagte zu seinem Vater: "Vater, ich sollte jetzt das Wissen erlangen, wie man all dies macht. Ich erbitte eine Audienz, in der du mir erlaubst, einen gewissen Teil des Schatzes und natürlich der Bücher zu haben, und mich dir meine Fähigkeiten beweisen läßt ... und die Alchemie, anhand derer ich es bewerkstelligen könnte, das Haus noch größer werden zu lassen.

Der Vater sandte ihn weg und dachte darüber nach. Und er sagte zu sich: "Ach, ach, dies ist es, was ich tun werde. Ich werde ihm ein Weniges geben. Und ich werde ihm sagen, daß er ALLES von dem

Schatz, der in diesem Zimmer und unter diesem Zimmer liegt, daß er ALLES und JEDES davon haben kann, mit Ausnahme einer einzigen Sache ... daß er nie die Herrschaft über eine gewisse Schatulle haben darf und auch niemals ihren Inhalt antasten darf! Die Schatulle indessen ist sehr klein. Sie hatte keinerlei Verzierungen. Sie war aus Zitronenholz gefertigt und mit Perlmutt eingelegt; sie war mit keinerlei Edelsteinen verziert.

Alsdann sagte er zu seinem Sohn: “Komm herbei, ich habe dir eine Audienz gewährt. Ich werde dir einen kleinen Teil dieser Goldtaler überlassen, die gemäß den Tafeln ausgezahlt werden müssen, doch Sohn, ich wollte dir immer schon folgendes sagen... von all diesen Dingen, die in diesem Zimmer sind, ist der größte Schatz und der von unschätzbarstem Wert diese kleine Schatulle. Und was immer mir auch widerfahren mag, du mußt dich vergewissern, daß diese Schatulle erhalten bleibt und sicher aufbewahrt ist.”

Mit einemmal wollte der Sohn die Schatulle sehen. Und der Vater zog die gewisse Schatulle hervor, so als würde er Gott den Kelch darbringen, und zeigte sie seinem Sohn. Und der Sohn war verwirrt. Sie schimmerte nicht. Sie tanzte nicht. Sie glänzte nicht. Du liebe Güte, es war lediglich eine erbärmliche Schatulle! Und sich bemühend, nicht seine wahren Gedanken zu verraten, sagte er: “Ach, ja Vater, ein kostbares Erbstück.”

Und sein Vater erwiderte: “Ja.”

“Gestatte mir zu sehen, was sich im Innern befindet.”

Er erwiderte: “Nein! Du wirst niemals sehen können, was sich im Innern befindet. Mein geliebter Sohn, diese Schatulle ist mehr wert als einhundert Zimmer voll mit Dingen wie diesen hier.”

Sodann ... gab er dem Sohn einige Dinge ... Scheckel, Taler aus Gold und Bücher, in denen alles geführt werden sollte. Und als der Sohn das Gold in seinen Händen hielt, da glänzte es nicht einmal nahezu so wie die ... Schatulle.

Und sodann verwaltete er die ersten wenigen Dinge. Und er tat es recht gut und ordentlich, und kam zurück, und ersuchte um eine weitere Audienz mit seinem Vater, und der Vater sagte: “Du hast das sehr gut gemacht.” Also gibt sein Vater ihm eine etwas größere Menge Taler, die er verwalten sollte.

Und der Sohn sagt: "Vielleicht, Vater, wirst du mir eines Tages das Privileg gewähren zu erfahren, wo du den Schatz in der Schatulle versteckt hast, damit ich ihn beschützen kann in dem Falle, daß dir irgendeinmal etwas geschieht."

Und der weise junge Vater nickte: "Zu angemessener Zeit. Zu angemessener Zeit."

So widmet sich der Sohn also seinen Angelegenheiten und mit einemmal beginnt ein Phänomen einzusetzen. Er fängt an, jenen weniger auszuzahlen, die die Taler von Gold und Silber und Smaragd erhalten sollen. Er fängt zu betrügen an.

Nun, was ihm nicht bekannt war: die Taler, die er zu übergeben verpflichtet war, waren *zweimal* so viel, als es eigentlich gebraucht hätte, doch das wußte er nicht. Sein weiser Vater hatte - sagen wir mal - die Dokumente gefälscht. So daß für den Stall zum Beispiel anstelle der zwei Goldtaler, die zu übergeben nötig waren, der Vater vier aufgeschrieben hatte. Als der Sohn dann dorthin ging, um die vier Goldtaler dem Stall zu übergeben, da fiel es ihm sehr schwer, die vier Goldtaler hervorzuziehen und sie dem Stallmeister auszuhändigen. Und so fing er mit dem Stallmeister zu feilschen an.

Und schließlich sagte der Stallmeister: "Alles, was wir je benötigten waren zwei." "Zwei, das gilt!" Und er behält die restlichen zwei.

Nun, dies geht so eine kleine Weile vor sich. Und vor seiner nächsten Audienz mit seinem Vater hat er seinem Vater bereits recht viel zusammengespart, wobei ihm jedoch sofort die Idee kam, daß er es eigentlich für sich selbst zusammengespart hat. Er hatte also eine recht ansehnliche Aussteuer zusammenbekommen. Dem Vater jedoch brachte er die Bücher zurück mit den Worten, daß alles genau so durchgeführt worden sei, wie dieser es erwartet habe.

Nun ja, der Vater, der seine eigenen Spione hatte, erkannte, daß der Sohn genau das ausbezahlt hatte, was fällig war, und wie viele Taler an wen. Da wußte der Vater, daß der Sohn ein Wohlwollen, das er ihm gewährt hatte, mißbraucht und hintergangen hatte. Und da verstand er auch, daß es für seinen Sohn eine Gefährdung darstellte, daß das Schlimmste, was diesem je widerfahren könnte, es wäre, wenn er die Schatzkammer mit all ihrem Inhalt seinem Sohne überlassen würde. Er berief also für eine ganze Weile keine Audienz mehr mit dem Sohne ein.

Sein Sohn hingegen, der das Gefühl hatte, daß sein Vater nun zu alt werden würde, nahm sich selbst die Freiheit heraus und schaffte es, in die Schatzkammer einzudringen. Und was würde er wohl nehmen? Er hätte sich alles nehmen können. Was nahm er? (Die Schatulle.*) Ja.

Er läßt also die Schatulle in den Falten seiner Tunika verschwinden und eilt weg, nichts ist angetastet. Und er geht zu seinen eigenen Gemächern - mit großem Vergnügen öffnet er die Schatulle. Und was, meint ihr, fand er darin? Er fand das Blut aus der Hochzeitsnacht seiner Mutter, das nach wie vor auf einem Stückchen Leinen erhalten war. Er wußte nicht, was es war. Er war verwirrt.

Er nahm es also heraus und brachte es zu einer Öllampe und hielt es gegen das Licht der Öllampe, da er dachte, daß irgendeine geheime Botschaft in dem Blute geschrieben stand. Das war der Brauch in jenen Zeiten. Und als er sie nicht entdecken konnte, ging er zu der Schatulle zurück und nahm jedes Teil der Schatulle - legte sie auseinander und hielt auch sie gegen die Flamme, nach einer geheimen Botschaft suchend. Ja, er ging sogar soweit, das Zitronenholz in seine Teile zu schlagen, da er dachte, daß die Botschaft irgendwo dazwischen eingeprägt sei. Er zerstörte die Schatulle. Und dieses armselige, jämmerliche, zerlumpte Stückchen Leinen fiel zu Boden.

Sein Vater kam und klopfte heftig gegen die Türe. Bei seinem Versuch, die Schatulle zu verbergen baute er sie schnell zusammen und versteckte sie an seiner, wie es bezeichnet wird, Brust. Sein Vater kam herein und sagte, daß er mit ihm sprechen wolle. Der Vater ging direkt dorthin hinüber, wo die Öllampe war. Und dort auf dem Boden lag das altehrwürdige Andenken, das seinem Vater so viel bedeutete.

Dieser beugte sich hinunter und hob es auf ... und er sagte zu ihm: "Oh mein Sohn, was hast du getan?" Der junge Mann konnte nichts sagen. Und mit sanften, zarten Fingern hob der Vater das Leinen hoch.

Und der junge Mann fing zu seiner eigenen Verteidigung zu protestieren an und sagt: "Vater, jemand hat dich zum Narren gehalten! Sie nahmen, wie ich es vermutete, den Schatz aus der Schatulle und ließen das da zurück! Ich denke, das ist ein böses Omen in der Tat. Ich tat das nur, weil ich den Verdacht hatte, daß jemand dies tun würde. Und hier ist der Beweis! Sieh selbst! Dies ist alles, was in der Schatulle war!"

Und sein Vater sagte zu ihm: "Mein geliebter Sohn, dies *ist* es, was in der Schatulle war!"

Der Sohn mit Fassungslosigkeit und nach Luft schnappend: "Aber du sagtest, es sei soviel wert wie einhundert Dynastien!"

Er erwiderte: "Das ist es, und noch mehr als das. Dies ist das Blut deiner Mutter, als sie ein kleines Mädchen war. In die Empfängnis hinein gezwungen wurdest du, als wir nichts als Kinder waren. Dies hier ist nichts Wertloses. Dies ist Leben ... und es war das Blut für dein Leben, das dich ins Dasein brachte. Warum ist das kostbarer als einhundert Dynastien? Weil es ohne Leben keine Dynastien gibt, und weil es ohne Erinnerung keine Freude gibt, und weil es ohne Blut keine Liebe gibt.

"Mein Sohn, ich hätte das Lösegeld von einhundert Dynastien dafür gegeben, wenn du es hättest lernen können, die Kostbarkeit dessen zu erkennen, was dieses Leinen repräsentiert. Denn einhundert Dynastien zu haben wird dir jetzt zu nichts mehr dienen, denn all das Vermögen, das du anhäufst, wird zunichte werden ... weil dies hier es ist, worum es sich beim Leben handelt, und ohne es gibt es keine Dynastien, und ohne dieses Blut gibt es keine Liebe ... und gibt es kein Leben.

"Ich fürchte, mein geliebter Sohn, daß du alle Tage deines Lebens zum Tode verdammt bist - daß das einzige nämlich, wonach du je in deinem Denken trachten wirst, die Anhäufung von einhundert Dynastien sein wird. Du wolltest mein Vertrauen und ich vertraute dir. Und ich gab dir eine Gelegenheit. Ich gab dir die Chance, nach der du verlangt hattest. Und bei der ersten Chance hast du es wohlgemacht, und ich beobachtete dein Herz - und bei der zweiten Chance da nahmst du und du gabst nicht zurück ...

"Mein geliebter Sohn, über die Schatzkammern meiner Familiendynastien wirst du niemals herrschen, denn wenn ich fortgegangen sein werde, dann wird alles unter den Leuten verteilt, die rein in ihrem Herzen sind, die ein Teil dieser Dynastien sind. Ich werde dich immer lieben, aber geben kann ich dir niemals wieder, bis du Aufrichtigkeit gelernt hast und bis du weißt, wie man Vertrauen behandelt."

* * *

* <Antwort der Zuhörer>

Kapitel 29

KEINE FUSS-SPUREN ZURÜCKLASSEND

Vor langer Zeit eurer Zeitrechnung nach ... nämlich zur Zeit des, wie man es bezeichnet, Vierzehnten eurer Jahrhunderte, gab es einmal ein kleines Dorf außerhalb einer, wie es bezeichnet wird, Stadt, die beachtliche Mauern hatte. Innerhalb dieser Stadt war die, wie man es bezeichnet, Schatzkammer der Welt. Und reger Handel ging von dieser wundersamen Stadt aus und kam zu ihr herein.

Und nahe am Hafen lagen, wie es gleichsam in der Tat bezeichnet wird, wundervolle Schiffe, die aus all jenen Teilen der Welt kamen, die zu jener Zeit bekannt waren. Und ihre großen Segel, die in den Hafen hineinglitten, glichen der Farbenpracht von hell leuchtenden Blumen auf einem Teich. Und in der, wie es bezeichnet wird, Schwere des Sommers, pflegten sie hereinzusegeln, und der Wind, der die Segel aufblähte, pflegte die, wie es gleichsam in der Tat bezeichnet wird, Düfte ihrer höchst kostbaren Fracht herbeizutragen. Und der Wind pflegte ihre Gerüche herbeizuwehen, Gerüche, wie es bezeichnet wird, von Kardamom, Zimt, Gewürzen, Myrrhe, Weihrauch, Kräutern, Paprika und in der Tat sogar von Granatäpfeln. Und der Wind pflegte derart erfüllt von den Düften zu sein, daß sie für die Nasen der

Einheimischen höchst verlockend waren. Und jener grandiose Wind mit seiner kostbaren Fracht dufterfüllter Luft, er pflegte durch jene sogenannten Stadttore und durch die Straßen zu wehen. Und was vorher nach Dung und Urin und altem Käse und schlechtem Wein und Knoblauch und Bratereien roch, und die Gerüche von Tieren und ungewaschenen Körpern, bis hin zu den Gerüchen von frisch gefärbtem Leinen, das dort zum Trocknen hing, und hin zu der Brillanz der seidenen Baldachine über dem Marktplatz ... aah, in der Tat, der Wind brachte eine Frische von Düften in eine Stadt, die überreichlich von städtischem Gestank erfüllt war.

Und der Handel pflegte seinen Anfang zu nehmen und zwar mit kostbaren Waren, Schätzen von überallher und von fremdländischen Orten, die der Mob vom Marktplatz noch nie gesehen hatte. Ihre Waren pflegten auf Schiffen herbeigebracht zu werden und wurden auf prachtvollen Straßen ausgestellt, und die Kaufleute pflegten ihre Waren auszurufen.

In dem kleinen Dorf, nicht weit entfernt von der großen Stadt, wurde einer, wie es bezeichnet wird, höchst angesehenen Familie ein kleiner Junge geboren. Die Mitglieder seiner Familie, obgleich diese nicht wohlhabend war, wurden als, wie man es bezeichnet, fest eingesessen und als achtbar betrachtet, besaßen sie doch immerhin, wie man es bezeichnet, fünf Sklaven, die die Familie umsorgten. Doch im Gegensatz zu den sogenannten majestätischen Villen, besaß ihr Haus lediglich eine einzige Säulenvorhalle, und einen unscheinbaren Brunnen gab es darin, und in der Mitte konnte man unter einem großen, großen Zitrusbaum meditieren und das Herabtröpfeln des Wassers beobachten. Wenn es auch ein unscheinbarer Garten war, der Zitronenbaum lieferte die Düfte, die durch das Haus zu ziehen pflegten und die in der Schwüle des Sommers die Lustlosigkeit bei ähm ... allem, was in diesem Haushalt vor sich ging, in neuen Auftrieb wandelten.

Und der kleine Junge, der von seinem Hauslehrer in allen, wie man es bezeichnet, Bildungsbereichen unterrichtet wurde, war in der Tat ein Träumer. Denn er träumt von fremdländischen Königen und von Tapferkeit. Und er träumt von Kaufleuten aus fremdländischen Gegenden, und von Sprachen, die zwar in fremdländischen Tönen vor sich hinsprudelten, die aber dennoch voneinander zu unterscheiden waren.

Und seine Phantasie pflegte ihn mit sich fortzutragen.

Und aufgrund des Einvernehmens pflegte der kleine Junge mit seinem sogenannten Hauslehrer und mit seinen, wie man es bezeichnet, Eltern, in die große Stadt zu gehen. Und seine Augen pflegten aus Staunen über all die Wundervollheit dieses menschlichen Gewühles weit offen zu sein - und aus Staunen über die Tätigkeit weiser Männer, die ihre Lehren laut verkündeten. Über die Huren, die lächelnd in schattigen Türen standen. Über die Kaufleute, die ihre Waren ausriefen. Und der Geruch von Büchern, und schwarzgesichtige Schafe, und schnatternde Gänse, und Esel, und unglückliche Kamele. Bettler, die um Almosen bettelten. Elegante Frauen auf Sänften, die nie hinausschauten. Gelehrte, die mit Büchern gewichtigen Wissens unter ihren Armen umherliefen. Und ungewaschene Körper und auch geölte und parfümierte Körper ... für den kleinen Jungen, der das betrachtete, was man als die Brillanz eines scharlachroten Baldachins bezeichnet, der sich über den Sklavenmärkten aufblähte - all diese Dinge regten seine Phantasie in großem Maße an. Und er pflegte lange stehenzubleiben, um einem gewissen Gelehrten zuzuhören, der von einer ... einer Wesenheit namens Pomah erzählte.

Und jener, wie man es bezeichnet, kleine Junge, sehnte sich danach, so auszusehen und so zu sein, wie jeder auf dem Marktplatz. Und als er wieder zu seinen Studien zurückkehrte, da fand er sich gewöhnlich dabei wieder, wie er im Garten unter dem Zitronenbaum saß und in seinen herrlichen Träumereien ... auf jenen Schiffen mitfuhr, die von fernen Orten kommend in den Hafen einsegelten ... sich in Brokat und Goldgewänder kleidete ... seinen Bart und seine Haare ölte ... und wie der Duft von Granatäpfel und feinem Räucherwerk sein eigener Wohlgeruch sein würde.

Und der kleine Junge begann sich nach den Vergnügungen fremder Orte zu sehnen. Und wenn er seinen Hauslehrer darauf ansprach, pflegte dieser ihn zu necken und zu bestrafen und zu sagen: “Es ist verderbt, das zu wünschen. Es ist edel ... es ist edel, liebstes Kind, sich mit der Herrlichkeit zufriedenzugeben, zu der man geboren worden ist.” Dies schreckte den kleinen Jungen jedoch nicht ab.

Und der kleine Junge wuchs allmählich zu einem Manne heran und ging fort zu einer, wie es bezeichnet wird, Schule in einem fremden

Lande, um das zu studieren, was man Rechtswesen nennt. Und auch dort war seine Phantasie weiterhin lebendig; und all die Dinge, von denen er sich wünschte, sie in der Welt haben zu können ... er träumte sie. Und nach und nach ging er zu den fremden Orten, überquerte die, wie es bezeichnet wird, großen Meere, und sah herrliche Menschen. Andere Sprachen sprachen sie. Andere Götter verehrten sie, und ihre Philosophie war allemal recht ungewöhnlich und einzigartig. Und der kleine Junge, der ein Mann wurde, begann bald schon zu erkennen, daß alle seine Träume im Begriff waren, sich zu verwirklichen. Denn so hoch geachtet und edel war er und so hochgebildet im Rechtswesen war er, daß er gleichsam in der Tat zu einem Gesetzgeber und einem Gouverneur ernannt wurde in einem Lande, das weit von seiner unscheinbaren Herkunft entfernt lag.

Und dort trug er Stoffe aus Gold. Und ölte seine Haare mit Pomade und salbte seinen Bart mit Weihrauch und Myrrhe, und er trug feines Leinen unter seinen wundervollen Roben. Und nie geschah es, daß er, wie es bezeichnet wird, zu seinem Gouverneurssitz ging und nicht wegen seiner Erscheinung und seiner Eleganz von allen Vorübergehenden auf aufsehenerregende Weise bewundert worden wäre.

Und er träumte von mehr, denn bald schon hatte er all die Dinge, von denen er als kleiner Junge geträumt hatte. Und so kam auch das Bedürfnis nach Macht, denn was hat man nicht alles, wenn deine Geldschränke mit Edelsteinen und Gold überfließen. Und die Rechtskanzlei hat dir gute Dienste geleistet, denn deine Klienten sind wohlhabend und aus der Oberschicht. Und bald schon war er all jenem begegnet, was in seiner Phantasie gelebt hatte, als er jünger war. Und er hatte alles ... Eine prunkvolle Villa mit vielen wundervollen Gärten für die vielen verschiedenen Zeiten des Jahres. Viele schöne Sofas aus eingelegtem Perlmutt, geschnitzt. Wände, die Gemälde von grandiosen Schlachten veranschaulichten. Und Fußböden aus Mosaiken, die wunderschöne, in die Sonne hineinreitende Pferde zeigten. Er hatte alles, und er wurde unzufrieden.

Und bald schon war in ihm das Verlangen nach Macht, mächtig zu sein, mittels seiner Rechtskenntnis den, wie es bezeichnet wird, Sitz der Macht innezuhaben. Und obgleich er nicht von, wie es bezeichnet wird, adliger Geburt ist, pflegte er davon zu träumen, die Leitung über jene Schiffe zu haben, die vor langer, langer Zeit in seinen Hafen einsegelten.

Und es bietet sich ihm, wie es bezeichnet wird, eine Gelegenheit, um die Hand eines, wie man es bezeichnet, äußerst häßlichen Mädchens anzuhalten. Dickleibig, mit einer sehr langen und breiten Nase, braunen Zähnen und Haaren, die sich obendrein auch noch lichteten, doch sie hatte all die Höflichkeiten und all das Gebahren einer Adelsfrau an sich. Und zudem würde die Linie, in die er einheiratete, ihm eine, wie man es bezeichnet, angemessene Machtposition zusichern.

Und so heiratete er das häßliche Geschöpf. Und umgehend legte er sich eine Hetäre zu - wunderschön, auf gezierte Weise verführerisch, schlangenhaftes Begehren. Und auf diese Weise erfüllte er sich seinen, wie es bezeichnet wird, Traum von sexueller Erfüllung mit einem wunderschönen Geschöpf, das sicherlich die Brut eines großen Gottes gewesen sein mußte. Er und seine häßliche Frau wurden indessen bald schon in eine, wie es bezeichnet wird, hochgeschätzte Stellung katapultiert, gleich nach dem großen König, denn ihr Vater war an der sogenannten Schwindsucht gestorben. Und hier nun war er die Stimme, das Wissen hinter dem Thron. Und schlau war er und listig. Denn mittels gewandter Worte, die stets verhalten und ohne den Ton von aufgebrachter Emotion gesagt wurden, begann er seine Macht im Hinblick auf seine eigenen großen Phantasien zu manipulieren.

Und alsbald stürzte er aufgrund seiner Selbstsucht und seiner Irreführung seiner Macht den König in eine äußerst schwere und tödliche Schlacht. Und Krieg brach über das Land herein. Ernten fielen schlecht aus und der Weizen, der mit dem Schiff geliefert wurde, kam nur spärlich. Und obendrein murrten auf den Feldern die Soldaten, denn sie hatten weder, wie es bezeichnet wird, Drachmen, noch Nahrungsmittel für ihre Mägen, noch honiggesüßten Wein, um darin ihre langen Stunden und ihr dahinsiechendes Sterben auf den Feldern zu ertränken. Und es war eine äußerst abscheuliche Zeit. Was brachte indessen der Wind auf den Schlachtfeldern mit sich? Den Gestank von Blut und verätzten Wunden und von brandig gewordenem und verwesendem Fleisch, und von unsauberen Leibern, und Dung und Urin. Und das Wehklagen von denjenigen, die verwundet worden waren; von denjenigen, die im Sterben lagen und nach ihren Müttern und ihrer Liebsten schrien ... und die zu den Göttern beteten, daß sie einschreiten mögen. Und das Stöhnen der Edelleute, die wegen ihrer Abstammung ... an stillen Orten weinten.

Nun .. es stand sehr schlecht und sehr jammervoll. Und dieser recht vornehme, mächtige Mann ritt auf das Feld, um sich die Sache anzusehen, denn sein Zorn war groß, da seine Armee geschlagen worden war, und was von ihnen übrig war, lag sterbend auf dem freien Feld. Und er war überwältigt von den Gerüchen des Todes. Und was ihm zynisch vorkam, war, ach ... daß in einer weit entfernten wundervollen Villa und einem vergoldeten und wunderschönen Palast, daß da die Geräusche menschlichen Leidens so weit weg und unerfaßbar waren, denn er konnte es nicht fühlen, da er nicht dort war. Er hatte sich in der Behaglichkeit seiner Wohnstätten aufgehalten mit reichlich Met und honiggesüßtem Wein und mit, wie es bezeichnet wird, gebratenem Wildschwein und Lauchsuppe, und sein Magen war ganz und gar zufrieden.

Doch wie er dies hier sieht .. Leiden ... abgerissene Gliedmaßen, oder auch die Gerüche, die seinem Magen Übelkeit verursachten, und es würgte ihn oft ... da war er von der Alptraumhaftigkeit seines Traumes wie erdrückt. Und er weinte bittere Tränen, nicht darüber, daß seine Macht nun verloren sein würde oder daß seine Behaglichkeiten ihm nun mit Sicherheit entrissen würden, sondern er weinte um seinen Traum, dessen Erfahrung er nicht gemacht hatte. Und dieser war hier, direkt vor ihm, überall um ihn herum. Und die Fliegen, die um sein Gesicht schwirrten, ließen ihn nicht in Ruhe. Und er warf sich auf den Boden und begann aus einem Schmerz heraus zu weinen, der tief aus der Seele kommt, der unverhüllt und ungestillt ist, denn dies hier war der Traum, den er nicht geträumt hatte. Und er rief alle Götter an, daß sie jenen hier wieder Linderung und Auftrieb geben mögen. Er hatte den Irrtum, der in seiner Torheit und in seiner Unerfahrenheit und in seinem Streben nach Macht lag, erkannt. Doch als er wieder aufschaute, war die Szene nach wie vor dieselbe.

Und so legte der Mann, der der Träumer war, seine Brokatgewänder ab, nahm die Lorbeerzweige von seinem gelockten und geölten Haar herunter, und zog ein Sackleinengewand aus grob gewebter Wolle über und salbte sich mit der Asche jener, die verbrannt worden waren, und fing an sich zu verströmen, um in diesem Traum, den er nicht geträumt hatte, zu helfen. Und er setzte sich unermüdlich ein, und er erfand die Aderpressen. Er sah zu, wie Gliedmaßen Eingriffe erdulden mußten und abgetrennt wurden. Er roch den Tod überall, wo er war, und es war gewiß, daß Krankheit und Leiden über dem Land lag. Und er arbeitete bis er völlig erschöpft war. Und er bedurfte keines Brotes und trank nur, wie es bezeichnet wird, Wasser, das zuvor gekocht worden war. Denn er mußte daran arbeiten, diesen Traum wieder in den Traum zu wandeln, den er nicht hinein in eine grandiosere Wirklichkeit geträumt hatte. Und wie viele Männer ... in wie viele Gesichter blickte er und sah, was er geträumt hatte und was er zu diesem Ort abscheulichster Schlächterei hat werden lassen. Wie könnte er das in seiner Seele rechtfertigen ... alles wegen seiner Gier nach Macht ... und er weinte aus tiefstem Herzen.

Als das Blutbad beendet war, machte er sich auf den Weg zurück zu seiner Stadt in keineswegs triumphaler Weise, denn er zog sich nicht wieder seine Brokatgewänder an, und ölte sich auch nicht mehr länger die Haare, sondern trug mit sich den Gestank eines Alptraums. Und er kehrte zu seiner häßlichen Frau und seiner wundervollen Villa zurück und starrte auf seine Gemälde, seine Mosaike und auf sein mit Perlen eingelegtes Orangenholz und seine seidenen Sofas, und seine geschmiedeten Kupfergegenstände. Und die Welt war so unwirklich. Sie war wie eine Illusion. Und der Mann konnte dort nicht mehr länger Zufriedenheit finden. Und auch keine Zufriedenheit mehr in seiner Machtrolle, denn seine Macht war das Verderben all derer gewesen, denen er ins Gesicht blickte.

Eines Nachts also ... saß er in seinem Garten und roch die, wie es bezeichnet wird, von Jasmin erfüllte Nachluft, und schaute zur Zauberin <Mond> hinauf, silbern, die über ihre für ihn wahrnehmbaren Wälle hinaus zu- und abnahm. Und er fühlte sich im Innern einsam und erbärmlich. Und da zog er wieder sein Sackleinenkleid und seine schmucklosen Gewänder an, nahm, wie man es bezeichnet, ein einziges Paar Kniehosen und Stiefel mit, und wanderte hinaus auf die, wie es bezeichnet wird, wundervolle Straße, die von seinem Dorf in seine große Stadt führte ... und schaute nie zurück.

Und er erreichte gerade noch ein, wie es bezeichnet wird,

stattliches Schiff. Es war ein Frachtschiff, das beladen war mit all jenen Düften, die ihm aus seiner Jugend in Erinnerung kamen. Und er hielt sich gleichsam in der Tat im Rumpf des Schiffes auf und stach in See, zurück zu jenem Hafen, an den er sich lang, lang aus der Zeit erinnerte, als er noch ein kleiner Junge war. Und als die Sonne gleichsam in der Tat über dem Horizont aufzugehen begann, ging er, wie es bezeichnet wird, an Deck zum Heck des Schiffes. Und ein sanfter Wind, voll der Frische und Reinheit des Morgens, brauste durch sein Haar. Und seine Augen fielen auf den Hafen und füllten sich mit Tränen, denn er kam nach Hause. Und es war das Gefühl einer Freude in ihm, wie er es noch nie zuvor erlebt hatte, nicht einmal in all seinen großartigen Träumen und Phantasien. Und mit festem Griff packte er das Tau, das zu seinen Füßen lag. Und sobald das Schiff in seinen großen Hafen eingelaufen war, gab er dem, wie es gleichsam in der Tat bezeichnet wird, Kapitän des Schiffes die restlichen Drachmen als Bezahlung für seine Überfahrt.

Und da ging er nun durch die Straßen, die überfüllt und hektisch waren. Und er ging weiter und bahnte sich seinen Weg durch all die Szenerien, an die er sich noch gut erinnern konnte, denn nur wenig hatte sich verändert. Und er ging zu den Toren am anderen Ende der Stadt. Und dort richtete er sich eine kleine Sitzstelle her, zusammen mit Bettlern und Krüppeln, die dort saßen und um Almosen bettelten. Von morgens bis abends saß er da. Und dann im Sommer, wenn alles trocken ist und es keine Stürme mehr gibt, wühlte der hin- und hereilende Verkehr den ungeheuer ausgedörrten und trockenen Safranstaub auf. Und dieser pflegte sich zum Himmel hinaufzubewegen und die Illusion eines goldenen Windes entstehen zu lassen. Und er saß dort und gestattete es dem Safranstaub, dickschichtig wie er war, sich auf ihm niederzulassen, tagaus, tagein.

Alle, die durch jene großen Tore hereinkamen, betrachtete er aufmerksam - fremdländische Gesichter, dunkel und hell, Augen wie das Meer, Augen wie die Nacht; Große, Kleine, Zerlumpte und Zerrissene, Reiche und Elegante ... alle von ihnen gab es. Und jeden schaute er äußerst wißbegierig an. Und von Kopf bis Fuß pflegte er Sachen an ihnen zu entdecken, die er nie getragen hatte. Und er schaute genau hin, und in seiner Träumerei pflegte er all dies innerlich zu umarmen und sah sich selbst feines Schuhwerk und Sandalen tragen. In Stoffen, die er nie getragen hatte, tanzte er in seiner Seele wie manch ein König aus einem fremden Lande. Und sie flogen weit von seinem Körper weg, und er hatte großes Vergnügen daran. Umhänge, die mit Hermelin und Zobel eingesäumt waren. Und jene, wie man es gleichsam in der Tat bezeichnet, aus den Haaren von Füchsen, Wölfen, Löwen, und er trug sie alle, tagaus, tagein. Und jedwede Gestalt <die er sah>, *wurde* er und umarmte sie innerlich ... tagaus, tagein. Und es gab Momente, in denen die von Rang und Namen stehenblieben und ihm Almosen anboten, und er pflegte den Kopf verneinend zu schütteln, denn das war einst vor langer Zeit gewesen, daß er Almosen hatte. Und es gibt diejenigen, die ihm, wie man es bezeichnet, ein altbackenes Brot im Vorübergehen hinlegen, und er kaut an dem Brot und beobachtet sie beim Weggehen und beginnt, ihr Gang zu *sein*.

Tagaus, tagein trug er Stoffe aus Gold. Und auch jene Lumpen eines Bettlers trug er. Und seine Beine wurden verkrüppelt durch diejenigen, <die er wurde und> die nicht aufstehen konnten. Und sein Bart wuchs, ungepflegt und ungeschnitten, und da waren auch kleine Parasiten, die darin ein und aus krochen. Und auch sie umarmte er innerlich. Und jeden Tag schaute er aufmerksam einher und oft suchte er das ausfindig zu machen, was er nie besessen hatte und *wurde* zu dem, was er nie besessen hatte ... dort draußen vor den Toren einer großen Stadt.

Und dann kam einmal ein Morgen zu Beginn des Frühjahrs, als die Schiffe wieder einmal im Hafen lagen. Und die Fracht wurde ausgeladen, auf Karavanen und Esel und Karren geladen, und wurde stadtaus, stadtein gebracht. Er beobachtete den ganzen Tag lang und sah nicht ein Zierstück, nicht ein Gepäckstück, nicht einen Stoff, nicht ein Gesicht, nicht eine Farbe, nicht einen Duft, nicht einen zarten Klang ... nichts, was für ihn in seiner Seele von Verlockung gewesen wäre. Denn er besaß alles davon. *Alles!*

Da war nun der Träumer zum König der Welt geworden! Er hatte unermeßlichen Reichtum und Macht und Abenteuer gehabt, und war gelangweilt von dem, was er sah. Noch bevor die Sonne am Westtor unterging, nahm er also seinen, wie man es bezeichnet, einfachen Strohsack, und seine Beine waren steif unter ihm, und er schwankte wie ein Krüppel. Und er fiel zu Boden und zerkratzte sich seine armseligen

Knie und Hände, und sein Gesicht fiel in den Safranstaub, und seine Augen waren umwölkt, und er weinte. Und mit all seiner Kraft richtete er sich langsam auf und stand aufrecht, und begann fortzuwandern und die Tore der Welt zu verlassen.

Und er wanderte über eine Wiese, auf der Mohnblumen scharlachrot zu blühen anfingen, und auch der Lavendel, und kleine Blumen, die, ich schwöre euch, wie lebendiges Gold aussahen. Und wie er dahinwanderte, fing in seinem Gesicht das Licht zu strahlen an, und er fing zu lachen an, und Freude erklang in seinem Innern. Und jeder Schritt führte ihn näher und näher zu etwas, dessen Erfahrung er niemals gemacht hatte .... die Herrlichkeit dessen, alles zu haben mit leeren Händen.

Und er warf seine Hände zum Himmel empor und tanzte wie ein etwas geschwächter Elf. Und mit jeder Drehung seines Körpers wurde er lichterhellt. Mit jedem Tanz im Licht wurde er hell erleuchtet. Und mit jedem Augenblick und jedem Wirbeln ... *wurde die Wiese* erleuchtet von dem Licht, das von ihm ausstrahlte, und jede Drehung <turn> steigerte seine *Rückkehr* <return>. Und mit einemmal war da ein brillantes Licht, das über der Wiese schwebte. Ehrfurchtgebietend war es! Und die Vögel, die in den, wie man es bezeichnet, Bäumen waren, und die ihre wundervollen Melodien gesungen hatten, waren in Schweigen gesunken. Und auf ihnen lag das Licht. Und es stieg sehr sanft empor und dehnte sich über der ganzen Wiese aus. Und die Blumen öffneten sich stürmisch seinem Farbschimmer und seiner Wärme und seinem Zauber. Und das Licht ... in seiner Mitte leuchtete es in rosaner Farbe, und an der Übergangsstelle war es von goldener Farbe, und das Licht, das hervorstrahlte war von einem überirdischen Weiß. Und es begann hoch droben am Himmel, sich schnell wie ein Wirbel zu drehen und zu tanzen. Und wie es in seiner wirbelnden Drehung immer schneller zu werden beginnt, da beginnt es blasser und blasser zu werden. Und in einem Augenblick grandiosen Lachens war es verschwunden, für immer und immer und immer, denn er war zurückgekehrt in die Ewigkeit!

Wo ging der kleine Junge denn nun hin, fragt ihr! Er lebte einen Traum, der sich innerhalb eines Traumes befand ... eine Kultur, einen hohen Rang, eine Vorrangstellung. Und alles, wovon er in seiner

Phantasie träumte, traf wirklich und wahrhaftig ein - mit der Ausnahme - daß er nie von der anderen Seite all jener Möglichkeiten träumte und auch nie auf diese andere Seite ging. Doch erst daraufhin begegnete er der Realität dieser Welt ... und ihrer Illusionen. Nicht mehr länger ... nicht mehr länger wollte er das Geschenk in die Hand, sondern das Geschenk des Geistes, und saß da und umarmte innerlich alles, was nur menschenmöglich war in einem unmenschlichen Umfeld. Und er besaß alles davon. Alles! Er war sich sicher, daß es nichts mehr gab, was er nicht schon in seinen Träumen besitzen würde. Nun, es gab tatsächlich nichts mehr!

Was also geschieht, wenn einer alles hat, alles manifestiert und dann permanent dessen überdrüssig wird, was er manifestiert? Er geht zum *nächsten* Verstehen über. Er kann dasitzen und das Königreich der Welt besitzen, ohne sich zu bewegen. Er kann die höchst Illustren und auch die höchst Elenden werden, ohne sich zu bewegen. Und der kleine Junge, der den Traum träumte, erwachte aus seinem Schlaf. Und was war seine Bestimmung? In die Ewigkeit zu gehen, dorthin wo der Traum eine Wirklichkeit ist ... und wo man in jedem Moment, in dem lebt, das Kontinuum von *allem* ist, was existiert, und wo das Abenteuer sich wahrlich erfüllt <vollfüllt>. Sein Drama war vollendet. Keine Spuren ließ er zurück!

Nun, was ist der Traum? ... aufzuwachen, all das zu besitzen, was euer Traum beinhaltet, aber nichtsdestoweniger aufzuwachen und der Schöpfer von allem zu sein. Ist es falsch, die Königreiche der Welt zu wollen, Stoffe aus Gold zu tragen? Nein, es ist notwendig. Leidet der Bettler tatsächlich so im Übermaß? Nein, es ist notwendig. Ist die Stadt schlecht mit ihren Ausschweifungen? Nein, es ist notwendig. Ist Macht etwas Böses? Nein, sie ist notwendig. Denn bevor ihr nicht alles besitzt, könnt ihr niemals zurück nach Hause gehen, zurück zu der Gesamtheit des Lebens, zu der Vollendetheit dieser Existenz in der ganzen Erhabenheit ihrer Weisheit.

Jetzt sagt ihr: "Aber ach, er ging lachend über eine Wiese. Offenkundig schmutzig und zerlumpt und sehr schlecht riechend. Wie konnte er zu einem Licht werden und nach Hause gehen mit so wenigen Dingen?" Nun ja, seht ihr, die Notwendigkeit von all diesen Dingen, die er innerlich umarmte und die er als Gefühl besaß, wurde zu Weisheit!

Es war notwendig für ihn, der Träumer zu sein und alle seine Phantasien auszuleben, denn in jedem Augenblick, in dem er dies tat, war er eifrig am Wirken und entwickelte eine Seele, die reich beladen war mit Weisheit. Aahh, er besaß alles und jedes! Wenn ihr mögt oder es wagt, dann stellt euch einmal vor, eine Seele zu haben, die ihr angefüllt habt mit der *Tugend* nobler Tugenden, der Tugend aller *verwirklichten* Notwendigkeiten. Wie, sagt ihr, würde sie aussehen? Wie würde sie aussehen? Sie wäre wie ein großer Sack, der bis zum Rand gefüllt ist mit Perlen, mit schillerndem, schimmerndem, hinreißendem Licht, das weit über dreidimensionale Begriffe hinausgeht, denn am Ausgangspunkt einer jeden Perle lag die Notwendigkeit, nämlich der Sand, der sie irritierte, damit sie zu einer Perle würde. Er ging nicht nach Hause als schlecht Riechender, er ging nach Hause reicher als irgendeiner von jenen, die er an den Toren jener großen Stadt innerlich umarmt hatte. Er war voll-füllt.

Ist es nicht wirklich überaus komisch, so überaus komisch, daß ihr der reichste Mensch in der Welt sein könntet und dabei nur ein Lendentuch tragt und schmutzig seid. Ist es nicht überaus komisch, Meister, daß ihr die berühmte Wesenheit sein könntet, doch unbekannt. Und ist es nicht bereichernd, in dem vollständig <vollendet> zu sein, *wer ihr seid,* währenddessen niemand weiß, wer ihr seid. Denn darin liegt die Bestimmung, ihr Träumer!

Ihr kamt hierher wie jener kleine Junge, und ihr ringt mit euren Eifersüchten und euren Urteilen und eurem Haß und euren Bitterkeiten, euren Neidereien, und euren wahrhaft, wahrhaft ausgedachten Auffassungen hinsichtlich eurer Sexualität, hinsichtlich eurer gesellschaftlichen Prominentheit und eurer gesellschaftlichen Stellung, hinsichtlich eures ähm ... pflichtgetreuen Erfüllens der Familienspielregel, hinsichtlich eurer nicht endenden Wünsche. Nun ... all das ist notwendig, denn bevor ihr nicht in der Lage seid, sie zu besitzen, könntet ihr nie dorthin gehen, wo ich hingehe. Bevor ihr sie nicht in eurer kleinen heißen Hand habt und wißt, wie es sich anfühlt, sie zu berühren, werdet ihr niemals erkennen, daß ihr es bereits besessen hattet, bevor ihr es berühren konntet!

Und es wird einmal die Stunde kommen, daß alles, was ihr euch gewünscht habt, an die Oberfläche kommt, und daß alle eure Manifestationen, wie bei dem kleinen Jungen, ausgeträumt sind und ihr feststellt, daß sie euch nicht mehr länger erfüllen. Und ihr werdet genau wie der kleine Junge sein, der es fertigbrachte, sich um ganze Zeitalter fortzuentwickeln, indem er alles, was er sieht, innerlich umarmt, um es zu besitzen. Eines Tages. Doch ihr werdet nicht dahingelangen, bevor ihr nicht jeden Geruch gerochen habt, den ihr riechen wolltet, und bevor ihr nicht jeden Stoff tragt, den ihr tragen wollt, und bevor nicht jede Anerkennung von jedem Menschen, der euch anerkennen soll, anerkannt worden ist, und bevor nicht jede Debatte über eure Sexualität ausdebattiert ist, und, selbstverständlich, bevor ihr nicht ausgerichteter Gedanke <focus> seid und jede machtvolle Entscheidung, die ihr machen wollt, gemacht werden kann.

Nun ... seht ihr, tatsächlich lehrte niemand den kleinen Jungen, der ein Mann wurde, daß das, was er da machte, wahrlich genau das war, was dazu führte, daß es sich ereignete. Er wußte nicht einmal, daß es genau um das, was er tat, ging, als er beobachtete, zuschaute, innerlich umarmte. Erst als er die Tore der Erde verließ und auf die Wiese ging, da wußte er es und verwirklichte es.

* * *

Kapitel 30

DER JUNGE BAUM

Im Wald sind die großen Bäume, die sich nach dem Licht emporstrecken, massiv an ihrem Fuße. Ich verbrachte sehr viel Zeit im Wald mit dem Verstehen des Lebens. Und es war mir aufgefallen, daß auf dem Waldboden, daß dort junge Bäume standen, die von dem großen Baume abgefallen waren, um sich im Erdboden zur Welt zu bringen ... und die sich bemühten heranzuwachsen. Und sie sind sehr schwach. Und wenn man auf sie tritt, sind sie ganz leicht "angeschlagen". Und durch ihren herrlichen Duft erhält die Luft ein prickelndes Aroma. Und weil der Elternbaum so groß ist und sich nach dem Licht ausstreckt, und weil er durch seine immense Größe das ganze Licht vor dem jungen Baum abschirmt, bleibt der junge Baum sehr schwach und sehr anfällig ... für Verletzung.

Doch da grub ich einen jungen Baum aus und entriß ihn seinem großen Elternbaum, und sagte dem Elternbaum, daß ich ihn liebte, doch daß wir uns nichtsdestoweniger darum kümmern sollten, daß sein Abkömmling ein gutes Beispiel für ihn sein würde. Und so nahm ich den jungen Baum und brachte ihn zu einem freien Feld, und dort pflanzte ich ihn ein. Und das kleine Ding war so zart, und die Wurzeln waren so zart, daß ich ein sehr großes Loch graben und es wieder sehr sanft mit der gelockerten Erde anfüllen mußte, um ihn dort einzusetzen. Und jede kleine Wurzel wurde sorgfältig mit Erde bedeckt. Und ich ging zu der Quelle und gab ihm einen ordentlichen Schluck zu trinken; er konnte einen ordentlichen Zug nehmen, wie er es bezeichnen würde.

Und ich verließ den kleinen, jungen Baum. Und, Wesenheit, ich kehrte achtundeinhalbes Jahr später zurück und fand ... einen immens großen Baum vor inmitten einer Lichtung. Und wie war dieser Baum doch wunderschön. Und glatt und glänzend war seine Rinde ... das mußte mein Baum sein. Und ich schaute mich um und erinnerte mich, daß kein anderer Baum dort war, als ich ihn eingepflanzt hatte, also war er wirklich der Baum, den ich unter seinem Elternbaum hervor weggenommen hatte. Und ich nahm den Elternbaum in Augenschein, und er war noch größer als je zuvor. Noch größer, noch mehr umfassend, noch mehr Leben.

Und ich setzte mich hin und sprach ein Gebet unter dem Abkömmling. Und ich war so überaus dankbar dafür, daß ich das damals getan hatte, war mir dadurch doch auch ein wundervoll schattiger Platz geschenkt worden, um dasitzen und meinen eigenen Gedanken nachgehen zu können. So eine gute Tat hatte ich also getan, daß ich doch recht gehabt hatte, mit dem was ich durchgeführt hatte. Und ich verabschiedete mich von dem jungen Baum.

Ich bin wie der Elternbaum. Und aller Dinge habe ich mich angenommen ... ich habe euch vor allem und jedem Schutz geboten. Und ihr könnt sehr leicht “angeschlagen” werden. Und ihr seid imstande, sehr leicht anderen nachzufolgen. Und ihr seid imstande, sehr leicht jemand anderen zu verehren, nur nicht *euch selbst.*

Ich nehme euch einfach nur und stelle euch auf eine Lichtung, und lasse euch heranwachsen, und lasse euch von dem Licht, das man euch übermittelt, genährt werden. Und ich werde zurückkehren und mich dann wieder von euch verabschieden. Und ich werde wieder zurückkommen und euch viele Fragen stellen, damit ihr sie beantworten könnt. Und ich bin mir dessen sicher, Wesenheit, daß ihr sie ausgezeichnet und gut beantworten werdet.

Ich gehe nirgends hin. Ich halte mich lediglich für eine kleine Weile von eurem, wie man es bezeichnet, Bewußtsein zurück.Ihr lebt dem gemäß, was ihr gelernt habt. Und dann lebt es, Wesenheit.

* * *

Kapitel 31

DIE GESCHICHTE VON ZWEI MÄNNERN

Es waren einmal aahh ... diese zwei Männer, die ich kannte ..... Da lacht ihr wohl wieder einmal über meine Geschichten? Also ich könnte durchaus wieder zum sehr Ramhtaischen Sprachstil übergehen und euch mit “in der Tats” für den Rest eures Lebens eindecken!

Seht, ich liebe das Wesen des Mannes tatsächlich. Ich *war* ein Mann. Ich empfinde größte Freude an dem Wesen der Frau. Und ist dies nicht schließlich und endlich genau der Punkt, an dem ihr euch gerade befindet? Hmm?

Nun ja, wenn wir jetzt irgendwo auf dem 7. Planeten in der 24. Galaxie wären, und ihr ein großes, federleichtes Lichtknäuel wärt, dann würde ich die Geschichte folgendermaßen beginnen ....

“Vor vier Millionen Lichtjahren ... kannte ich einmal zwei winzig kleine Lichter.” Ha-ha-ha-ha-ha-ha-ha!!! Aber ja! Aber ja! Und ihr dürft auch nicht vergessen, daß dies ja wahre Geschichten sind ... und es ist gewiß, daß ich zu entdecken beginne, daß nichts wirklich je erdichtet ist, was das Menschliche Drama betrifft, ganz gleich, wovon man spricht, es *hat* sich ereignet. Denn bei den Menschen ist alles möglich, sei es auch noch so unglaublich. Ja, bei ihnen ist alles möglich!

Wie dem auch sei, ich möchte euch gerne speziell von diesen beiden Männern erzählen, denn es steht in engem Zusammenhang mit dem, was ihr im Laufe der "Dunklen Nächte eurer Seele" euch <als Weisheit> zueigen gemacht habt und was nun strahlend im Strom Gottes fließt. Und es ist auf die künftigen Zeiten hinweisend. Und es geht um Werte. Denn es ist so, daß einige von euch bereits darüber in Verwirrung gerieten, daß ihr doch eigentlich bereits glücklich seid, und ob all dies tatsächlich bedeutete, daß ihr das, was euch glücklich macht, verlassen müßtet, um loszugehen und etwas anderes zu tun, um euch noch glücklicher zu machen... Es ist von äußerster Wichtigkeit, diese Dinge zu klären, und zwar in der einfachsten Art und Weise, damit es nicht mißverstanden und mißgedeutet werden kann. Hört ihr mir zu? Denn es ist so, daß ihr euch in eine größere Zeit hineinbewegt, zu der ihr bereits gehört. Und es ist wichtig, Werte zu verstehen, mittels derer ihr bewahrt werdet.

So, dies ist also eine Geschichte von zwei Männern. Nun, es ist gewiß, daß es auch zwei Frauen gibt, auf die diese Geschichte zutreffen würde. Doch speziell dies hier habe ich beobachtet - noch bevor ich je bei meiner Tochter in Erscheinung trat -, um die Prekärhaftigkeit zu verstehen, in die sich der Mensch selbst hineingebracht hatte ... das war äußerst wichtig.

Diese beiden Männer also - und laßt sie mich zuerst für euch beschreiben. Der eine wurde von einer, wie man es bezeichnet, Frau geboren, die eine Schullehrerin war. Und diese Wesenheit war einer aus einer ganzen Schar von Kindern, wie ich meine, heißt die Zahl Acht. Acht, eine nette runde Zahl. Macht das Schlafen um vieles leichter: vier Betten, je zwei in einem. Ihr lacht darüber? Wißt ihr denn nicht, daß man in jenen Zeiten in dieser Art dachte?! Ohhh ... das habt ihr ganz vergessen. Nun, dies hier ereignete sich nach der, wie man es bezeichnet, Wende zu diesem Jahrhundert und ähm ... vor dem ersten großen Krieg, den ihr hier hattet und der recht schlau eingefädelt worden war. Das Motto damals lautete: "Es gibt eine Menge Gefechtsfeuer, also werden wir eine Menge Kriegsmaterial beschaffen und werden das amerikanische Volk zur Arbeit schicken und ihnen Arbeitsplätze geben. Wir müssen Kriege haben, um unsere Wirtschaft aufrechtzuerhalten." Und dieses "um unsere Wirtschaft aufrechtzuerhalten" bedeutete das Hinschlachten vieler Menschen, und alles wegen der Prekärhaftigkeit.

Nun, dieser spezielle Mann hatte den Wunsch, seiner Mutter sozusagen nachzueifern, und er war sehr gescheit. “Sehr gescheit” in der Bedeutung ähm ... intellektuell gesehen, und es war sein Bestreben, sich darin noch zu steigern. Nun, er ging zur Schule, wo er von seiner Mutter unterrichtet wurde, doch er arbeitete auch seit seinem dritten Lebensjahr, denn jedes Mitglied in dieser Familie, ganz gleich wie alt sie waren, war wichtig für die Gesamtheit. Und es wurde ihm eine Gelegenheit gegeben mitzuarbeiten, als er drei Jahre alt war. Seine Arbeit bestand darin, für seinen Vater Kartoffeln in Stapeln aufzuschichten. Und er liebte es, dies zu vollbringen, denn es gab ihm das Gefühl, selbst mit diesen jungen Jahren etwas tun zu können. Die ganze Familie, einschließlich der Frauen, hatten einen Beitrag zu leisten, und das war damals etwas Natürliches. Jeder war gleich, in einem gewissen Sinne, denn es ging um das Überleben der Familie. Ganz anders, als es heutzutage ist.

Diese Wesenheit ging zur Schule und anschließend arbeitete er dann. Und er durchlief den gesamten, wie es bezeichnet wird, staatlichen Bildungsweg und danach machte er weiter mit der *höheren* Schulausbildung - was für ein Witz! Und für seine höhere Schulausbildung nahm er diese Schule auf sich, die sehr teuer war. Sie kostete sehr viel in jenen Zeiten. Und während dieser ganzen Zeit verdiente er sich seinen Lebensunterhalt. Und diese Schule beendete er mit dem Ziel, Professor an einer universalen Universität zu sein. Und das tat er eine Weile und stellte fest, daß es ihm nicht gefiel.

Alsdann kratzte er seine wenigen Ersparnisse zusammen, die er zur Seite gelegt hatte, und nahm sie und kaufte sich eine Farm mit eintausend Morgen Land. Er brachte all seine Bücher mit sich, die, nebenbei bemerkt, für ihn eine Kostbarkeit waren. Und da besaß er nun einen recht heruntergekommen Platz, an dem es keine durch die Luft fließende Elektrizität gab. Es waren sehr einfache Verhältnisse, und er wollte sie sehr einfach haben, da er erkannte und dahinterkam, daß es eine Programmierung des gesellschaftlichen Systems war, am Leben in der Form gesellschaftlichen Strebens, was er in der Schule verabscheute, mitzuwirken. Er wurde zu einem völligen Selbstversorger.

Nun ja, auf seinem Land funktionierte erstmal überhaupt nichts. Es bestand hauptsächlich aus Baumbestand und Wald, wo kleine Geschöpfe, wie Skunks und andere eigenartige Dinge .. und Vögel und freilebende Was-auch-immer herumtobten. Und außerdem hatte die Fläche des Landes, das er bebaute, hatte dieses Land alles in allem keinen so fruchtbaren Boden, doch die Äpfel und die Birnen und die Köstlichkeiten, die von den Bäumen kamen, waren recht wundervoll. Und mit seinen Schweinen, die er hielt, mit ihnen konnte er sprechen. Er verstand sie, und auch seine Hühner und sogar die närrischen Perlhühner. Er verstand sie. Und er war ein glücklicher Mann. Er baute alles an, was er zum Essen hatte - in Hülle und Fülle Eier und süße Milch, nicht Stutenmilch, Kuhmilch! Machte seine eigene Butter. Legte seinen eigenen Vorrat an. Arbeitete in seinem Garten. Und wenn das Tagwerk getan war, setzte er sich an einem knisternden, dickbäuchigen Kamin nieder, stopfte einen guten Tabak in seine urige Pfeife, und saß da und schaukelte in einem Stuhl, den er selbst angefertigt hatte, und pflegte bei einem Licht, das in einer Weltkugel flackerte, zu lesen. Und er war ein zufriedener Mann.

Und er hörte nie auf zu lernen! Und jeden Tag seines Lebens wurde er weiser. Die einzige unglückliche Sache war die, daß er eine fürchterliche Frau heiratete ... und diese fürchterliche Frau - nun, dies ist eine wahre Geschichte - diese Frau war fürchterlich! Sie war eine sehr religiöse Frau müßt ihr wissen, und sie war sehr jungfräuisch ... jungfräulich ... nun wie auch immer ..... sie tändelte nicht herum, er hingegen war sehr lustvoll! Nun wie auch immer, sehr bald schon fand er heraus, daß sie lediglich ihre "Pflicht" erfüllte, und daß jenes "sich-im-Heu-Rollen", das er erwartet hatte, auf diesen seinen alten abgenutzten Bettfedern, schlichtweg nicht stattfand. Sie war sehr gehässig und sehr verbittert. Und obwohl sie sagte, daß sie an Gott glaubt, war sie ohne den geringsten Zweifel die jammerndste, bitterste, sauergesichtigste Frau, die ihr jemals gesehen habt. Nun, eines war ihm sehr schnell klar: er wollte keine Reproduktion von ihr .... Doch ich fürchte und bedaure sagen zu müssen, daß kurz nachdem sie zusammen gewesen waren, und er seine Pflicht getan hatte, und sie dalag und die ihre getan hatte, daß sie ein Kind erwartete. Er faßte den unabänderlichen Entschluß, daß es kein weiteres geben würde, und es schauderte ihn bei dem

Gedanken, wie diese Reproduktion wohl aussehen würde, und was noch mehr wog, wie sie *sein* würde.

Nun, dieser Mann bekam einen prächtigen Sohn, der seinem Vater sehr ähnelte, doch dessen Mutter einige schwerwiegende Leitbilder auf ihn übertrug. Nun, langer Rede kurzer Sinn, sie trennten sich nach siebenundzwanzig Jahren. Und er fand eine gute Frau. Sie heirateten nie, nichtsdestoweniger waren sie glücklich. Und selbstverständlich schrie die Ehefrau immerzu erbittert: "Diese Frau! In Sünde leben! Ehebruch ist das! Das ist Ehebruch! Das ist eine Sünde!" Und er pflegte einfach nur zu lächeln und zu sagen: "Die einzige Sünde ist es, nicht zu lieben." Nun, er hatte natürlich recht.

Nun ... während die Jahre vergingen war dieser Mann also sehr einfach in seinem Wesen. Er schuldete niemandem einen Pfennig. Wegen seiner Kleider, seiner armen Lumpen war er nicht beschämt, denn seine liebreizende Gefährtin, die reich begnadet war, kümmerte sich um seine Habe. Doch es ging ihm nicht darum, welche Kleider er trug, es ging ihm um das Wissen, nach dem es ihn hungerte. Und da sein Leben also von derart einfacher Art war, hatte er die Momente, in denen er über die Natur lernen und nachdenken konnte. Und er wurde der wunderschönen Szenerie seiner wundervollen Farm nie überdrüssig, und auch nicht des Liebreizes, den sie besaß, und auch nicht all dessen, was er von ihr lernen konnte. Er war ein Mann, der derart im Frieden war, daß er nichts anderes wollte, als immer weiter zu lernen.

So wollen wir ihn nun dort, wie er auf seiner Veranda sitzt und ein wenig seines, wie es bezeichnet wird, selbstgemachten Weines aus einem sogenannten Fruchtkelch trinkt und seine Pfeife raucht und über die Felder schaut, verlassen.

Nun, in dieser Geschichte kommt noch ein anderer Sohn vor. Ein Mann, der einen Vater hatte, der in einer Familie aufgewachsen war, die furchtbar arm gewesen war. Und der Vater arbeitete sein ganzes Leben nur für Geld. Er war gierig nach Geld, denn einzig und allein mit Geld würde er Macht und Respekt erhalten. Und selbstverständlich ist es so, daß, wenn jemand nach Geld *gierig* ist, er nie genug davon hat, denn die Angst ist nach wie vor in ihm, weil - seht ihr - es nicht am Geld lag, sondern an ihm selbst ... doch die Ausrede dafür ist das Geld. Und er hatte solch eine Abscheu davor, müßig zu sein, daß jeder Moment dem

Gedanken an Geschäfte gewidmet sein mußte, an Geschäfte! Und er lebte nach diesem Zeitanzeigerding, das er in einem Beutel bei sich trug. Und er war zeitig. Und er füllte jeden Moment seines Tages mit Geschäften aus. Und er wurde zu einem außerordentlich reichen Mann, doch es war nie genug. Nie genug! Bis zu dem Tage, da er starb, lebte er in der Furcht, daß er nicht genügend hätte. Seht ihr, es lag nicht am Geld, es lag an seiner inwendigen Angst vor einer eigenen möglichen Schwäche. Das Geld sollte die Schwäche aufkaufen.

Nun, er hatte einen großartigen Sohn, einen schönen Sohn. Und der Sohn war sanftmütig, und voll des Verstehens, und arbeitete schwer. Sein Vater gab ihm nicht viel, nichtsdestoweniger arbeitete er von Kind auf schwer. Und man lehrte ihn, alles von seinem Teller aufzuessen, und das tat er. Und er hielt es weder für falsch, noch für richtig, er tat es einfach. Er verstand das Drängen in seines Vaters Haus. Er half mit und beschwerte sich nie. Und er lernte, und sein Vater schärfte ihm ein bestimmtes "Wissen" ein und sagte immer zu ihm: "Du mußt reich sein, denn wenn du nicht reich bist, bist du ein Nichts." Der sanftmütige Sohn indessen lernte weiter, und auch er wurde sehr wohlhabend, ABER er war nicht ein von seiner Armut und Furcht getriebener Mann, wie es sein Vater war. Und er wurde auch nicht von den Reichtümern, die ihn so offensichtlich umgaben, in Besitz genommen. Alles, was er wollte, war, das Richtige zu tun. Und er war gütig und hatte nicht einen einzigen barschen Zug an sich und behandelte niemanden schlecht, was ansonsten in dem Unternehmen seines Vaters durchaus üblich war.

Und als er zu einem jungen Manne heranwuchs, fand er heraus, daß es viele Menschen gab, die ihn haßten. Und er verstand nicht warum. Doch sie haßten ihn, weil er reich war. Und es waren die Armen, die ihn verachteten, und er begann zu verstehen, wovon sein Vater gesprochen hatte. Doch es war weder Bösartigkeit noch Haß in ihm, er verstand nur nicht.

Was dieser liebreizende Mensch alsdann tat, war, daß er anfing, eine große Menge seines Geldes an diese armen, jammervollen Teufel, die ihn so erbittert haßten, zu schenken und selbstverständlich wurden sie über Nacht süß wie Honig. Und nach einer Weile lernte er, daß er sich Freunde nicht kaufen konnte, und daß er es sich nicht kaufen konnte, akzeptiert zu werden. Als er bei diesem seinem Versuch dann nahezu ohne einen Pfennig dastand, fing er an, das Wesen des Menschen etwas besser zu verstehen. Es war in keinster Weise so, wie man es ihnen in der Schule beibrachte, sein Vater hingegen hatte in so mancherlei Hinsicht recht gehabt.

Nun, sein Vater ging weiter zu einer .. ging weiter, und er vermachte seinem Sohn das gesamte Erbe. Und sein Vater hatte in einem Haus gelebt, das völlig verfallen war, denn er wollte nicht, daß irgendjemand je wissen sollte, daß er in Wahrheit reich war. Der Sohn zog also wieder zurück in dieses Haus, und er gedachte seines Vaters und dessen Furcht vor lauter Heuchelei - und er brannte das Haus nieder.

Und er baute ein stattliches, wie nennt man es gleich .. ähm ... irgendetwas wie Georg ... Georgisches ... versteht ihr, was ich meine? ... Palais. Ein feines Stück Land war es, auf das er diesen Prachtbau stellte. Überall uralte Eichen. Das Haus *erstrahlte* in Weiß und mit glänzenden Fenstern und rotem Ziegelstein und würdevollen schwarzen Türen, deren Lack brillant leuchtete! ... mit Türklopfern aus hochpolierten Löwenköpfen. Und wo er auch hinsah, es gefiel ihm, was er sah. Alles gefiel ihm! Und wenn er etwas sah, das ihm nicht gefiel, dann änderte er es so lange, bis er glücklich damit war und es ihm gefiel.

Nun, wißt ihr, sein Vater höchstwahrscheinlich - wo immer er war, und dies werde ich euch nicht verraten, aber ich sage euch folgendes - sein Vater drehte sich in seinem Grabe um .... mehrere Male.

Nun er nahm eine, wie sie sagten, wahre ... wahre Schönheit zur Frau. Eine wahre Schönheit. Dieses köstliche kleine Geschöpf hatte sehr helle Haare und durchscheinende Haut, die auf jenem gutgeformten Knochenbau wie Mondstein aussah. Und ein zarter Aprikosenschimmer lag auf ihrer Haut. Große blaue Augen und blasse dichte Wimpern, und ein kleiner, wenn auch fester Himbeermund. Und ihre Hände waren recht schlank und zart, wie auch ihre Füße, während sie jedoch zu dicken Oberschenkeln neigte .... mir entgeht nie etwas!

Nun, sie war eine, wie man es bezeichnet, Bankierstochter, eine Geldwechslerstochter, wie man es damals nannte. Und sie hatte all die geziemenden Schulen besucht, die man Mädchenpensionat <wörtlich: Schule für den "letzten Schliff"> nannte. Mir ist nach wie vor etwas unklar, was das war. Und bei der ersten Begegnung pflegte sie einen anzustarren und nichts als anzuschauen, und man hätte denken können, daß es sich bei ihr um eine schüchterne, wohlerzogene Frau handelte, die sich ihrer Stellung bewußt war und eine nicht unterzukriegende Stärke besaß. Nun, auch er dachte das ... bis er anfing mit ihr über Wesenheiten namens Thoreau, Wesenheiten namens Einstein, Wesenheiten wie Cicero, eben über all jene wundervollen Dinge, die für ihn eine Kostbarkeit waren - sein Wissen - zu sprechen. Und sie pflegte dazusitzen und schnell ihre Wimpern flattern zu lassen und dann in dem Moment, in dem man innehielt, sah sie einen plötzlich an ... und n i c h t s war "im Oberstübchen" angekommen! Dies ist eine wahre Geschichte! Denn sogar *ich* war verblüfft! Sie war so "in", daß sie völlig "daneben" war. Denn das einzige, was diese Frau geistig aufnehmen konnte, war oberflächliches, albernes Plaudern. Da war keine Tiefe vorhanden, keine Ernsthaftigkeit, und das einzige, was sie je las, waren ... wie ihr es bezeichnet .... "Modemagazine" ... und Clubs und Wohlfahrtsorganisationen, und stets pflegte sie zu sagen, "diese elend Armen", und doch verstand sie nie, was ein "elend Armer" war. Wenn man sie fragte, wie es um die Bedeutung das Leben stehe, pflegte sie dazusitzen und einen mit jenen leeren, leeren Augen anzustarren und dann zu fragen, ob sie das Glas nachfüllen dürfe. Nichts "im Oberstübchen" angekommen.

Nun ja ... dieser sehr wohlhabende junge Mann, der nicht in Heuchelei lebte, er war märchenhaft reich. Er lebte herrlich und schämte sich dessen nicht, denn er verstand den Charakter der Leute. Er war also kein Heuchler wie sein Vater, und er hatte auch nicht die Angst, die sein Vater gehabt hatte. Folglich hat das Geld nicht Besitz von ihm ergriffen. Er benutzte es, um das zu würdigen, was er selbst war. Und es war offen für jeden zu sehen. Für jeden! Und die Reichen kamen vorbei und pflegten dann in "ihren Bart hinein" zu fluchen, da sie immer Ränke schmiedeten und intrigierten, um reicher als er zu werden. Das war die Gier. Und ferner der Mob, und ich spreche von "dem Mob", von den Armen, die es wählten, ihn zu hassen, und vorüberzugehen pflegten und auf seinen Rasen spuckten. Wißt ihr, sie sind arm, weil sie - gemäß ihrer eigenen Wahl - von Boshaftigkeit und Haß erfüllt sind und den Reichtum übelnehmen. Auf diese Weise erschaffen sie das Vakuum, das ihn eben fernhält. Nun ja, er verstand all dies, und er rechtfertigte sich niemals bei irgendeinem Menschen, dafür daß er diesen Reichtum in deren Augen nicht verdiente. Er pflegte den anderen schlichtweg anzusehen und erkannte dessen unvergleichliche Dummheit. Und nie raubte es ihm den Schlaf. Und er dachte nie an Vorsicht oder daran, sich etwa vorzusehen und dergleichen. Er war ein wilder, freier Mensch.

Und auch er pflegte sich zu seinen Studien zurückzuziehen. Bei näherer Betrachtung denke ich, daß er dies oft tat, um einfach nur von seiner plappernden Frau wegzukommen. Und an jenem Ort pflegte er dann seine kostbaren Bücher zu lesen. Nun, auch er wußte auf Anhieb, daß er keine Reproduktionen zeugen wollte. Denn er wußte, daß vielleicht die einzige Sünde in seinem Leben die sein müßte, wenn er ein paar weitere von der Art, wie es jene Menschen waren, zeugen würde. Und war die Welt nicht schon kümmerlich genug, so wie sie war. Und war sie nicht schon genug ausgehungert nach großem Geist? Nun, er tat seine Pflicht und bekam Zwillinge.

Nun ja, die Kinder waren genau wie sie. Und sie pflegte zu jammern und zu schreien und hinter ihm herzukreischen nach einem harten Tag voller Arbeit. Sie wollte stets, daß er mehr Geld machte. Natürlich gab sie nie ihr eigenes aus, doch er hatte seines auszugeben. Sodann jammerte er ... jammerte sie und beklagte sich bei ihm, sobald er zur Türe hereinkam, und verwünschte ihn dafür, daß er kein ordentlicher Vater sei. Und sie pflegte ihn in das Kinderzimmer hineinzuziehen und ließ diese köstlichen kleinen Wonneproppen auf seine Knie plumpsen, und dann mußte er Filmrolle um Filmrolle Bilder aufnehmen, um zu beweisen, daß er da war. Und ihre kleinen Lieblinge konnten in ihren Augen rein gar nichts verkehrt machen. Und sie war so entzückt von ihren kleinen Lieblingen, daß sie niemals zugelassen hätte, daß irgendjemandem einmal die Hand ausrutschen würde, denn das ist Mißhandlung eines Kindes. Und die Kinder, als die Götter, die sie sind, und da sie im Handumdrehen die Situation durchschaut hatten ... nutzten dies zu ihrem Vorteil aus. Er haßte sie. Er hielt sie für gedankenlos, für Bengel, und oftmals mußte er sich zwingen, daß ihm nicht die Hand auf ihrem dummen, unverschämten Mund ausrutschte. Dies ist eine wahre Geschichte!

Und sie lebte für ihre Lieblinge. Und sie fand Wege, in allem deren Brillanz, deren Genialität, deren geistreiche Äußerungen zu entdecken, und wenn eine ... Freundin der Gesellschaft kam und sie ihre

Zöglinge miteinander verglichen, dann fand sie Mittel und Wege, um auszudrücken, daß ihre besser wären. Nun ja, ihr wißt schon, ihr wißt schon ... wird das nicht ständig mit Kindern getan.

Zur Essenszeit am Abend stand sodann stets ein prächtiges Mahl auf dem Tisch. Er pflegte nach Hause zu kommen und, obgleich er sein Heim liebte, graute es ihm davor, nach Hause zu kommen, denn dort würde wieder jenes geschwätzige, geistlose Geschöpf sein. Und statt zu ihm zu sagen: "Welche Erfahrungen hast du heute gemacht? Erzähle mir von deinen Abenteuern", würde sie nur dasitzen und vom Stuhlgang der Kinder daherplappern, und ob dieser regelmäßig sei oder nicht, und nie fragte sie auch nur ein einziges Mal nach ihm, was er fühlte, was er war, denn dazu war sie nicht fähig.

So wollen wir nun die zwei an dieser Stelle verlassen.

Eines Tages begegneten sich jene beiden Männer. Und dazu kam es gewissermaßen beim, wie man es bezeichnet, Wandern durch die Wälder. Der eine in seinem stattlichen Landtweed ... ich denke, das ist der entsprechende Ausdruck, nicht wahr? Klingt für mich wie ein Vogel. Und der andere in seinen zerlumpten Flicken. Beide ihre Pfeife rauchend. Nun, sie begegneten sich und waren auf der Stelle miteinander vertraut. Auf der Stelle! Und sie fanden einen, wie man es bezeichnet, kleinen Weiher, wo sich kleine Wildgänse schreiend eingefunden hatten, die einen ziemlichen Wirbel machten. Und die beiden setzten sich auf einem kleinen Erdhügel nieder und fingen miteinander darüber zu reden an, in welcher Lebenssituation sie sich jeweils befanden. Nun ja, im Laufe der Unterhaltung wußten sie beide, daß sie ungeheuer enge Freunde, ungeheuer feste Freunde waren. Sie hatten einander in diesem Ödland von Gedankenlosen gefunden. Sie hatte etwas gefunden, das verständig, bereichernd, und lebendig und unersätzlich ist. Etwas, durch das sie ihre Gedanken widerzuspiegeln und miteinander zu teilen vermochten. Und als es auf den Abend zuging und die Grillen hervorgekommen waren und die Gänse zu ihrer Nachtruhe übergegangen waren, da sagt der arme Mann von den beiden, daß er nach Hause zum Abendessen gehen müsse. Ist das der Ausdruck ... Abendessen? Hmm? Und als er seinen Freund ansah, bemerkte er, daß da plötzlich eine Gespanntheit an ihm war und eine gewisse Schweigsamkeit. Und weise, wie er war, lud er ihn weitherzig zu sich nach Hause ein.

Nun, seine gute, dicke, heitere Gefährtin begrüßte sie beide freudig, und der reiche Mann schüttelte ihr die Hand, nahm auf dem knarrenden Stuhle Platz und nahm das prächtigste, herzhafteste Abendessen zu sich, das er je hatte. Es war mit nichts garniert. Es gab keine reizlosen Suppen auf Eis. Es gab deftiges, herzhaftes Kraut! Rippchen! Ihr kennt das, wovon ich hier spreche? Hmm? Und zu guter Letzt gab es einen herrlichen Apfelkuchen, der mit Äpfeln aus dem Garten gebacken worden war. Nun, der reiche Mann liebte dieses Gefühl der Wärme, der Sicherheit. Ja, die Wände waren nicht gestrichen, und nein, es standen da keine Möbel, die mit feinstem Leder überzogen waren und auch keine offenen Kamine aus Marmor, nur der dickbäuchige Holzofen ... in dem es knisterte und knackte und Funken sprühte! Noch nie zuvor hatte er sich so durch und durch zu Hause gefühlt!

Nun, diese Freundschaft entwickelte sich sehr schnell. Na ja, der arme Mann verübelte dem reichen Mann auch nie seinen Reichtum. Und er schaute auch nie auf seine eigenen Kleider und sagte: "Ich sehe nicht gut genug aus. Ich muß unbedingt etwas kaufen, um gewissermaßen ins allgemeine Schema zu passen." Seht, er änderte nie deswegen seine äußere Erscheinung, und auch der reiche Mann änderte nie die seine, denn das war es nicht, was wichtig war. Es war hier kein ähm ... sollen wir sagen, kein gesellschaftliches Denken am Werk. Es war keine Notwendigkeit vorhanden, sich nach "oben" oder nach "unten" anzupassen, um dafür zu sorgen, daß sich der jeweils andere wohlfühlen würde. Sie fühlten sich auf der Stelle frei und ungezwungen miteinander.

Und dann nahm der Mann schließlich seinen ganzen Mut zusammen und lud den armen Mann zum Abendessen in sein Haus ein. Und als der arme Mann, der so unendlich weise war, das Haus betrat, da schauderte es ihn, es schauderte ihn. Oh natürlich verübelte er nicht die Schönheit und die Architektur. Er hielt es für mächtig schön, mächtig schön in der Tat! Er war nicht neidisch oder mißgünstig darüber, nein, es schauderte ihn schlichtweg angesichts solch eines schönen Bauwerks, in dem zugleich solch eine Herzenskälte herrschte. Und wohlgemerkt, er tat sein Möglichstes beim Abendessen, - das auf einmal Dinér heißen sollte -, um ein "Hordever" <Hors d´oeuvre> hinunterzuwürgen .... Ha-ha-ha-ha-ha!!! .... denn es roch leicht unangenehm, genau wie roher Tatar. Nein mein Lieber! Das war nichts für ihn. Und danach legte man ihm auch noch diese schwarzen, perlenförmigen kleinen Dinger vor, die den leicht unangenehmen Geruch von Welseiern an sich hatten ... zusammen mit einem überaus feinen Silberlöffel, völlig mit Verzierungen überladen, schwer, eben das "einzig Wahre". Und da legt er die Winzigkeit einer Waffel darauf ... aha, so weit ist es also mit des Menschen täglich Brot gekommen. Und das Hauptgericht, obgleich garniert und verziert und gesoßt und gesahnt, doch was da Ähnlichkeit mit einem, wie man es gleichsam in der Tat bezeichnet, Schinkenbraten haben sollte, stellte sich dann in keinster Weise als einer heraus. War etwas Undefinierbares. Nun ja, er tat sein Möglichstes. Und natürlich starrte ihn die Dame des Hauses mit diesen ihren seelenlosen Augen und jener stupiden Reserviertheit an, und zwar mit einem hochnäsigen Gesichtsausdruck. Hochnäßig! Und obgleich er gedacht hatte, daß noch mehr zum Abendessen aufgetragen würde, ließ sich niemand mehr zum Auftragen blicken. Da verstand der arme Mann das Unbehagen seines, wie man es bezeichnet, überaus reichen Freundes.

Nun, auch dieser fand etwas später eine gute Frau. Und die Ungnade, in die er fiel, war groß, und der Skandal war groß bei der Familie und der Bank und bei jener Kammer, wo sich der Handel zusammenfindet ... und bei all jenen "Gute-Taten" Gesellschaften. Ihr wißt schon, jene Sozialtuer, jene "Tu Gutes" Kampagnemacher. Er war bei allen zu einem Skandal geworden. Doch er verließ diese Pomeranzen. Und er machte seine "Dunkle Nacht der Seele" durch. Seine Frau verzieh ihm natürlich nie. Und die Kinder hassen ihn heftig und zählen die Tage bis zu seinem Tode, denn eines ist gewiß, sobald er ihnen all seine Reichtümer hinterläßt, werden sie in großem Maße wie *sein* Vater sein, denn es wiederholt sich.

Diese beiden enge Freunde hingegen waren einander in großer Liebe zugetan. Sie waren grandiose Brüder. Und es war für sie ohne Belang, wo sie sich zusammensetzten und miteinander sprachen und sich austauschten. Und es gab viele Abende, an denen sie sich auf einer knarrenden Veranda zusammensetzten - ihr wißt schon, eine, die lediglich von zwei Holzbalken zusammengehalten wird, ohne Säulen - und beobachteten, wie sich der Abend herabsenkte. Und nicht ein Wort wurde unter ihnen ausgetauscht. Und alldieweil strömten durch die

Türe all die wundervoll duftenden Herrlichkeiten - die gute Erde selbst -, die von der gütigen Frau in der Küche zubereitet wurden.

Nun ... ein großer Gott, aus welchem Lebensbereich er auch immer herstammen mag, läßt sich an seiner großen Weisheit erkennen. Und eines Abends erörterten sie genau diese Sache. Der reiche Mann sagt also zu dem armen Mann, er sagt: “Warum hast du nicht damit weitergemacht und bist ein Professor geblieben, hast Geld verdient?”

Er erwiderte: “Wozu? Ich habe alles, was ich will. Alles, was ich brauche. Alles, wonach ich mich gesehnt habe, habe ich hier. Wozu brauche ich Geld? Meinst du, es würde mich glücklicher machen? Ich habe alle guten Bücher, die ich je in diesem Leben lesen könnte. Und ich habe eine gute Gefährtin; sie ist gütig wie die Erde selbst. Und ich habe ein Dach über dem Kopf und ein gutes, bequemes Bett, und Kissen, die noch dazu mit den Daunenfedern meiner Gänse gefüllt sind. Ich habe niemandem etwas zu zahlen. Ich richte mich nach niemandem. Und ich baue gute, herzhafte Nahrungsmittel an, und es ist immer etwas im Kochtopf. Was würde ich mit mehr anfangen, wenn das, was ich habe, alles ist, was ich will?”

Und der reiche Mann lächelte, zog an seiner Pfeife und blies ein paar wundervolle Rauchkreise in die Luft, die langsam dahinzogen. Der reiche Mann saß alsdann einen Moment lang in Schweigen da, so als würde er sein ganzes Leben überdenken ... wie sein Vater war und all das. Alsdann drehte sich der arme Mann zu ihm um, und er sagte: “Warum willst du soviel Geld?”

Er erwiderte: “Ich dachte, daß ich viel wollte. Ich dachte, es sei wichtig. Ich habe sehr viel Geld, das ist wahr. Und ich habe es für den Rest meines Lebens. Und mein Leben pflegte, so wie es ist, befriedigend zu sein. Nun, es ist nicht so, daß ich mehr will, ich habe genügend. Ich brauche nicht mehr, ich habe genügend. Ich habe genau all die Dinge, die ich will. Ich habe eine gute Gefährtin. Weißt du, ihr Mann starb im letzten Krieg. Gute Gefährtin, Teutonin, fand sie gerade zur rechten Zeit. Und ich habe mein schönes Haus. Entwarf es selbst! Jeden Zentimeter davon. Und ich habe meine guten Bücher. Ja, auch ich habe mehr Bücher, als ich je in meiner Lebzeit lesen könnte. Und jetzt, Gott sei´s gedankt, habe ich einen guten Koch. Und weißt du was, du hattest recht mit jenen Fischeiern. Jeder sagt: “Iß sie. Du wirst mit der Zeit

Geschmack an ihnen finden." Ich habe versucht, Geschmack an ihnen zu finden und jeden bei dem Gedanken glücklich zu machen, daß ich ein hochkultivierter Mensch sei, während ich die scheußlichen Dinger von Anfang an nichts als haßte. Jetzt gibt´s keine Fischeier mehr in meinem Haus. Ich bin sehr glücklich. Und was meinen Reichtum angeht, ich brauche nicht noch mehr, ich habe genügend. Und ich schulde niemandem einen Pfennig. Und alles, was ich habe, gehört mir. Und ich bin, wie du es nennst, ein glücklicher Mann."

Sodann zog der arme Mann einen Augenblick lang an seiner Pfeife und dann stand er auf und starrte auf den immer tiefer werden violetten Farbschimmer, der in der Ferne über den Hügeln lag. Und er sagte zu ihm: "Das Geld eines Mannes ist seine starke Festung."

Und der reiche Mann sah ihn an und erwiderte: "Aus dem Alten Testament." Der alte Mann sagte: "Ja, daraus ist es. Daraus ist es." Und er fuhr fort: "Ich erinnere mich an noch etwas anderes daraus, wie ging es doch gleich? Oh ja, es war etwas über Gott, der jenem einen Manne vier Talente schenkte und dieser schämte sich ihrer, also gab er sie weg. Und er schenkte einem anderen Manne drei Talente, und dieser vergrub sie. Und er schenkte einem anderen Manne zwei und dieser verlor sie. Und er schenkte noch einem anderen Manne ein Talent, und jener Mann mit dem einen Talent wurde sehr vermögend, und Gott war überglücklich." Und sodann saß der reiche Mann da und zog einen Moment lang die Augenbrauen zusammen, er sagte: "Nun, welche Art von Talent schenkte er ihm? Welche Art von Talent schenkte ihm Gott, das ihn dann so reich werden ließ?"

Und der arme Mann lächelte und schmunzelte in sich hinein und sagte: "Das Talent war eine Hebräische Münze. Gott war ein Geschäftsmann!.... Und Gott war überglücklich und voller Freude, daß jener das eine Talent nahm und reich wurde."

Nun, der reiche Mann fing lauthals zu lachen an und sagte: "Etwas Derartiges habe ich schon vermutet." Er fuhr fort: "Denn über mein Vermögen habe ich wirklich nie irgendwelchen Schlaf eingebüßt, als ich erst einmal aufgehört hatte, jedem beweisen zu wollen, daß ich dessen irgendwie würdig sei. Nun ich ... ich *war* schlichtweg. Und nun bin ich im Frieden damit."

Der alte Mann setzte sich nieder und zog für eine kleine Weile an seiner Pfeife. Der reiche Mann betrachtete ihn und sah dann hinüber zu jenen tief malvenfarben und violett gefärbten Hügeln, die in der Abenddämmerung in einen immer tieferen Farbton hineinglitten. Er hörte einen Vogel ganz nahe in einem Busch rascheln, und ein Kuh muhte in der Scheune. Und ein Hund bellte irgendwo in der Ferne. Und er schaute wieder zurück zu jenen Hügeln und dann zu seinem Freund, dem armen Mann, und er sagte zu ihm: "Ich erhebe meine Augen zu den ewigen Hügeln um Stärke. Denn die ewigen Hügel sind meine Stärke, die mir vom Herrn geschenkt wurden."

Der arme Mann blickte zu jenen Hügeln hinüber. Er wußte, sie waren in seinem Besitz. Schön und gut, sie waren zwar rechtlich und ordnungsgemäß in den Akten verzeichnet, und auch die Notariatsurkunde hatte er, doch er wußte, daß sie eigentlich die Hügel von Gott waren. Ihr wißt schon, er würde sie nur für eine kleine Weile besitzen. Er war ihr Verwalter, wie ihr es wohl nennen würdet, doch sie gehörten ihm nicht wirklich. Und er betrachtete sie und er entdeckte eine große Stärke in jenen Hügeln und auf seinem Land. Und wenn er dort hinausschaute, dann fühlte er sich von Gott innerlich erhoben, und er war zufrieden und im Frieden.

Und was geschah weiter mit diesen beiden Männern? Ich hörte dieser ganzen Unterhaltung zu, die ich euch Wort für Wort wiederholte. Ich roch am Kochtopf, was es darin zu essen gab, konnte nicht widerstehen. Ich sah zu. Ich beobachtete. Und ich verstand, worum es ging. Es gibt keinen Unterschied: weder "macht" Geld einen Menschen, noch zerbricht es einen Menschen. Und ein Mensch braucht auch nicht reich zu sein, um zu überleben, es sei denn, daß die Angst es ist, die ihn antreibt, und dann liegt ein anderer Fall vor. Jeder dieser beiden Männer ... würde eine große Krise und große Veränderungen überlebt haben. Denn keiner der beiden hatte bei irgendjemandem Schulden. Keiner der beiden schämte sich für das, was er *ist*, sondern empfand Jubel darüber und wurde durch sein Umfeld innerlich bereichert. Beide besaßen sie Land und beide bauten Nahrungsmittel auf diesem Land an. Und beide waren autonom. Und beide hätten alles und jedes überlebt. Denn sie waren weise genug, verstehend genug, makellose Menschen ... die zwar durchaus einen herzhaften Appetit am Leben hatten, das auch nie leugneten, doch sie waren keine Heuchler und Gotteslästerer, denn sie lebten völlig berechtigt das, was *ihr Wesen* war und blieben sich treu dabei. Und kamen in ihrer ureigensten Individualität darauf, was für sie in ihrem Leben wichtig war, und was sie glücklich machte, und wodurch dieses Glück für alle künftigen Zeiten gewährleistet sein würde. Und jene absolute Souveränität ... das, was sie hatten, es bereicherte sie beide innerlich. Sie waren herausragende Menschen. Keine Heuchler. Keine Falschheit. Keine Angst. Kein Ringen. Sie waren schlichtweg, wo sie sein wollten.

Würde ich diese beiden Männer nehmen und die Zeit vorwärtsbewegen, und sie wären noch an demselben Orte, wo sie gelebt hatten, und wenn ich einen Zeitsprung erschaffen würden, sie aber weiterhin *jene Art* von Leben auch heute an diesem Tage und auch in den *künftigen Tagen* leben könnten, dann würde beide alles überleben. Und erinnert euch: der eine ist ein armer Mann und doch nicht arm. Er hat alles, was er möchte. Und er ist in der Lage, auch weiterhin seine Bedürfnisse zu erfüllen ... Und der andere ist ein reicher Mann, der genügend hat, und alles hat, das er braucht, um seine Bedürfnisse zu erfüllen und sich durch alles Kommende hindurch zu erhalten. Sie waren frei ... das ist eine Herrlichkeit, die wild in der Seele ist, die das Echo eines wilden Gottes darstellt. Ja, das waren sie.

Beide Männer starben glücklich. Der eine, man sagte ihm, er habe eine schwere Krankheit in seinem Körper, was er keinen Augenblick lang glaubte. Und er sagt: "Ich werde mich nicht operieren und aufschneiden und wieder zusammenflicken lassen. Ich möchte auf meinem Land sein und auf meinen Füßen stehen, wenn meine Stunde kommt." Und so war es.

Und der andere Mann ... nachdem er in eine ungeheure Trauer gefallen war über das Dahinscheiden seines Freundes, seines - wie er es empfand - einzigen Freundes, den er je hatte, dem einzigen, der ihn je verstand, und der der einzige Mensch war, den er selbst je verstand ... erkannte nach seiner Trauer, daß in Wirklichkeit der einzige wahre Freund, den er je gehabt hatte, Gott war. Und an dieser Stärke lag es, daß es ihm möglich war, solch ein überragender individueller Mensch zu sein. Dies erkannte er, sobald seine Trauer vorübergegangen war. Auch er starb aufrecht stehend. Das ist die Art, wie er weggehen wollte.

Nun, ihr Land. Der reiche Mann vermachte es nicht seinen

Kindern. Er überließ ihren Unterhalt seiner überaus reichen Frau, die noch nie einen Pfennig ihres selbstverdienten Geldes ausgegeben hatte, sondern statt dessen immer nur nörgelte, daß er mehr Geld für sie verdienen solle. Ich dachte bei mir, daß das recht raffiniert war. Er hinterließ indessen sein Geld einem unbekannten Menschen, dem er flüchtig begegnet war und bei denen er es sich vorstellen konnte, daß sie mit ein wenig Hilfe imstande wären, aus ihrem alten Geleise auszubrechen, was sie taten. Sie taten es, und sie machten prächtige Fortschritte, und sie pflegten alle Tage ihres Lebens voll des Dankes zu sein.

Nun, der arme Mann hinterließ sein Land seinem Sohn. Seinem Sohn, der anfangs so weise und so sanftmütig war, der sich jedoch um seine fanatische Mutter kümmern mußte, da er sich dies zur Pflicht gemacht hatte ... um seine fanatische Mutter also, die sich eher zu Tode gehungert hätte, als auch nur einen Dollar für eine Mahlzeit auszugeben, denn sie wollte das Geld. Und in ihrem religiösen Fanatismus wurde sie zu einer haßerfüllten, bitteren, boshaften Frau. Und vieles von ihr färbte auf ihn ab, denn es kam in ihm das starke Bedürfnis auf, von seiner bitteren Not und seiner Armut wegzulaufen, und er fing an, seinen Vater zu hassen. Er hielt seinen Vater für töricht, angesichts all jener Dingen, die dieser ihm zu sagen pflegte, und auch all jener weisen Dinge, denn er pflegte zu sagen: “Aber es ist doch *dein* Leben, Junge. Es ist *dein* Leben.” Und er dachte, sein Vater sei ein törichter Mann, der es nie zu mehr gebracht habe, als zu einem Haufen Bohnen, und der da saß und nicht versuchte, etwas aus sich zu machen. Doch dies war seine Mutter, die aus ihm sprach.

Diesem Manne wurden die 1000 Morgen hinterlassen. Und er machte daraus ein ... Moment, es heißt ... eine Siedlung, viele Häuser und ähm ... Eigentumswohnungen ... Eigentumswohnungen? ... ja. Ja, schäbige Dinger. Keine Wärme, alle sehen gleich aus, und etwas Abscheuliches, genannt Einplanieren. Das ganze liebliche Land. Und er wurde sehr reich, der Sohn. Und verfiel in die Raserei mehr Geld haben zu wollen und mehr Geld und mehr Geld und ... er hatte Angst. Wißt ihr, wovor er Angst hatte? Er rannte weg von der Sanftmütigkeit, die er mit seinem Vater gemeinsam hatte, und er war in Verwirrung durch den Fanatismus seiner Mutter, und er ging durch seine “Dunkle Nacht” und starb beinahe daran. Doch er kam am anderen Ende heraus, nachdem ihm sein Vater in einem Traum erschienen war, er sagte: “Es war *dein* Leben, Junge. Es war dein Leben. Jetzt tue das, was dich glücklich macht. Da gibt es noch soviel mehr am Leben.” Und es war dieser Traum, der seinen Entschluß besiegelte.

Und es lebte eine Nostalgie in ihm auf, all das betreffend, was er als Kind mit seinem einfachen Vater, seinem überaus weisen Vater erlebt hatte. Und er wollte sich einreden, daß diese Nostalgie, die er fühlte, ein Irreführer sei, doch er war nichtsdestoweniger auf dem Weg nach Hause. Er verkaufte alles, was er besaß und kaufte sich ein Stück Land, das von einigen ganz uralten Eichen eingesäumt war. Und er hatte einen kleinen Platz zum Leben, und er baute die Herrlichkeit seines Vaterhauses nach. Und dort fand er große Freude zusammen mit einer liebreizenden Frau, die so erdverbunden wie sein Vater war. Eine einfache Frau, nicht eine schöne Frau, sondern ein Geschöpf, das einem Rätsel gleichkam. Und die einfach und weise war und die Welt durchschaute; und die gerecht und voll Liebe und leidenschaftlich war, und die sich dessen nicht schämte, daß sie war, wie sie war. Und es gab viele Nächte, in denen sie sich zusammensetzen und lasen und auf der Veranda saßen. Und die Nostalgie, die ihn durchflutete, erfüllte seine Seele mit Freude, denn er war zu der Einfachheit dessen, was wirklich zählt, zurückgekehrt, und *dort* war er glücklich. S´war nicht das Geld, das ihn glücklich machte, es machte ihn elend, denn er konnte nie genug davon bekommen. Das war es nicht, was seine Seele brauchte, sondern *Freiheit* war es, diese wilde Herrlichkeit.

Nun, dieser Sohn lebt noch. Er ist ein sehr alter Mann. Und er hat nach wie vor jene wundervolle kleine Farm. Und jenes Haus hat nach wie vor keine Elektrizität. Und er hat nie einen jener quadratischen Kästen, auf denen sich Bilder bewegen, in sein Hause gelassen. Und das äußerste an Bequemlichkeit, was er besaß, war der Klingler an der Wand, das Telefon, und das war´s auch schon. Keinem schuldete er etwas. Er machte seinen Weg. Alles, was er aß, baute er selbst an. Und er ist an diesem heutigen Tage noch am Leben. Und es schaudert ihn bei dem Gedanken an all die Kinder ... all die Kinder, die das Zeitalter der Tyrannen erleben würden, von dem er wußte, daß es kommen würde. Und er war froh, sich nicht vermehrt zu haben.

* * *

Kapitel 32

DER TROUBADOUR

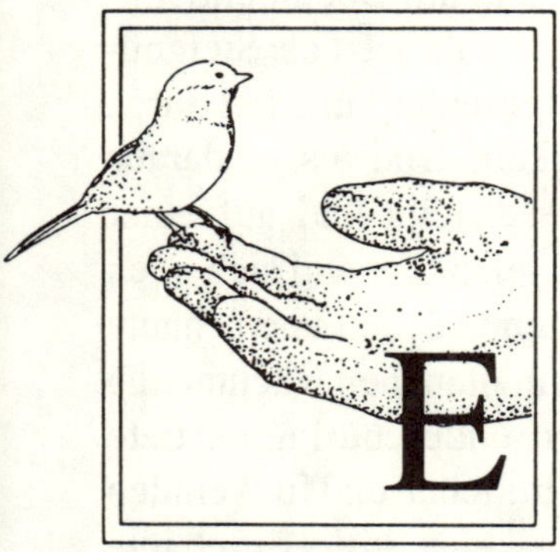

Es gab einmal diesen ähm ... Troubadour, jedoch ein Troubadour, der in den Krieg zog, den sein Land mit einem anderen Land führte, da es sich bedroht fühlte. War ein überraschend gutaussehender junger Mann. Wunderschöne olivbraune Haut. Rabenschwarzes Haar, die im Licht blau schimmmerten. Augen, grün wie das Schilfgras des Flusses; noch dazu umrahmt mit sehr dichten Wimpern. Ein voller, stark geschwungener, sinnlicher Mund, zwischen sehr breiten und maskulinen Wangenknochen liegend. Ein sehr gutaussehender Körper, der vor Elastizität und Spannkraft und Muskeln der Jugend nur so strotzte. Und seine Familie kleidete ihn immer in die prachtvollsten Fasern und Samtgewänder. Und er galt als Dandy bei den Frauen. Diese Wesenheit hatte alles. Mußte nicht für seinen Lebensunterhalt arbeiten. Gekleidet in der vornehmsten Art und Weise. Nach Rosenwasser und Lavendel duftend. Die Frauen waren ihm immer auf der Spur. Und er hatte eine Menge Kameraden, die ihn liebten und verehrten.

Er zog als wagemutiger Soldat in den Krieg mit allen Segnungen der Stadt. Nichts und niemand hätte besser aussehend und majestätischer und schneidiger und, ja, auch wagemutiger sein können, als dieser

Mann, der entlang einer wunderschönen Bucht auf einer staubigen Straße, in einen strahlend rosafarbenen Sonnenuntergang hineinreitend, auf dem Weg zur Schlacht war.

Nun, während des Schlachtgetümmels lachte diese Wesenheit, währenddessen er sich zusammen mit seinem Freunden mit dem Feind auseinandersetzte, und all dies hielt er im Grunde für ein Spiel. Und so ungeheuer selbstsicher wurde er, was sein Im-Leben-Stehen betraf, daß er von seinem Pferd heruntergestoßen wurde und am Boden entlangschleifte. Sein Fußgelenk verfing sich in dem, was ihr jetzt als Steigbügel benutzt, und er wurde eine ganze Weile mitgeschleift und fiel durch das Aufschlagen am Boden in Bewußtlosigkeit. Und als er daraus erwachte, lag er nahe an einer kleinen Wasserstelle und auf einer Lichtung. Und das Pferd graste. Und sein Fußgelenk befand sich noch immer in dem Steigbügel. Und er lag auf seinem Rücken und schaute zum Himmel hinauf. Und es ist schon so, daß in manchen Nächten die Ewigkeit so durch und durch schwarz sein kann, undurchdringlich tiefe Ewigkeit ... und daß die Sterne von einem unheimlichen und funkelnden Licht sind. Und das einzige, was da existierte, war eine Stille. Er schaute hinauf und erkannte sein gesamtes Leben in einem Mitternachtshimmel. Es kommt ihm der Gedanke, daß er wie eines dieser Lichter ist.

Wiederum fiel er in Bewußtlosigkeit. Und ein Fieber wütete wochenlang in seinem Körper. Er durchlebte alle seine inneren Vorstellungen, die er in seinem jetzigen Leben hatte. Alle seine Vorstellungen! Und er bekam ein derart rasendes Fieber, über so viele Stunden hinweg, daß sie Wache an seinem Bett hielten, denn jeder Augenblick hätte die Stunde seines Todes sein können, währenddessen seine Mutter ohne Unterlaß weinte und sein Vater seinen Rosenkranz, seine Gebete aufsagte. Und da kamen auch die Priester herbei und sogar ein Kardinal stattete dieser wohlhabenden Familie einen Besuch ab. Und sie vollzogen, viele Male, die letzten religiösen Handlungen und besprenkten ihn mit heiligem Wasser, nur um dann feststellen zu müssen, wie es auf seiner glühenden Stirne verdampfte.

Dann, eines Morgens ... jene Augen grün wie das Schilfgras des Flusses ... sie öffneten sich dem Klang eines Vogels, der auf dem Fenstersims sein Lied sang. Und das einzige, was er wollte, war, den Vogel näher an sich zu halten, um seinem Lied zu lauschen. Sehr geschwächt steht er von seinem Bett auf und jagt dem Vogel hinterher den ganzen Weg vom Fenstersims bis hinauf zum Turm auf dem Dach, wo dieser dann vor ihm davonflog. Und in diesem Moment erinnert er sich an jenen Mitternachtshimmel, das letzte, woran er sich noch erinnerte, daß er dalag und zu ihm hinaufschaute. Kein Mond, nur diese Sterne, diese ewigen Lichter. Und das kam ihm wieder vor Augen genau in dem Moment, als der Vogel vor ihm davonflog. Und er wollte den Vogel halten. Er wollte mit dem Vogel fliegen.

Diese Wesenheit wurde sehr gefeiert und sehr von seiner Familie geliebt. Und all die Stadtleute und all seine Freunde kamen von nah und fern und weit, um seine Genesung von jenem schauderhaften Fieber zu feiern und sich ausgelassen darüber zu freuen. Es war nur so, daß ... all die Dinge, die seine Freunde taten und die er mitzumachen versuchte ... er konnte nicht mehr mit ihnen darüber lachen. Und all die Kleider, mit denen seine Eltern ihn einkleideten ... sie waren nicht mehr von Bedeutung, er hatte sie ja früher schon gefühlt - er dachte immer nur über den Himmel nach. Und sie pflegten ihn dabei zu erwischen, wenn er über jenen Himmel nachdachte, und dann fragten sie ihn: "Worüber denkst du nach?" Und dann versuchte er, ihnen zu erklären, worüber er nachdachte, und sie pflegten noch ein Bier mehr vor ihn hinzuschieben, ihm einen Schlag auf den Rücken zu versetzen und zu sagen: "Du kommst schon drüber weg."

Diese Wesenheit verbrachte seine Tage damit, hinaus auf die Blumenfelder zu gehen. Und einmal geschah es, daß er alle seine Finger und Zehen in die völlig feuchte Wiese, in die Erde, hineingrub. Und er lag da mit seinen Zehen und Fingern tief in die Erde gegraben und mit seinem Gesicht auf dem Erdboden, und dort blieb er einen ganzen Nachmittag lang liegen. An einem anderen Tage entdeckte er einen Stein, der von glitzerndem Staub gesprenkelt war, und er starrte ihn den ganzen Tag lang an. Dies hier ist nicht mehr der vergnügungssüchtige Krieger, der die Stadt an jenem schicksalhaften Tage verlassen hatte.

Jetzt war es vielmehr so, daß diese Wesenheit es an jedem Tage gar nicht erwarten konnte, aus der Stadt hinauszukommen und in die Natur zu gehen. Dort gab es etwas, das real und ruhig und ohne Ansprüche an ihn war. Und er verbrachte jeden Tag seines Lebens dort, und jeden Tag verloren ihn seine Eltern ein wenig mehr. Sie verloren jenen wundervollen, kräftigen Sohn, der ihnen Söhne schenken würde. Wer würde das Geschäft weiterführen und eines Tages der Gouverneur der Provinz werden? Sie sind im Begriff ihn zu verlieren. Sie können nicht einmal mehr einen Bezug zu ihm finden ... und er lächelt, und er liebt sie, jedoch, er verläßt sie, nach und nach. Etwas hatte sich in dieser Wesenheit verändert.

Und eines Tages erkennt er, wie sehr er Gott liebt, jenen Gott nämlich, der nichts sprach dort an dem Himmel, und doch da war. Und jenen Gott, der jener Vogel war, der zu seinem Erwachen, seinem *wahren* Erwachen, ein Lied sang. Und der die feuchte und gute Erde war, die es ihm gestattete, dort zu liegen, und zwar ohne Samt und Goldgewänder auf seinem Körper. Und die Mohnblumen, die mit ihrer scharlachroten Farbenpracht seine Augen blendeten. Und das Brummen der Bienen und das zarte Schillern der Schmetterlingsflügel. Und der süße und prickelnde Duft einer wundervollen Brise, die vom Fluß heraufkam, durch das Tal der Blumen wehte und seine Nase erfüllte und ihn von Freude berauscht sein ließ. Er erkannte, daß dieser Gott, den er liebte ... das unsichtbare Geschenk von allem um ihn herum war.

Seine Eltern dachten, daß er völlig den Verstand verloren hätte, daß er krank sei. Sie bemühten sich, Gesellschaften für ihn zu geben, gegen die er sich jedoch nichts als wehrte. Sie schickten ihn zu, wie man es bezeichnet, Priestern, die jedoch nichts als die Köpfe schüttelten. Und eines Tages schließlich, auf einer solchen Gesellschaft, zu der man ihn in die phantastischsten und herrlichsten und teuersten Wäschestoffe, Umhänge und Seidengewänder gekleidet hatte, da zog er sich bis auf die nackte Haut vor der ganzen Gruppe aus - vor Ministern, Priestern, Familienmitgliedern, Frauen, Freunden, Gänsen, Schafen, Pferden, dem Himmel, der Erde, der Dorfgemeinschaft. Und es war nicht etwa so, daß er ein "Expositionist" gewesen wäre ... ist dies der passende Ausdruck? ... jemand, der sich zur Schau stellt ... für ihn war es das Symbol dafür, daß er nicht mehr länger hierher gehörte. Er hatte sich geändert. Und er lief mit einem Lied in seinem Herzen aus der Stadt, nackt wie ein, wie ihr es bezeichnet, Häher ... die sind in Wirklichkeit gar nicht so nackt, ich würde eher sagen, nackt wie ein Wurm ... ja ... in dem Wissen, daß er irgendeine Bekleidung finden würde, mit der er seinen Körper bedecken könnte, jedoch eine Bekleidung, die vom Feld stammen würde. Und es klang ein Lied im Herzen dieser Wesenheit, und ein sanftmütiger Geist war durch jenes Fieber geboren worden. Und später entdeckt er einen alterwürdigen Platz und fängt damit an, während beißend kalter Winterregenfälle, mit Steinen etwas zusammenzubauen. Und seine Verehrung der Herrlichkeit Gottes galt dem Königreich der Erde.

Und der grandioseste Beitrag zu jenem Mitternachtshimmel, war nicht das Image*, sondern die Schönheit im Innern von Mann und Frau. Und daß er, sobald das Image weggebrannt war ... was in seinem Fieber stattfand, denn das Fieber brannte von ihm das Image weg, das er in diesem Leben ausgewählt hatte, damit er es vollständig <als Weisheit> besitzen <abschließen> konnte; das Fieber brannte es weg ... sehen konnte, was er nie zuvor gesehen hatte! Er blätterte die Seite <im Buch der Evolution> weiter! Ja, er hatte sich verändert! Seine Art der Widerspiegelung hatte sich geändert. Seine Eltern konnten nicht mehr länger in ihm die Widerspiegelung jener Glorie sehen, an der es *ihnen* in sich selbst mangelte! Seine Freunde konnten in ihm nicht mehr länger den Kameraden sehen, an dem es *ihnen* in sich selbst mangelte! Die Frauen konnten nicht mehr länger in ihm das Bedürfnis nach einem liebenden Partner entdecken, an dem es *ihnen* in ihrem Leben mangelte! Er hatte sich verändert und sie konnten sich in ihm nicht mehr selbst widergespiegelt sehen! Sie würden erst wachsen müssen, um in ihm das zu erkennen, was schon immer auch in *ihnen* gewesen ist.

Und er brannte das Image weg. Und das Fieber dauerte lange. Und während des Fiebers ging er alles in seinem Leben durch, alle seine Träume, seine Wünsche, seine Sehnsüchte, seine Bedürfnisse bis hin zu dem Punkt, daß er nackt war und sie in einem reinigenden Feuer von ihm weggefallen waren. Und als er erwachte, war es der *Gott*, der da hervorgekommen war, der immer schon vorhanden gewesen war. Was aus jenen grünen Augen hervorschaute, war nicht mehr länger das Image, sondern das herrliche Licht, zu dem jene Wesenheit geworden war. Und wie kommt es, daß er über die Felder ging und die Vögel an seiner Seite flogen und die Tiere mit ihm gingen? Und warum würde sich wohl ein Löwe zu seinen Füßen legen? Und warum nannte er Dinge Brüder und Schwestern? Weil sie es waren! Denn der Gott wußte es besser! Der Gott <in ihm> hatte das Wissen! Er verstand! Er hatte die devote Hingabe ans Image weggebrannt. Er wußte! Reines Licht, das sich offenbar gemacht hatte! Was für eine Glorie für den Gott! Es war ein *lebender Christus*, der in jenem Leben erstand. Ein Tier legt sich nicht nieder neben einem Image, denn ein Image ist die Stagnation der unterwürfigen, rückläufigen Energie eines Wesens - Kopulation, Schmerz, Macht -, doch ein Löwe wird sich zu Füßen eines grandiosen Lichts legen und ein Einssein mit diesem Licht empfinden, denn das Licht, das er sieht, ist genau die Lebenskraft von absolut jeder Faser seines eigenen Seins.

Und die Wesenheit lebte den Rest seines Lebens, indem er die Glorie für den Gott war, der nackt aus sich selbst hervorgegangen war. Was hinter dem Image steckte, hat er unverblümt ausgelebt.

Er sang von der Glorie des Lebens und bemühte sich darum, die Menschen heranzubilden, nicht in Doktrinen, sondern hinsichtlich eines einfachen Wissens, Einfachheit. Er lebte keine Heuchelei, denn er war, was er war! Er war nicht mehr ergeben ... nur noch gegenüber Gott, gegenüber der Lebenskraft. Versteht ihr? Und man begann ihn zu hassen und zu verachten, denn er war darum bemüht, in der Dunkelheit zu strahlen und jemand anderer bewachte den Lichtschalter.

Nun ... diese Wesenheit hieß Hl. Franziskus von Assisi. Dies ist eine wahre Geschichte! Eine zeitgenössische Wesenheit, einer, der eurer Generation zeitlich am nächsten lebte, hat das Image aufgelöst mit der Hingabe, jenes Licht zu finden, das sie alle <die dies taten> dann so vollständig waren ... und sie veränderten sich. Veränderten sich, veränderten sich, veränderten sich, veränderten sich!

Was meint ihr, welchen Mut es brauchte, um von Gold- und Samtgewändern wegzugehen und nackt zu gehen? In der Nacktheit lag nicht die Absicht, sie zu schockieren, sondern um zu verdeutlichen, daß "nichts von diesen Dingen zu mir gehört." Und den Mut zu haben, in die freie Natur hinauszugehen, ohne zu wissen, wo man in dieser Nacht schlafen würde. Doch tiefgründige Wahrheit und Erkenntnis und Evolution waren all dies wert, denn in dem Feld ist es, wo Gott und die Verbindung zum Selbst vorhanden war. Die Wesenheit änderte alles an seinem Leben, was wichtig war, um das Image wegzubrennen ... um die Erleuchtung über die Einfachheit des Gottes zu erlangen, für den er voller Hingabe war.

* * *

* <“Image” ist der von Ramtha benutzte Begriff für den in der Begrenzung lebenden Menschen, der das ihm *innewohnende* Potential zu seinem eigenen Gottsein, zur Unbegrenztheit, zum *verwirklichten Gott-Menschen* noch nicht verwirklicht hat und statt dessen im Image-Bewußtstein lebt, im begrenzten Bewußtsein nämlich, das sich in Form des gesellschaftlichen Bewußtseins zum Ausdruck bringt, welches geprägt ist von Urteilshaltung, Angst, Überlebenskampf, verschlossenem Geist usw.>

Kapitel 33

DER JUNGE MEISTER MILLER

Es gab einmal gleichsam in der Tat einen Ort, der gleichsam in der Tat den Namen trägt ... ach ... wie lautete der Name, ein höchst eigentümlicher Name, denn mir ist nicht bekannt, was er bedeutet ... hmm ... heißt er nicht gleichsam in der Tat Decatur? Ich kenne Decatur nicht, aber es gibt eine solche Stadt, die Decatur heißt. Und in dieser Stadt gleichsam in der Tat lebte eine Familie. Und der gewisse Name der Familie war Miller. Die Zeiten, in denen sie lebten, laßt uns sehen, die Zeiten sind, wie man es bezeichnet, neunzehnhundert - ein sehr fortschrittliches Jahr, das versichere ich euch - dreiundvierzig. Und da lebte eine Wesenheit, ein gewisser Kent Miller. Er ist eine Wesenheit von kleiner Statur. Ich meine, seine Größe war die eines vielleicht, wie man es bezeichnet ... hm ... Fünfjährigen? Ah ja, er ist ein Bengel von fünf Jahren, sagt man mir. Dieser gewisse Kent Miller kennt eine Wesenheit, der den gewissen Namen Butch hatte, und dessen Nachname ein gewisser Stevens war.

Und eines Tages kam gleichsam in der Tat so etwas wie ein großer Zirkus in diese Stadt namens Decatur. Sieh da! Sie haben Spaßmacher, und bezaubernde, schlangenhafte Frauen, und Tiere gleichsam in der Tat aus fernen und fremden Ländern, und alle unter ihrem einen Dache. Ich sage euch, so etwas habt ihr noch nicht gesehen - dieser Platz wird also als Zirkus bezeichnet.

Es ist der Wesenheit mit dem gewissen Namen Kent gleichsam in der Tat verboten worden, den Zirkus untertags zu besuchen gleichsam in der Tat. Und er solle warten, bis sein Vater gleichsam in der Tat von seinen Geschäften, eine Art Versicherungsgeschäfte nach Hause kommt. Und darüber, wozu sich die Leute überhaupt versichern lassen sollen, werde ich mich in dieser Stunde nicht äußern, das wollen wir mal beiseite lassen ...

Die Wesenheit, gleichsam in der Tat, ist in jeder Hinsicht einer, der recht mutwillig ist und sich gerne auf Abwege begibt. Und gleichsam in der Tat hat er bei seiner Mutter darum gebettelt, gleichsam in der Tat zu diesem Platz, der Zirkus heißt, gehen zu dürfen. Mutterherz ist gleichsam in der Tat ihm gegenüber jedoch unerbittlich geblieben, und er solle nach wie vor abwarten und geduldig sein, wie ein guter Junge eben. Und da die Wesenheit mit dem gewissen Namen Kent gleichsam in der Tat die Tugend namens Geduld nicht hat, hat er seinen Freund, gleichsam den Butch herbeigerufen. Und sie sind gleichsam in der Tat zur Brücke gegangen und haben sich die, wie man es bezeichnet, “Oxford-Schuhe” ausgezogen und ihre Hosen hochgerollt und lassen nun ihre Füße gleichsam in der Tat ins kühle Wasser baumeln. Und sie überlegen sich - und zwar ohne Zweifel sehr angestrengt -, wie und mit welcher Ausrede sie sich von ihren Müttern und Vätern davonstehlen könnten, damit sie bei dieser, ihrer Überzeugung nach, herrlichen Pracht jenes sogenannten Zirkusses, dabei sein könnten. Und während sie gleichsam in der Tat noch darüber nachdenken, ist unterdessen ein feiner, alter Herr über die Brücke gekommen. Und man bezeichnet gleichsam in der Tat jenen feinen Herrn gewissermaßen als Pastor, denn er ist gleichsam in der Tat mit einem Gewand bekleidet, das, wie man es bezeichnet, schwarz ist und das einen Kragen hat, der von einem blendendem und strahlendem Weiß ist und noch dazu gestärkt! ... äußerst “steifig”.

Der Pastor kommt auf der Brücke daherspaziert und sagt zu ihnen: “Nun sagt selbst, Bruder Miller und Bruder Stevens, ist das heute nicht ein Gottestag, an dem wir´s uns auf der Brücke vergnüglich sein lassen? Und der uns auch dankbar dafür sein läßt, daß wir einen solch herrlichen Sommertag haben, an dem wir dankbar und glücklich sein dürfen. Ist das heute nicht ein guter Tag!"

Und unverzüglich erwidern Herr Miller und Herr Stevens, daß es wahrlich ein guter Tag sei und fahren fort: "Pater, wohin gehen Sie heute?"

Und er antwortet ihnen, daß er zum Tal hinüberginge, weil dort sozusagen ein Unterricht in Bibelkunde stattfinden würde, und daß viele daran teilnehmen würden. Und er lädt sie ein mitzukommen.

Und da die beiden gleichsam in der Tat von derlei Pflichten fürchterlich gelangweilt sind gleichsam in der Tat, ja sogar von dem, wie es bezeichnet wird, ganzen Unterricht in ihrer Schule, lehnen sie sein Angebot freundlich ab, doch gewiß würden sie es sich noch durch den Kopf gehen lassen...

Wie nun der Pater gleichsam in der Tat seinen Weg über die Brücke gleichsam in der Tat fortsetzt, da kommt dem Meister Miller, der von recht verschlagenem Geiste ist, der Gedanke, daß sie vielleicht doch an solch einem Unterricht, der drüben im Tal stattfindet, teilnehmen sollten. Und flugs rennen sie nach Hause, gleichsam in der Tat, und tun recht fromm gleichsam in der Tat gegenüber ihren, wie man sie bezeichnet, Muttis und Vatis, und teilen mit, daß sie den Nachmittag mit dem Pater verbringen würden, und daß sie besser daran täten, sich damit zu beeilen, ihn einzuholen, gleichsam in der Tat, da er gerade an ihnen vorübergegangen sei, und es weise von ihnen sein würde, ihn zu begleiten, da es gleichsam in der Tat ein langes Stück des Weges sein würde.

Und die Mutter gleichsam in der Tat, da sie gutgläubig und tugendsam ist, willigt ein und Meister Miller, der Kent genannt wird, kann seinen Bibelunterricht besuchen ... und sie ist hocherfreut und es wärmt ihr das Herz, daß ihrem Sohn schließlich doch ein Licht aufgegangen ist - wovon ich allerdings nichts weiß - und so hat sie ihm erlaubt zu gehen. Doch um eines bat sie ihn noch: "Du kannst sofort loseilen, doch vorher ziehe dich bitte noch um und ziehe eine Hose an, die für diesen Anlaß am geziemendsten ist. Wir wollen ja einen guten Eindruck machen."

Er hetzt in sein Zimmer und zieht seine besten Hosen und seine besten Schuhe an, doch aus der Tasche zieht er gleichsam in der Tat eine, wie man es bezeichnet, eine Art Schleuder, die aus einem Ast gefertigt ist. Und er steckt sie zwischen seine Hose und sein Hemd, eine äußerst unbequeme Position, da sie ihm hart in den Brustkorb stößt, wodurch er dazu gezwungen ist, eine kerzengerade Haltung einzunehmen. Und er geht zu seiner Mutter und gibt ihr einen, wie man es gleichsam in der Tat bezeichnet, süßen Abschiedskuß und macht sich auf den Weg, um dem Pastor hinterher zu laufen. Und selbstverständlich, gleichsam in der Tat, ist Butch, der ja für Derartiges sehr empfänglich ist, mit ihm mitgegangen.

Und als sie über die Brücke gegangen waren, schauten sie umher, und siehe! der Pastor war nirgends zu entdecken. Er war schon eine gute Weile außer Sicht. Und jetzt ist es an der Zeit, in den Zirkus zu gehen ... denn er ist nur fünf Häuserreihen entfernt. Und wer würde schon so ein Abenteuer, für das es der Meister Miller hielt, verpassen wollen?

Also laufen sie hurtig weiter. Und sie kommen zu dem Platze, und siehe! sie entdecken gleichsam in der Tat, daß ihre Taschen leer sind. Hmm! Und: "Wie sollen wir jetzt in den Zirkus hineinkommen?!" ... um das aufzuschlüsseln, braucht es Köpfchen. Alsdann besprechen sie gleichsam in der Tat miteinander die Lage und führen gleichsam in der Tat ihr Gespräch unter einem, wie man es bezeichnet, Zeltvorbau auf der Rückseite, der zu den, wie man es bezeichnet, Käfigen der Kamele führt, und von dort aus schleichen sie gleichsam in der Tat in die Zelte hinein.

Und glücklicherweise in der Tat, sind es, wie man es bezeichnet, Elephanten, die in jenen Zelten wohnen. Kennt ihr Elephanten? Ich kann euch versichern, sie sind von sehr großem Wuchs. Und sie sind großartige Tiere. Die beiden Wesenheiten sind also drinnen bei den Elephanten. Eine höchst schreckerregende und zugleich wundervolle Erfahrung! Sie machen die Bekanntschaft mit all diesen Elephanten. Und sie sind sehr auf der Hut, nicht erwischt zu werden. Und während sie dort gleichsam in der Tat zusammengerollt im Heu liegen und alles überblicken, was sich da tut - da sehen sie schöne Frauen und kleinwüchsige Männer vorübergehen, die allesamt lachen und fröhlich sind. Und sie holen die Elephanten hervor und binden sie gleichsam an und dekorieren die Elephanten mit solch einer Tracht gleichsam in der Tat, daß es dem Auge beinahe schon kitschig vorkommt. Nichtsdestoweniger, es ist eine Art Abenteuer und sie sind über alle Maßen glücklich.

Wie nun die Elephanten gleichsam in der Tat herausgeführt werden, gehen die beiden wie beiläufig hinter ihnen drein und gelangen unbemerkt in eine Hauptarena, so eine, wie Gladiatoren sie benutzen. Und dort gleichsam in der Tat lassen sie sich fasziniert hinter einer kleinen Abzäunung nieder und hoffen, daß sie nicht gesehen werden können.

Und dem Meister Kent gleichsam in der Tat, dem nie das Lachen und die Lustigkeit abhanden kommt, weil Frohmut gleichsam in der Tat ihm nie lästig wird, ihm kommt also der Gedanke, aus seinen Hosen und seinem Hemd die Schleuder hervorzuholen, die ihn arg gedrückt hat. Auch wenn er kein Wort darüber verloren hat, hat sie ihm doch allerhand Schmerz verursacht, und er holt sie hervor. Sie ist, das kann ich euch versichern, eine raffinierte Waffe. Und er sucht auf dem Boden gleichsam in der Tat nach einem Kieselstein, und um der ganzen Sache hier noch ein wenig mehr Würze und Vergnügen zu geben, legt er den Kieselstein auf die Schleuder und zieht sie zurück und zielt gleichsam in der Tat auf das Hinterteil des Elephanten! Es ist die volle Wahrheit, das versichere ich euch.

Und er zieht sie geschwind zurück und nimmt mit einem offenen und einem geschlossenen Auge genaues Ziel und mit einem Blick gleichsam in der Tat, wie ich ihn nie zuvor bei einem Menschen, der Teuflisches im Sinne führt, gesehen habe ... läßt er sie vorschnellen! ... und siehe .. ppssspp ... auf das Hinterteil des armen Elephanten, und da dieser gleichsam in der Tat das Gefühl hat, es sei ihm ein Dolchstoß versetzt worden, fängt er Amok zu laufen an, gleichsam in der Tat. Und wie er da Amok läuft gleichsam in der Tat, verlieren die lieblichen Damen, die gleichsam in der Tat so überaus wohlgesittet dasaßen und nun hoch droben auf seinem Nacken hängen, ihre Kontrolle und fangen wild zu schreien an gleichsam in der Tat, während der Elephant in die Zeltstangen hineinrennt und das ganze Haus einfällt ... wie sie es bezeichnen!

Es gab dort eine Frau von ungeheurer Körperfülle, die dort saß gleichsam in der Tat und den jungen Miller und den jungen Stevens mißtrauisch beäugte, da sie wußte, daß sie Jungens sind, die nichts als Streiche im Kopf hätten, und daß sie etwas vorhätten, und sie es kommen sah. Und ihr Name war gleichsam in der Tat Fanny Gilland. Und sie hatte gesehen, was er getan hatte. Und inmitten all dessen, was sich ereignete und inmitten all des Geschreis und Getobes, und all der wild herumlaufenden Leute, und all der in Ohnmacht fallenden Frauen, und all der gleichsam in der Tat herumhetzenden Männer, ruft sie die beiden und erwischt ihn bei seiner Tat. Hmmm. Sie ist gar keine nette Frau, das kann ich euch sagen.

Und sie führt die beiden Jungen gleichsam in der Tat zu dem, wie man es bezeichnet, Zirkusdirektor. Und sie haben große Strafe zu erwarten, wie da der Zirkusdirektor gleichsam in der Tat den Amtsrichter der Stadt herbeiruft. Und da kommt er auch schon, und was meint ihr, macht er mit ihnen?... Nun ja, er bringt sie nach Hause! Hmmm. Er bringt sie in der Tat nach Hause zu ihren Vätern und Müttern, und zu der lieben Frau Miller, die gedacht hatte, daß ihr kleiner Liebling zum Bibelunterricht gegangen war und der nun gewissermaßen im Sheriffwagen zurückgekommen war. Und da steht er nun völlig am Ende seiner Kräfte. Und sie ist der Meinung gleichsam in der Tat, daß ihnen vielleicht auf ihrem Weg zu ihrem Bibelunterricht etwas zugestoßen sein mochte gleichsam in der Tat und daß dies ihren Herzen wohl große Furcht eingejagt haben mußte. Bei dem Gedanken ist sie völlig entsetzt. Und da tritt der, wie man es bezeichnet, Amtsrichter hervor in der Tat und fängt an, ihr die abscheuliche Geschichte über ihre beiden Söhne zu erzählen ... oh, ich bitte um aufrichtige Vergebung ... über ihren *einen* Sohn, nichtsdestoweniger schildert man sie als Brüder.

Und gleichsam in der Tat kommt bald schon der Meister nach Hause und er vernimmt alles, was der junge Meister Miller angestellt hat. Hmmm. "Man hat mir mitgeteilt, daß eine Rechnung aufgestellt worden ist über den Schaden, der beim Einfallen des Hauses entstanden war." Und Meister Miller, als ein Mann von hochgeachtetem Rufe bezahlt die Rechnung, wie auch Herr Stevens, das versichere ich euch, denn er arbeitet für den Amtsrichter.

Dies ist eine köstliche Geschichte, sind da doch Meister Miller und Meister Stevens den ganzen Sommer in der Tat nicht nur eifrig beschäftigt mit Besorgungenmachen gleichsam in der Tat, sondern begleiten außerdem auch gleichsam in der Tat den Pastor oder, wie man ihn auch bezeichnet, den Pater, auf allen seinen Besuchen und allen seinen schweren Arbeiten und wurden gleichsam in der Tat eine Art Reinemache-Mannschaft. Und alle ihre Tage verbrachten sie damit, ihre hinterhältigen Taten abzuarbeiten.

Es ist eine gute Geschichte, und ich werde euch sagen, warum. Die Wesenheit mit dem gewissen Namen Miller wuchs heran und wurde gleichsam in der Tat zu einem überaus gerechten Mann und besuchte eine Schule, gleichsam in der Tat des sogenanten Rechtswesens. Und er wurde gleichsam in der Tat ein hervorragender Anwalt, wie man das so in eurer Zeit bezeichnet, der Decatur in den Zeiten, die er erlebte, repräsentierte.

Jenes waren in der Tat Zeiten, an die wir uns in Hinblick an die einfachsten Dinge in der sogenannten Kindheit gleichsam in der Tat zurückerinnern, und die uns lieb und teuer sind, und die uns in unserem Charakter stärken. Es ist gut, gleichsam in der Tat die Erfahrung der Dinge zu machen, die Lachen und die vielleicht sogar Bestürzung hervorrufen, denn sie lehren uns etwas, sobald wir sie uns in Erinnerung rufen.

Jugendzeit? Immer ist ein Dahinscheiden in der Jugend in der Tat eine schwer zu ertragende Sache, denn all diese Leute nehmen von vorneherein an, daß jene jungen Leute etwas vom Leben verpaßt hätten, nur weil sie gleichsam in der Tat nicht alt wurden. Auch wenn dieser Miller gleichsam in der Tat in seinem Leben jung gestorben war, lebte er es dennoch im vollsten Maße - auch was das anbelangt, einen Elephanten auf sein Hinterteil zu treffen und ihn zum "Amoklaufen" zu bringen. Er hatte gelebt. Dies ist eine gute Geschichte.

* * *

Kapitel 34

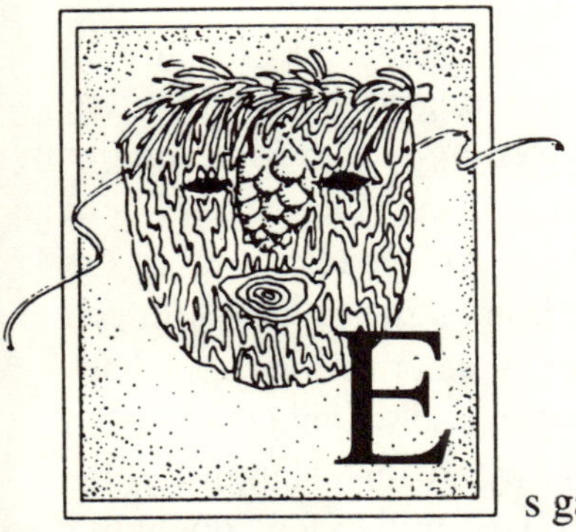

DER TANZ DES HEIDENJUNGEN

Es gab einmal grandiose Menschen ... die im Laufe ihrer Generationen dahingelangten, einige tiefe Wahrheiten zu verstehen. Und auch gesegnet waren ihre Generationen, denn sie hatten keine, wie man es bezeichnet, örtliche Gesetzgebung, der man sich hätte unterwerfen müssen, statt dessen strebten sie vielmehr danach in Erfahrung zu bringen, ob es ein Gesetz des Kosmos und insbesondere eines der Natur gibt. Und obgleich nirgends etwas darüber geschrieben stand, war es dennoch ihre Sehnsucht, es zu verstehen und es zu erforschen, damit sie in Harmonie mit dem Leben bleiben könnten. Und gesegnet waren sie, denn sie waren gleichsam nicht verseucht von den Härten all der "wie-sich´s-gehört". Und in ihren Generationen gab es grandiose und weise Wesen. Weise? Deshalb, weil auch sie aus einer Schule hervorgegangen waren, im wahrsten Sinne des Wortes, von der sie zu ihren Leuten ... Wissen ... grandioses Wissen mitzurückgebracht hatten, nach dem es sie alle so sehr gehungert hatte. Und so wurde innerhalb ihrer Generationen diesen Söhnen und Töchtern der Familien die Wahlmöglichkeit gegeben, mit den Weisen mitzugehen. Und von solch einem Kind handelt eine Geschichte.

Und diese Geschichte wird von diesem Kind in einem besonderen Augenblick ins Gedächtnis zurückgerufen, nämlich in dem Augenblick, als er bereit ist, dem Henker gegenüberzutreten, der bereits eine schwarze Maske übergezogen hat. Und der kleine Junge ist jetzt völlig in einer Erinnerung versunken und durch sie unsterblich gemacht, und zwar in dem Augenblick, als der aus dem kleinen Jungen gewordene Mann für einen Gesetzesbruch bezahlen soll. Und das Gesetz jener Zeiten war, wie man es bezeichnet, das Gesetz der Kirche. Nach diesem Gesetz war dieser Mann schuldig gesprochen worden, als Ketzer heidnische Riten zu praktizieren und den König der Unterwelt, den Satan, zu verehren. Der junge Mann steht aufrecht da ... Er macht sich zum Hinknien bereit. Und gerade als er im Begriff ist, dies zu tun, kommt ihm plötzlich eine grandiose Erinnerung in den Sinn; und er erinnert sich an den Augenblick, als der Weise zu der Hütte seiner Eltern kam. Und dieser Weise schaute alle Kinder an, schaute allen in die Augen, und schenkte ihnen einen Stein. Als er zu dem kleinen Jungen trat, dem jener geheimnisvolle Weise voller Wunder vorkam, da schaute der Weise dem kleinen Jungen in die Augen und schenkte ihm einen Stein. Alle anderen Kinder öffneten geschwind ihre Hand, um das geheimnisvolle Geschenk zu begutachten. Und mit vielen "ooohhhs" und großem Staunen fingen sie sofort damit an, sich zu überlegen, was sie mit ihrem köstlichen Geschenk alles tun könnten, nur der kleine Junge nicht....

.... Oh ich kann mich gut daran erinnern! Was auch immer es war, das ich in meiner Hand hielt, es konnte nicht so wunderschön sein wie jene Augen, in die ich blickte und wie jener Bart und jenes Haar, wild... es war wahrlich so wie der Wind, der sich in die Zeit hinein erstarren ließ.

Und als er seine Augen nicht von dem Weisen abwenden wollte, da nickte der Weise, und der Mann erinnert sich daran, daß er mit großer Freude nickte. So wurde der kleine Junge, der sich so genau daran erinnerte, aus der Familie erwählt und zog mit seiner Zustimmung los, um bei dem wilden Manne, dem geheimnisvollen Manne zu lernen.

....Ahh, ich kann mich erinnern ... ich erhielt ein ... ich erhielt ein

Lendentuch, brandneu, und ich hatte eine Haube und einen kurzen Lendenrock. Und ich wurde in dieses .. Tal geführt, so wunderschön, und ich kann mich klar daran erinnern. Es war gerade die Zeit, daß der Frühling in den Sommer übergegangen war. Und die Schmetterlinge und die Bienen und all die Dinge, die auf einer Wiese Zuhause sind, und Blumen, so hoch, daß sie mich an der Nase kitzelten. Doch sorgfältig achtete ich darauf, den Fußspuren des Weisen zu folgen, der nichts zu mir sprach, sondern mich einfach durch diesen wundervollen Ort führte.

Er nahm mich zu diesem Strom mit. Ich blieb stehen und ahmte ihn nach und starrte in diesen Strom hinein, doch die ganze Zeit über wunderte ich mich, was er denn sah. Und dann warf er einen kurzen Blick zur Seite, und ich schaute hoch, und er drehte sich um und begann weiterzuwandern... nicht ein einziges Wort, nur das sanfte Auftreten jener Füße, die kein Geräusch verursachten, außer daß hin und wieder sein Wanderstab auf einen Stein auftraf.

Und wir gingen unter diesen grandiosen Baum... seine großen Äste hingen weit über diesen Weiher. Und seine Wurzeln waren so groß, es schien, als säße ein dicker Mann vor seinem Mahl. Nun, ich folgte dem Weisen nach... und er machte eine Pause unter diesem Baum... und schloß seine Augen, und sie verschwanden in seinem Kopf, und ich schaute einfach nur diesen grandiosen Baum an.

Kurz darauf öffnete der Weise seine Augen und ging über diese dicken festen Beine des Baumes, und ich tat mein Bestes, um große Schritte zu machen, aber ach, schließlich mußte ich doch drüberklettern. Und in der Tat, ich erinnere mich, er ging zu einem schattigen Gebiet, einer Meerenge, bevor sie sich dann zu einer rauschenden Wasserstelle ausweitete. Und er beugte sich hinunter und legte seinen Stab nieder, und er sagte: “Komm.”

Als ich neben dem Weisen stand, da roch er wie die Wiese, durch die wir gerade gekommen waren: wie frische ... zerriebene Kräuter ... und gelbe Blütenpollen ... und ja sogar wie der Stich einer Biene, ich weiß das. Er deutete mir mit einer Handbewegung an, ich solle in diesen Weiher schauen. Wie ich mich erinnere, war dieser sehr seicht.

Und er sagte: “Schau in das Wasser und was siehst du?”

Ich schaute in das Wasser und ich sagte: “Ich sehe mich!!”

Und er sagte: “Was noch?”

"Ich sehe mich ... und einen Wassertropfen. Er muß Jahrtausende alt sein." Ich sah etwas Silbernes, das wie ein Lichtstrahl quer über meinen Augen vorübersauste... und sind das etwa Steine?... Und ich sehe den Wassertropfen, der Jahrtausende alt ist, mit einem Silberlichtstrahl zurückkommen.

Nach meiner Antwort nickte der Weise. Ich machte mir gar nicht die Mühe zu fragen: "Habe ich bestanden?" ... denn ich hatte ja überhaupt nicht gewußt, daß es ein Test gewesen war. S´war einfach, was ich sah. Wie weise die Jugend doch ist.

Und den ganzen restlichen Sommer über zeigte mir der Weise die Dinge des Lebens: die Geheimnisse einer Knospe und einer Blume, und eines strahlend bunten Schmetterlings ... und der Wurzeln und Kräuter und der Dinge, die bitter und süß sind.

Und dann in jener einen wundersamen Nacht geschah es, daß ich eine ganze Nacht lange aufblieb. Da saß ich zusammen mit dem Weisen - nicht ganz so groß wie er - und wir beobachteten ... und ich dachte, daß irgendein Zaubergeschöpf aus der Mitternacht hervorspringen und herbeikommen würde und den Weisen grüßen würde, dessen war ich mir ganz sicher. Also hielt ich die ganze Nacht Wache. Und der Weise? Da war ein Wind, noch nicht ganz um Mitternacht, und ich beobachtete ihn.... wie er durch jene zerzausten, verstaubten Haare blies, die der Weise hatte, und sie und der Wind schienen sich einen Kampf um Platz zu liefern. Und sein Bart wehte, und er lächelte. Worauf wartete er? Ich wußte es nicht.

Und in der nächsten Nacht nahm er mich mit zurück in diesen Wald, tief und wunderschön. Und es hallte darin von sichtbaren und unsichtbaren Geschöpfen wider. Und der ganze Wald strömte einen Atem aus, der kühl und frisch war. Und er sagte zu mir: "Wenn du irgend eines von diesen Dingen im Wald sein könntest, was würdest du am liebsten sein wollen?"

Ich erinnere mich, daß ich herumrannte und in Erdlöchern nach jenen Geschöpfen Ausschau hielt, die darin wohnen, die man aber nie zu Gesicht bekommt... und ich rannte herum und versuchte, einen Blick von den Vögeln zu erhaschen. Ich sah einen, der mächtig schön war. Aber ich konnte einfach nicht zu einer Entscheidung kommen, was ich gerne sein würde! Und der Weise, nun, er muß die Zeit selbst sein, denn niemals trieb er mich zur Eile an und niemals tadelte er mich. Und ich rannte umher und drehte Dinge herum und versuchte herauszufinden, was ich gerne sein würde!

Nun, schließlich entdeckte ich einen kleinen Felsbrocken, auf dem ein wenig Moos wuchs. Und ich setzte mich nieder, und der Weise bat mich, mich auf die andere Seite zu setzen, damit das Moos atmen könnte ... ich hatte überhaupt nicht gewußt, daß es atmete, aber das tat es. Und ich dachte: "Vielleicht wäre ich gerne Moos. Ich hatte ja nie gewußt, daß es lebendig war."

Und nachdem ich es mir genau angesehen hatte, und mir angesehen hatte, wie es da an dem Felsbrocken hing - und mir war klar, daß es mich angezischt hatte, weil ich auf ihm gesessen hatte - ... da entschied ich, daß das es überhaupt nicht war, was ich sein wollte!!! Und dann fiel es mir ein...... "Ahh, ich hab´s! Ich möchte jener Baum sein! Weißt du noch... der Baum, der die dicken, festen Beine hat, die weit in den Boden hineinreichen, so als würde er dort sitzen und den ganzen Tag lang trinken. Findest du nicht, daß er wie ein dicker Mann aussieht?"

Der Weise nickte: "In der Tat, das tut er. In der Tat, das tut er."

"Das würde ich gerne sein, aber nur für eine Weile. Ich weiß nicht, ob ich so wie er die GANZE Zeit dasitzen könnte." Sodann erhebt er sich voller Anmut, und ich springe auf, und munteren Schrittes - wobei nur der Wanderstab ein Geräusch machte - gingen wir zu jenem Platz zurück. Ich konnte noch immer nicht mit einem großen Schritt über jene Wurzel steigen.

Und er sagte: "Und das ist es wirklich, was du sein willst, ehh?"

"Oh Jaa!! Das wäre ich gerne!"

Alsdann ... fing der Weise an, Rinde abzubrechen, und er legte einige Blätter auf die Seite, von denen ich welche auswählen sollte. Und als ich mir nur die grünen, die so wunderschön sind - bedenkt die Jahreszeit - nahm, da riet er mir, daß ich ebenso jene Blätter benutzen sollte, die aufgrund eines unglücklichen Mißgeschicks auf den Boden gefallen waren... ich hatte ja gar nicht gewußt, daß ein Baum ein Unglück haben konnte! Ich tat also, was er gesagt hatte. Und als er all diese Dinge zusammengesammelt hatte, kratzte er den Lebenssaft von einer alten Wunde ab, und er nahm ihn mit zu dem Fluß. Und dort stapfte er solange umher, bis er Lehm gefunden hatte. Und dann machte er mit dem Lehm einen soliden Abguß, und zwar mit Händen - mit meinen Händen natürlich! - ich erinnere mich, wie er mir zeigte, wie ich meine Hände naß machen mußte, und er sagte: "Und jetzt ... mache das Gesicht des Baumes."

"Hmmm." Und ich tat es!!! Ich schaffte es!!! Es war so wundervoll ..... außer.. "Wie würde der Baum sehen können?" sagte er zu mir.

Ich wußte es nicht! So schlug er vor, daß ich zwei Löcher machen sollte, damit ich, wenn ich der Baum wäre, wenigstens sehen könnte. Und das tat ich dann auch! Und vorsichtig hoben wir die Maske hoch, und er ging zu einem besonderen Platz, und dort waren zuvor schon irgendwelche Dinge gewesen, ich jedoch war noch nie dort gewesen. Und dort tobte ein großes Feuer in der Erde, und er nahm die Maske, und er legte sie in das Feuer.........

"Das wird sie ja ruinieren!!!"

Der Weise wußte - ich erinnere mich -, daß ich enttäuscht war, denn ich wollte ihn nicht mehr ansehen und auch nicht die Maske, die verschwunden war. Ich tat eifrig beschäftigt damit, den Lehm von meinen Fingern und unter meinen Fingernägeln zu säubern, und damit, ganz und gar sauber zu werden, so als ob man mich irgendwo erwarten würde. Er lächelte einfach nur und drehte mir den Rücken zu.

Und nach einer Weile öffnete er die Türklappe auf dem Erdboden und er holte diesen ... Baum hervor, den ich gemacht hatte. Seine Farbe hatte sich geändert. Er nahm etwas Wasser und sprenkelte es leicht darauf mit seinen alten, knorrigen Fingern, die sich auf meiner Maske gut als Äste ausgemacht hätten ... und dann nahm er jenen Saft - ja, ich erinnere mich er nahm also den Baumsaft und erhitzte ihn langsam ... und er tat noch etwas dazu, aber er sagte mir nicht, was das war. Und bevor die Maske völlig kalt geworden war, hatte er den flüssig gewordenen Saft genommen und ihn über die Maske gegossen. Und sie glitzerte und leuchtete, und sie roch ganz genauso wie der Baum, und er sagte: "Bringe schnell die Blätter herbei." Ich brachte die Blätter, und er sagte zu mir: "Und jetzt stecke sie auf die Maske. Stecke sie auf den Baum."

Und das tat ich, so gut ich es eben vermochte, natürlich; denn ich konnte mir ja auch nicht sicher sein, ob er sie nicht wieder in das Feuer werfen würde!..... Als ich fertig war ... sah sie dem Baum sehr ähnlich. Ich war ganz verwundert, daß ich dieses Ding gemacht hatte, aus der Erde und dem Baum und den Blättern, und es roch sogar wie der Baumsaft im Frühling ....

Dem jungen Mann wird jetzt eine Haube über den Kopf gezogen. Und er ist sich der Menschenmenge und des Wassers und des Weihrauchs und des Glockengeläutes fast gar nicht gewahr. Er ist in der Erinnerung dessen, was mit seiner Maske geschah.

Der alte Lehrer führte ihn zu ... wie er es nannte, der Heiligen Stätte .... einem wunderschönen Ort, bewacht von einer Battalion herrlicher Berggipfel und in deren Tiefen grandiose Bäume waren. Und dorthin waren seine Leute und Leute, die er nie gesehen hatte, gekommen. Und sie trugen Früchte herbei. Sie trugen Brot und Met herbei. Und sie waren von einer großen Fröhlichkeit. Und ihre Leinengewänder waren sauber. Und sie trugen Blumenkränze in ihren Haaren, und Lorbeer um ihren Gürtel und auf ihrer Stirne. Und ein Lied erklang, welches das Tal erfüllte, währenddessen ein kleiner Junge beobachtete und wußte und erwartete, daß etwas Wundervolles geschehen würde.

Und während er die Parade der Alten und der Jungen beobachtete, die alle voll des Jubels und glücklich waren... da wurden plötzlich Trommeln geschlagen. Und der kleine Junge bekam es mit der Angst, denn er konnte nicht erkennen, woher sie kamen. Es klang, als würde die Erde bersten.

Und dann... war da dieser.... Klang.... wie der eines jungen Mädchens, das eine Melodie singt, die nur der Wind zu diesem Orte tragen würde. Und dieser Klang schwebte über den Trommeln.

Und aus den Bäumen und aus den Felsmauern kamen die Leute hervor. Und sie waren mit Masken geschmückt, so wunderschön .... ein Schmetterling erschien da, dessen Gesicht und Flügel von der schönsten Farbe waren, die er je gesehen hatte. Und sie fingen zu tanzen an und bewegten sich wie Phantome auf dem Land. Und die Trommeln schlugen weiter. Und hervor kam eine Blume ... ein Vogel! ... hervor kam Weizen ... der vom Kopf einer maskierten Wesenheit wegragte! ... Er konnte von niemandem das Gesicht sehen, wenn da überhaupt

Gesichter waren.

Die Geschöpfe erwachten zu Leben ... zu den Klängen der Trommeln, und es war so, als hätten all die Dinge, die es auf der Wiese gab, Beine bekommen und zu feiern begonnen, ich weiß nicht was, aber eben irgendetwas!

Nun, plötzlich dreht er sich um und macht große Augen: neben ihm steht ein großes und majestätisch aussehendes Wesen. Keine Haare wuchsen in seinem Gesicht und seine Haut war wie Zimt, die Augenbrauen waren dicht und verbargen die Augen, die im Licht wie Saphire blitzten. Und er trug einen Ring um seine Stirn, und seine Haare, die sorgsam gepflegt und gekämmt waren, fielen weit über seine massiven und großen Schultern hinab. Und er trug ein schlichtes Gewand, das nur am Halsausschnitt offen war ... und das eingefaßt war... mit geflochtenen Reben und Steinen und einer kostbaren Feder aus Azurblau... und er war barfuß.

Weihrauch... er wird stark, stärker. Man hat mich auf die Knie hinunter gestoßen.

Was tat er denn da? Oh! Ich schaute zu ihm hinauf und sein Gesicht begann mit einem geheimnisvollen Licht zu erstrahlen. Lichtstrahlen aus jenen Augen... und von seinem Rücken hervor, wie aus dem Nichts heraus, reichte er mir die Maske, die ich gemacht hatte. Ob der Weise wohl wußte, daß er sie gestohlen oder weggenommen hatte?! Und würde er wohl Reue haben, wenn der Weise es herausbekäme? Er mußte wohl im Bilde gewesen sein, denn er lächelte und sagte: "Er sandte mich zu dir ... um dir dies zu geben. Trage sie!"

Ich nahm *meine* Maske!!... und setzte sie auf... und ich stand auf und streifte von meinen Knien das Geröll weg, das dort wohl mein Leben lang gewesen sein mußte. Und als ich meine Maske richtig aufsetzte, konnte ich vom Zentrum des Baumes heraus sehen!... ich fühlte meine Blätter!! Und die Trommeln wurden lauter... und diese Stimme, hoch droben, die ohne Atem zu holen eine Melodie sang. Und solche Schönheit tanzte da. Und die Verschwommenheit von ihnen allen war wie ein Zauber... und sodann - ich erinnere mich - ... ging ich Schritt für Schritt nach vorne, hinein in die Masse des Lebens, die mir da winkte. Und bald schon begann etwas im Innern meiner Baumrinde - es muß der vom Frühlingssaft trunkene Baum gewesen sein - sich zu heben und zu senken und zu bewegen und zu knacken.... Ahhh... ich *lebte* den Baum... ich war groß und breit und hatte dicke, feste Beine... ich brach vom Weiher auf und gesellte mich zum Leben...

Wie viele? Wie viele Winter erlebte ich?.... und Frühling und Sommer.... und welche Geheimnisse hatte ich entschlüsselt, und welches Pulver habe ich zerrieben? Wie viele Tänze habe ich getanzt... unter einem Mond strahlend und orange und voll.... und plötzlich wurde ich sogar auch dies.

Was war der ... letzte Winter? Oh, ich erinnere mich ... alle von uns, dort an unseren Orten, gruben sich tief in die Erde ein, mit Fenstern, die nach draußen schauten... und mit Bäumen als unsere Dächer... und die große weiße Stille war gekommen... und den ganzen Winter über sagte man mir, ich solle beobachten und auf eine einzelne weiße Schneeflocke achtgeben, wie sie auf die Erde herabsteigt, und unter den Millionen, die herabfallen, sollte ich immer weiter diese eine Schneeflocke sehen... und das tat ich.

Und ich schaute durch die Fensterscheibe hinaus, und ich sah die großen Bäume, die kahl ohne ihre Blätter des Frühlings und des Sommers und des Herbstes dastanden, und ich wunderte mich, ob ihnen wohl kalt sei. Wahrscheinlich nicht. Was war das Letzte, an das ich mich erinnere?... oh ja... der Morgen, an dem der Vogel kam... das war´s.... der Vogel! Er kam zum Fenster. Ich sah ihn an, beobachtete ihn und für einen Augenblick sah ich mich selbst, für einen Augenblick!... und als der Vogel wegflog, wußte ich, daß der Frühling nicht mehr lange auf sich warten lassen würde. Und schnell... schnell warf ich mir meinen Umhang über, band meinen Gürtel um und fand meine Sandalen und öffnete die schwere Türe, sie quietschte!... und die große weiße Stille kam herein! ... und das Feuer zischte!... und jemand sagte: "Nein!!"

Und ich rannte hinaus... und ich erinnerte mich an die Schneeflocke. Ich konnte sie noch immer sehen! Ich wußte, wo sie war! Ich hatte sie nie vergessen! Meine Erinnerung war stark! Und als ich anfing, meine Sandalen anzuziehen .... Nein ... und ich warf sie weg und rannte los!... Und ich rannte, und ich konnte meinen Atem sehen. Da war es .... das Leben!

Und ich rannte durch den Wald und ich wußte ... daß der Frühling und das Grün und das Aroma ... in ihnen war und daß ihre Herzen schlugen!... daß der Lebenssaft strömte!... daß das Herz lebendig war!......... Und ich *wurde*... einer jener Bäume! Ich war jung. Der Frühling pulsierte durch meine Adern. Der Lebenssaft in meiner Seele war angestiegen! Ich war nie gestorben. Ich hatte einfach nur beobachtet. Ein junger Mann.... Ein alter Baum.......

Der Henker erhob sein Beil. Sie hatten dem jungen Mann mehrere Fragen gestellt, hatten ihn aufgefordert, seinem Heidenleben zu widersagen, das war das Wort, "widersagen". Zu gestehen, daß er ein Sohn des Satans sei. Sie forderten ihn auf, allem zu widersagen ... das er gelebt hatte.

Er hörte sie nie: Da war der Winter, und der Vogel, und die Schneeflocke.... und da waren der Lebenssaft, und die Bäume, und die Verheißung auf ein neues Leben. Und das Letzte, an das er sich erinnerte, bevor das Beil.. sein schönes Fleisch durchstieß... war, daß er der Baum war und daß der Lebenssaft in seiner Seele pochte.................

Dies ist eine wahre Geschichte.

* * *

Kapitel 35

DIE GESCHICHTE VON PAULUS

Es lebte einmal eine, wie man es bezeichnet, grandiose Person, ein Mann, der gleichsam in der Tat als hellenistischer Jude geboren worden war. Sein Vater entstammt dem, wie man es bezeichnet, Reiche von Judäa, und seine, wie man es bezeichnet, Mutter entstammt dem Reiche von Griechenland. So wurde alsdann der, wie man es bezeichnet, Nachkomme aus jener Verbindung als hellenistischer Jude bezeichnet, da er zum Teil griechisch und zum Teil jüdisch war. In der Erziehung jener äußerst erstaunlichen Wesenheit war ein Widerspruch von besonderer Beschaffenheit vorhanden, den er für sich allein austrug, Seite an Seite mit allen anderen lebend. Er war gleichsam zur Welt gekommen mit einem feurigen Haar, glühend wie Kupfer, und mit Augen, die in ihrer Farbe, genannt Blau, leuchteten. Und das hat er mit Sicherheit nicht von der Linie seines Vaters vererbt bekommen, er erbte es von, wie man es bezeichnet, der Linie seiner Mutter. Und innerhalb seiner, wie man es bezeichnet, Erziehung erwuchs ihm ein großer Konflikt, denn das Volk seines Vaters glaubte, daß es kein Leben nach dem Tode und nur einen Gott geben würde, nämlich den Gott, den man den Herrn-und-Gott Jehovah nannte. Die Mutter, die, wie man es bezeichnet, ein Nachkomme grandioser Griechen war, glaubte an ein

Leben nach dem Tode und glaubte, daß es nicht nur einen Gott, sondern viele Götter gäbe.

Demzufolge wuchs das Kind also zu einem Verstehen heran, das eine Brücke baute über eine große Spaltung, die in der Welt jener speziellen Zeit existierte. Und die einzige Art und Weise, daß er mit seiner feurigen Seele und seinem großen Temperament, diese Spaltung überbrücken konnte, lag für ihn darin, ein Gesetzgeber zu werden. Also studierte er Gesetzeskunde. Und studieren tat er ungeheuer. Und er entsagte einem, wie man es bezeichnet, persönlichen Leben und dem Zusammensein mit Frauen, damit er sich ganz dem Studium des Gesetzes widmen könnte bis hin zu dem Punkt, daß es in ihm zu einer Wahrheit würde. Hatte das Volk seines Vaters recht? Sie waren immer so düster, langweilig, sie litten immer so viel. Und die Frauen, sie waren in ihrer Schönheit und in einer Arroganz und einem feierlichen Ernst eingehüllt und vergraben. Hatten sie recht? Seine Mutter hingegen, sie war vergnügt und leichten Herzens und lebhaft. Und ihr herrliches goldenes Haar türmte sich weit über ihrem Kopfe auf, und Juwelen baumelten von ihren Ohren und lagen um ihren schönen säulengeraden Hals, und sie hüllte sich in die zartesten Farben. Und Festlichkeit lag ihr und Schönheit war ihr Stil. Und weder weinte sie, noch trauerte sie um irgendjemanden, doch vielleicht war gerade das es, weshalb ihr Mann sie so sehr liebte, denn sie war anders. Und sie pflegte zu ihrem wundersamen Sohn, dem sie nach der, wie man es bezeichnet Stadt Tarsus, den Namen Saulus gegeben hatten, zu sagen: "Saulus, sei nicht töricht! Denn es gibt viele Leben zu leben. Die Götter haben dies gesagt." Und hinsichtlich ihres Lachens und ihrer Freiheit, sagte er zu ihr: "Geliebte Mutter Debra", denn das war ihr Name, "wo findest du die Freiheit zu lachen, während hingegen das Volk meines Vaters so düster ist?" Sie sagte: "Weil Lachen für mich wichtig ist, weil dies ein reichhaltiges Leben ist, und wenn ich es gut lebe, wird mein nächstes sogar noch reichhaltiger sein!"

Und Saulus begann mit seinem Studium und wurde zu einem untadeligen Gesetzgeber. Doch die, wie man es bezeichnet, Dualität, in der seine Eltern lebten, trotz der sie ja glücklich miteinander lebten, inspirierte ihn dazu, unbegrenzt zu sein. Und sodann, um seiner Verpflichtung gegenüber der Hierarchie nachzukommen, der sein Vater diente, wurde er damit beauftragt, die Bewegung der Zeloten zu beseitigen, die von einem Galiläer inspiriert worden war, der den Namen Yeshua ben Joseph <Jesus> hatte. Er sprach außerdem nur sehr dürftiges Aramäisch und konnte andere Sprachen nicht übersetzen. Und Saulus übernahm es, dem Volk seines Vaters zu dienen, damit nicht das Gesetz der Schriften, noch das des Tempels gebrochen würde, und er sprach die Urteile über sie.

Er bezweifelte die Existenz eines Erlösers, eines Messias. Wißt ihr, weshalb er daran zweifelte? Weil der Messias ein von der Gesellschaft Ausgestoßener war. Weil er ein Zelote war. Weil er die Nichtjuden und die Juden gleichermaßen liebte. Dies jedoch empfand seine Mutter als höchst positiv, denn entsprach das nicht der Haltung ihres eigenen Stammes, nämlich die Nichtjuden - was sie war - und die Juden gleichermaßen zu lieben. Und dieser Zelote, er glaubte nicht, daß der Tod das Ende allen Lebens sei, sondern daß man wieder leben würde, daß man wiedergeboren würde, und wieder und wieder. Und dieser Zelote führte seine Botschaft entgegen aller Widrigkeiten unerschütterlich weiter, und auch seine zusammengewürfelte, zerlumpte Schar, die ihm nachfolgte. Und er selbst in seinen, wie man es bezeichnet, alten Flicken, war ein armer Prediger. Und was er zu ihnen sagte, dem stimmte Saulus' Mutter zu.

Saulus war sehr... er war sehr neugierig, also fragte er die Christen aus. Und er begann zu entdecken, daß das es war, woran Debra, seine Mutter, glaubte, und daß das es war, was genau als Keim im Volke seines Vaters, in der jüdischen Nation, vorhanden war. Und sogar der samaritische Stamm glaubte daran. Und die Hethiter glaubten daran. Und die Griechen glaubten daran. Aber nichtsdestoweniger vollzog er weiterhin das Gesetz im Sinne seines Vaters.

Und eines Tages wurde er damit beauftragt, von der Stadt namens Antiochia aus zu der Stadt namens Damaskus zu gehen. Und dort in Damaskus sollte er sich mit dem Hohen Rat treffen und über die Christianer, die später als Christen bezeichnet wurden, Gerichtsurteile sprechen. Und er sollte sie zum Tode verurteilen, denn es war schließlich und endlich eine ketzerische Irrlehre, woran sie glaubten. Es war eine Gotteslästerung an Jehovah. Es übertrat das Gesetz der Schriften. Der Messias würde nicht in feurigen Schiffen kommen und in Rom das tun, worauf sie alle warteten.

Und auf der Straße nach Damaskus begegnete Saulus von Tarsus einer strahlenden Wesenheit. Kam von einer Sonne her, die heller war als irgendeine Sonne... zehntausend hell leuchtender Sonnen! Und da nun begegnete er dem demutsvollen Rabbi, Yeshua ben Joseph, dem Galiläer, der sehr dürftig Aramäisch sprach. Und da nun wurde er zum Zeugen für ein Leben, das den Tod transzendiert hatte. Und da nun wurde er zum Zeugen für eine Wesenheit, die grandioser war, als alles, was er je zuvor gesehen hatte. Und die es dennoch vermochte, obwohl er doch Jude war, die Aussage zu machen, alle Menschen zu lieben. Es war ketzerisch! Es war gotteslästerlich! Und doch, dieser Jude hatte den Tod überlebt und sagte nun zu ihm, er solle alle Menschen lieben.

Saulus von Tarsus traf auch mit der Wesenheit Petrus und der Wesenheit Johannes zusammen. Und weil er in einem System gefangen war, das von Gesetzen bestimmt wurde, und das es nicht zuließ, daß es die Fragmente von Wahrheit hereinließ, denn das war es, was er im Dienste für das Volk seines Vaters getan hatte, da begann er sich darüber klarzuwerden, daß er aufgrund seiner eigenen Zweifel <an jenem System> *nicht* dafür leben würde, sich dem Gesetz des Tempels zu verpflichten und *auch nicht* dem, wie man es bezeichnet, Gesetz Jerusalems, sondern dem Gesetz Gottes... dem *Leben.*

Und er wurde nicht dafür geliebt, daß er ein hellenistischer Jude war. Er war nicht von reiner Abstammung, nicht einmal in den Augen derer, die Yeshua ben Joseph nachgefolgt waren. Er wurde abgelehnt. Und dennoch entmutigte dies nicht, was da an großem Feuer und großer Leidenschaft und großem Drange in ihm war - nämlich das Gesetz <des Systems> umzukehren. Und genau wie jenes grandiose Licht, dem er begegnet war, und das so unglaublich war, und das ihn so liebte, verfolgte er das Ziel, die Welt zu lieben, also das Gegenteil des Gesetzes zu lehren.

Er änderte seinen Namen und wurde später Paulus genannt. Er war der grandioseste Schreiber über die Aussagen, die Jesus der Christus, über die WAHRHEIT machte, den es je gab, und doch war er ihm nur ein einziges Mal begegnet. Und seine Zweifel führten ihn dazu, zu einer derart grandiosen Wesenheit zu werden.

Und nur er, Paulus, war es, der imstande war, die Toten zum

Leben zu erwecken und die Kranken zu heilen, und gesteinigt zu werden und die Steinigung zu überleben.

Paulus, der der kleine Junge namens Saulus war, war hinsichtlich der Art und Weise unbegrenzt, mit der er eine Brücke über die Spaltung des menschlichen Elends, des menschlichen Getrenntseins, baute. Nichts ist stärker zweifelnd, als die nächste Generation. Nichts ist zweifelhafter, als die nächste Religion. Doch wenn alles gesagt und getan ist, und wenn es der Qualität der einzelnen Personen gestattet wird, für sich selbst zu sprechen, und wenn sie es ihren Ohren gestatten zu hören, dann ist's das Königreich des Himmels, das sich öffnet, und das dann uneingeschränkt einem jeden geschenkt ist.

Es ist nicht wichtig, was hinter dem Licht war, sondern daß es existierte. Es war nicht wichtig, daß die Wahrheit, die verkündet wurde, nicht das war, was ihr gelernt habt, sondern daß sie ist, was sie ist. Daß sie nämlich allen Völkern eine Daseinsqualität darbietet und auch eine Gleichstellung aller Menschen. Und daß diese hervorkommende Wahrheit, die einem Zweifler, wie auch ihr es seid, gesagt wurde, die Schönheit sieht in mahagonifarbener Haut, in azurfarbener Haut, in weißer Haut, gelber Haut. Daß sie die Schönheit sieht, der Jugend und des Alters.

* * *

Kapitel 36

RAM ALS VAGABUND

Laßt mich euch etwas über mich erzählen und vielleicht erinnert ihr euch. Vor gar nicht langer Zeit gab es einen kleinen Lagerplatz gleichsam in der Tat, nicht weit von hier, etwas abseits von der Hauptstraße, in der Nähe eines Bahngleises, auf dem eure Züge fahren. Und dort ist eine Wesenheit, die es sich gleichsam in der Tat an einem spärlichen Feuer genug sein hat lassen. Und er hatte eine Art Kochtopf, die seinen großartigsten Besitz darstellte, in dem er ein fürchterliches Gebräu namens Kaffee braute. Und ich kam zu ihm.

Nun ... er besaß gleichsam in der Tat eine zerlumpte Tunika, ihr nennt sie Hemden, und die Farbe gleichsam in der Tat war blau, ähm .... an einigen Stellen, und recht schmutzig an anderen. Und das Hemd, das er darunter trug, war ein recht eigentümliches Hemd, es ähnelte einem Brustpanzer, und irgendwann einmal war es weiß gewesen. Und er trug gleichsam in der Tat einen sehr schweren Mantel auf seinem Körper, der ganz dunkelblau war mit stark hervorstechenden Knöpfen, und einer von ihnen hing gleichsam in der Tat an einem "seidenen Lebensfaden" herab.

Ich erschien bei seinem Lager, als er allein war und sein fürchterliches Gebräu trank. Und ich kniete mich neben ihn hin und ich fragte ihn: “Könnte ich wohl einen Schluck Tee haben?”

Und er sagte zu mir: “Einen Schluck was?” Und er sah mich an und sagte: “Hier gibt´s keinen Tee. Nur Kaffee.”

“Dann werde ich einen Schluck Kaffe nehmen.”

Und er sah mich an und sagte: “Bist du ein Auswärtiger?”

“Ich bin hier ein Wanderer.” Ahh ... “, sagte er, “ich war einmal ein Wanderer.”

Und während wir gleichsam ein wenig in Schweigen dasaßen, betrachtete ich ihn. Und er trank seinen Kaffee und hatte gleichsam in der Tat etwas zu essen hervorgewühlt, doch ich weiß nicht, was es war. Und ich schaute ihm beim Essen zu. Und ich schaute ihn an und sagte: “Da lebt eine Frau etwas weiter die Straße hinunter, die unsereiner aufnimmt. Man sagt, daß es sehr kalt werden würde. Ein Wind bläst scharf vom Norden her.”

Er schaut mich an, und sein Kaffee läuft aus seinen Mundwinkeln in seinen Bart hinein, und er hat keine Zähne, denn wenn er kaut, bewegt sich sein Kinn zu seiner Nase hinauf ... etwa so.

Und er schaut mich an, und seine Augen verdüstern sich, und er sagt: “Schlimme Nacht, ehh?”

“S´ist, was ich gehört habe.”

“Die Frau dort die Straße hinunter nimmt uns auf?”

“S´ist, was ich gehört habe.”

In nur einem Augenblick ißt er alles restlos auf und richtet seine Art Tasche her, die nicht aus Häuten, sondern schlecht gewebt ist, und er wirft die Überbleibsel von einem alten Kochtopf, der noch warm ist, und seine Habe, auf der er gesessen hatte, was es war, weiß ich nicht, in die Tasche hinein. Er stand gleichsam auf und schaute rasch zum Himmel hinauf und sagte: “Da brechen wir besser auf, bevor´s dunkel wird.”

“In der Tat, nicht daß es uns erwischt; könnte eine schlimme Nacht werden, weißt du.”

Ich stand auf und ließ meinen Mantel zurück, denn ich war ja genau wie er für diesen Anlaß entsprechend gekleidet. Und sagte gleichsam zu ihm, ich würde kurz weggehen. Und er fragte mich, ob ich zurückkäme, und ich sagte, in der Tat, wir würden zusammen weitergehen. Und ich ging in den Wald, um zu urinieren; sie tun das, wißt ihr ...

doch ich kam nicht zurück. Und er rief nach mir ... “Brauchst du den ganzen Tag! Wir machen uns besser auf den Weg, nicht daß uns sonst die alte Frau nicht die Türe öffnet, denkt wir sind Landstreicher.” Keine Antwort. Und er watschelte ein wenig hin und her, und schaute, und strich sich über den Bart, spuckte auf die Erde, hob den Mantel hoch, zog ihn an ... und er paßte! Was für ein netter Herr ich doch war, den Mantel zurückzulassen, der ihm so schön paßte! Und er nahm ihn mit und ging zu dem Haus der alten Frau, die tatsächlich solche Leute aufnahm ... Vagabunden.

Wißt ihr, nie fragte er mich etwas, das ich nicht gefragt werden wollte. Er bot an, was er hatte. Er begutachtete mich nicht danach, ob ich eine Bedrohung für seine Domäne darstellte. Ich war nicht besser aussehend als er, ich habe ihm sehr geglichen. Ich fand mehr Frieden und Glücklichsein mit ihm, und ich mache es oft. Denn jeder in der Stadt verachtet uns, weil wir sie alle an all die Dinge erinnern, die sie vom Sein abzuhalten versuchen. Und mir gefällt es. Denn da kann ich ich selbst sein. Und sie lieben ihre Freiheit, weil sie sie selbst sein können. Und sie brauchen sich gleichsam weder Sorgen darüber zu machen, was das Bewußtsein dort als Schönheitsideal festlegt, noch darüber, von wie vielen Spielen sie die Opfer, die Produkte und die Direktoren wohl sein werden. Und wißt ihr, die Wesenheit, mit der ich einen Schluck seines Kaffees trank, der ein fürchterliches Gebräu war, stammte aus der Stadt und war dort sehr erfolgreich gewesen. Doch es quälten ihn all die Erwartungen, die an ihn gestellt wurden. Die Frauen hier .... sie strengen sich nicht an, sich gegenseitig mit Kleidern zu übertreffen oder sich gegenseitig einzuschüchtern. Hier legen sie Wert darauf, daß ihnen der Wind um den Rücken saust und ihnen die Haare aus dem Gesicht weht. Und hier wird Betrug, Zerstörung, Unterminierung gleichsam in der Tat nicht stillschweigend als etwas Übliches hingenommen, in keinster Weise. Einfach nur *sein.*

Wie ich aussehe? Wenn ich frei sein möchte, sehe ich aus wie ein Vagabund, ein Bettler. Und ich bin zu vielen von euch gekommen und habe euch um einen Pfennig gebeten. Und viele von euch haben mich ignoriert. Bin ich nicht Gott? In der Tat, ist ein Bettler nicht Gott? In der Tat. Es ist seine von ihm gewählte Wahrheit. Er hat keinen Stolz. Er wird für einen Straßenpfennig betteln. Das bedeutet, er besitzt kein Übel an sich, anhand dessen er euch beurteilen könnte.

Falls ihr also über meine Schönheit nachdenkt ... sie ist so, wie auch immer ich sie sein lassen will, so daß sie gleichsam in der Tat jeweils von größtem Nutzeffekt und am Zufriedenstellendsten ist, denn ich bin auf vollendete Weise inwendig in meinem Sein ruhend.

* * *

Kapitel 37

DIE LÄNDER VON LEMURIA UND ATLATIA <ATLANTIS>

Es war nicht die Gesamtheit des sogenannten Kontinents Atlatia, auf dem ich ein Reisender war, sondern nur in dem, wie man es bezeichnet, südlichsten Teil, genannt Onai. Dort gab es einen Kanal gleichsam in der Tat, den ihr als Kanal oder auch als Wasserstraße bezeichnet, die gleichsam in der Tat das sogenannte Atlatia mit dem sogenannten Mu verband. Versteht ihr, was Mu bedeutet? Lemuria, das größte Mutterland von allen. Wahrlich, dies war die Wiege der Zivilisation, falls ein Mensch den Wunsch hat herauszufinden, wo sie war.

Auf dieser Wasserstraße indessen zog zu jener Zeit gleichsam in der Tat die "Wanderschaft" nach, wie man es bezeichnet, Atlatia. Sie unternahmen sie deshalb, gleichsam in der Tat, weil das Land namens Mu von, wie man sie bezeichnet, riesigen wilden Tieren überrannt wurde. Diese Tiere waren Überbleibsel gleichsam in der Tat einer vorherigen Schöpfungsaktivität, von der ich euch beim Thema über die Schöpfung erzählt habe. Und viele Menschen gab es dort gleichsam in der Tat, und sie alle lebten in unterirdischen Wohngebilden. Seht ihr, niemand in Lemuria hatte gleichsam in der Tat Wohngebilde, die oben auf der Erde waren. Sie lebten entweder im, wie man es bezeichnet,

Berginnern, und damals gab es nur eine große Bergkette, und sie erstreckte sich gleichsam in der Tat von der oberen Pazifischen Küste dieses eures Landes <USA> bis hin zu jener, wie man es bezeichnet, Wasserstraße. Zu jener speziellen Zeit bauten sie sich gleichsam in der Tat ihre Unterkünfte im Innern der Berge. Doch auf dem großen Flachland, gleichsam, auf der großen Tiefebene von Mu, da lebten alle unterirdisch; infolgedessen hatten sie ein wundervolles Netzwerk von Tunneln, in der Tat, von Hauptstraßen und Nebenstraßen, wie man sie so bezeichnet. In der Tat, all dies war unter der Erdoberffläche um der Sicherheit willen vor den, wie man es gleichsam in der Tat bezeichnet, Raubtieren auf der Erdoberfläche. Die Tiere gleichsam in der Tat nahmen völlig überhand gleichsam in der Tat, da sie selbst immer stärker entwickeltere und größere, gleichsam in der Tat gewaltige Geschöpfe hervorbrachten.

Die Wesenheiten gleichsam in der Tat, die sich entschlossen, auf dem Mutterland zu bleiben, wußten, daß das Land gleichsam untergehen würde, denn die großen Wasser gleichsam in der Tat begannen bereits, sich im Stratum* zu formen. Und sie wußten, daß wenn das Land mit seiner Oberfläche untergeht, es dies deshalb tat, um die, wie man es in der Tat bezeichnet, Tiere und die Raubtiere zu vernichten. Und sie wußten, daß wenn es untergeht, der, wie man es bezeichnet, Kontinent sich auf seinen Rotationsachsen umdrehen würde und den höheren Regionen von Lemuria einen großen Frosteinbruch bringen würde. Der Frosteinbruch gleichsam in der Tat machte den Raubtieren den völligen Garaus.

Bevor gleichsam in der Tat das Land unterging, trafen gleichsam in der Tat die Alten Väter von Lemuria die Wahl, auf ihrem geliebten Land zu bleiben und mit ihm zusammen unterzugehen. Sie gedachten der Zeit ihrer Ankunft. Wißt ihr, dies ist in ihrer Geschichte dokumentiert, gleichsam in der Tat. Die Jüngeren machten ihre Wanderschaft gleichsam in der Tat nach Atlatia, und der eine Wasserweg, der Atlatia gleichsam in der Tat mit Lemuria verband, war ein Kanal. Wir wurden dort Sklaven, Hunde, Seelenlose, Geistlose genannt. Alle, gleichsam in der Tat, die von jenem Kontinent dort hinkamen, wurden von den Atlatianern weder geliebt, noch geachtet, denn sie waren ausgeprägter in ihrem Intellekt, während die Lemurier gleichsam in der Tat große

Stärke im, wie man es bezeicnet, Geiste <spirit>, im Verstehen des Nicht-Sichtbaren besaßen.

Meine Vorväter verehrten eine Macht, die sie den *Unbekannten Gott* nannten. Und sogar lange in eure Zeitgeschichte hinein ist sein Name auf Altären gleichsam in der Tat verschiedene Zivilisationen hindurch erhalten geblieben. Als ich nach, wie man es bezeichnet, Atlatia kam, kam ich über einen, wie man es bezeichnet, Kanal und durch den größten Hafen in Atlatia gleichsam in der Tat, und sein südliches Gebiet, genannt Onai. Und meint ihr etwa, daß diese Stadt groß war? Onai gleichsam in der Tat hätte *zweimal* die große Stadt Portland ausgemacht, einschließlich deren Küste. Es war riesig.

Die "Schüssel", oder was sie als "Schüssel" bezeichnen, die gleichsam in der Tat die Atlatianer und die Lemurier trennte, war eher ein Sumpfgebiet, und es bildete in der Mitte eine schüsselartige Vertiefung. Infolgedessen gab es gleichsam in der Tat darin etwas Wasser. Und das Sumpfgebiet gleichsam in der Tat war ein äußerst regloser Ort. Und nicht einmal die von der Gesellschaft Ausgestoßenen wagten es, dort, was jetzt euer Amerika ist, hineinzugehen. Und es trennte die beiden Kontinente auch in bezug auf deren Verständnisse.

Genau die Küstenlinie eurer großen Stadt hier war in der Tat die sogenannte Küstenlinie, und sie war sogar der Urheber für Inseln beim nördlichen Teil von Atlatia. Daraus folgt: das, was ihr als die Amerika-Teile bezeichnet, man nennt sie hmm... Brasilien? .. ist das der angemessene Name? und hm... Südamerika, sie waren einmal so ... Sie waren *eine* Landmasse und sie vereinigten sich an einem Punkt. Und als der Punkt die ganzen Landmassen bildete, die nach oben gingen, da war von der Stelle an der größere Kontinent, genannt Atlatia. Und was Atlatia von diesen beiden Landmassen trennte, war die Kanalzone, die Lemuria an es anschloß. Sie war der einzige Wasserweg. Sie war das einzige Hafengebiet, den der südliche Bereich des nördlichen Onai hatte. Jetzt sagt ihr: "Wo, Ramtha, waren also all die Wasser, die Ozeane, die wir haben?" Sie waren noch in eurem Stratum. Das Wasser ist immer in eurem Stratum gewesen. Das ist es, wodurch das wundervolle Kind, genannt Terra, fruchtbar wurde. Denn es war das Sonnenlicht nötig gleichsam in der Tat, um es gleichmäßig über der Erde zu verteilen.

Wie kam es zu dem Frosteinbruch gleichsam in der Tat in den

letzten Tagen? Als die Wasser herabkamen gleichsam in der Tat auf die große Wasserstraße. Als nämlich gleichsam in der Tat die, wie man sie bezeichnet, Atlatianer gleichsam in der Tat das Licht zu dem Zweck des Reisens, zu dem Zweck des Zerstörens, zu dem Zweck des Transmutierens von Gedanken und Dingen perfektioniert hatten. Dieses große Licht zerriß gleichsam in der Tat die große Wasserstraße im Stratum. Das war der Moment gleichsam in der Tat, daß die Wasser sich zur, wie man es bezeichnet, atmosphärischen Form herabdichteten oder, wie ihr es bezeichnen würdet, zu Feuchtigkeit wurden.

Und dies hat ganz langsam Schritt für Schritt begonnen. Das, was in der Tat Lemuria genannt wird, fing in seinem Innern zu rumoren und zu beben an gleichsam in der Tat. Und als es zu beben begann, in der Tat, da begann das Stratum, das von jenem großen Licht *über Lemuria* durchstoßen worden war, Wasser gleichsam in der Tat in Fluten zu ergießen. Als die Wasser gleichsam in der Tat auf Lemuria niedergingen, begann die Erde gleichsam in der Tat umzukippen, denn es ist genauso wie bei einem Baby, das im Mutterleib ist, gleichsam in der Tat. Und wenn man gleichsam in der Tat den Mutterleib punktiert, - und das Wasser, das im Mutterleib ist, beschützt das Baby -, dann wird dadurch das Baby auf eine Seite geworfen, denn das Baby wird im Mutterleib abhängig von der Wassermenge im Gleichgewicht gehalten. Mit Terra ist es gleichsam in der Tat genauso.

Als die Wasserfälle gleichsam in der Tat auf den grandiosen Planeten herabstürzten, verlagerte sich der Planet gleichsam in der Tat bis hin zu dem Punkt großer Kälte. Denn als er sich verlagerte und das Loch dort im Stratum war, wurde gleichsam in der Tat das Sonnenlicht genommen, kondensiert, überall dort, wo das Stratum noch existierte, und es kam keine Wärme durch jenes eingerissene Loch, wodurch die große Kälte hervorgerufen wurde. Es war auf vollendete Weise durchgeführt worden, denn es vernichtete Lemuria, und all diejenigen, die die Atlatianer, gleichsam in der Tat als “Hunde”, als “Nichts” bezeichneten, und auch all jene Tiere vernichtete es, die gleichsam in der Tat für die Atlatianer eine Bedrohung darzustellen begannen.

Und was geschah mit Atlatia gleichsam in der Tat, als die großen Erderschütterungen, gleichsam in der Tat, die Katastrophe, wie ihr es bezeichnet, über Lemuria hereinbrach und es unterging? Es begann in

Abschnitten unterzugehen. Es war der nördliche Teil von Lemuria, der zuerst unterging. Und als es durch die große Kälte unterging, kamen die Wasserstraßen herein. Die großen Wassermengen begannen jeden Teil auszufüllen, als der Kontinent sich hinabzuneigen begann. Als er dies zu tun anfängt, beginnen die, wie man es gleichsam in der Tat bezeichnet, Koninente, die aneinandergesetzt waren und die die tragenden Elemente für Atlatia waren, sich auseinander zu bewegen. Denn das Wasser kam herein mittels der Wasserstraße und begann eine große Wasserstraße hervorzubersten, die die Kontinente spaltete, und sie fingen an, sich in Bewegung zu setzen. Die, wie ihr sie in der Tat bezeichnet, Kontinente Brasilien in eurem, wie man es bezeichnet, südlichen Amerika, sind getrennte Teile, die einst dort zusammen waren, wo nun eine große Wasserstraße fließt.

Seht ihr, die Atlatianer waren leidenschaftlich davon überzeugt, daß diese ihre Handlung ihrer Intelligenz entsprang, denn sie waren Welteroberer. Doch ihr schreckliches Licht, gleichsam in der Tat, war überhaupt nicht schrecklich. Es handelte sich einfach nur um, wie ihr es bezeichnet, Laser, wenn auch in einem verfeinerten Stadium, anwendbaren Stadium. Sie, die Atlatianer, verachteten gleichsam in der Tat die Herbeiwanderer der Lemurier, die keinen Intellekt für maschinelle Geräte hatten. Sobald die Atlatianer gleichsam in der Tat aus der Ferne den Zusammenbruch beobachteten und gleichsam in der Tat sahen, daß das Stratum sich aufspaltete, da waren sie so arrogant zu *meinen* gleichsam in der Tat, daß es nie zu ihrer eigenen Vernichtung kommen würde, und daß das Loch im Stratum gleichsam in der Tat lediglich ein Abenteuer für sie sei.

Der Kontinent Atlantis ist es, auf den mit dem Namen Atlatia bezug genommen wurde. Er *ist* und *war* die rote Zivilisation, nämlich die, wie ihr sie bezeichnet, Indianer, euer rotes Volk; sie sind diejenigen der Alten Zeit, die gleichsam in der Tat als Atlatianer dokumentiert sind.

Nun ... zu meinen Zeiten, als die Wanderschaft gleichsam in der Tat eingeleitet war und die sogenannten Slums von Onai entstanden, dauerte es eine lange Zeit gleichsam in der Tat, bis sich das, wovon ich euch erzählt habe, voll entwickelt hatte. Der Zeitraum gleichsam in der Tat, angefangen vom ersten Durchstoßen des Stratums und dessen Aufspalten gleichsam in der Tat, bis zum Anheben und Bersten des

Kanals betrug, wie man es in der Tat bezeichnet, 600 Jahre gemäß eurer Berechnung von Zeit, und das ist ein langer Zeitraum ... nicht nur ein Augenblick.

Zu dem Zeitpunkt, als alle der Wanderer gleichsam in der Tat das südliche Gebiet von Atlantis erreicht hatten, war der Einsatz des technologischen Verständnisses bereits zu einem großen Tiefstand gekommen. Und gleichsam in der Tat begannen die nördlichen Gebiete von Atlantis bereits einzustürzen und unterzugehen, denn, seht ihr, sie setzten ihr Licht in mißbräuchlicher Weise ein. Sie können auf dem Licht reisen. Ihre Luftschiffe reisten auf Licht. Sie konnten keinen Bogen machen, denn das Licht war gleichsam in der Tat nicht von runder Form, sondern es verlief auf einer geraden Bahn.

Sie wollten nach oben gelangen. Und sie setzten ihr Luftschiffe auf das Licht und sie stiegen nach oben. Und als sie dies taten, durchbrachen sie das Stratum. Und als sie das Stratum durchbrachen, kamen gleichsam in der Tat im nördlichen Gebiet die großen Wasserniederschläge. Und als die Wassermengen gleichsam in der Tat kamen, da kam es zu einer starken Faltung der Erde, starker Druck wurde auf, wie man es bezeichnet, Terra ausgeübt.

In dem nördlichen Bereich, der hier an eurer östlichen Linie liegt, fing alles an einzustürzen und auseinanderzubersten und unterzugehen, da große Berge einstürzten und gleichsam in der Tat mit einem Ausbruch hoher Wellen untergingen. Dies ist es, wie es ausgesehen hat.

Da sie sich dies gleichsam in der Tat keine Warnung sein ließen, fuhren sie damit fort, obgleich doch ihre Landmasse im Begriff war, im Wasser zu versinken, weiterhin auf gerader Linie nach oben zu gehen.

Es steht da ein Spruch geschrieben in eurem Buch der Bücher, der auf diese Zeiten höchst zutreffend ist. Und der Spruch lautet:

"Siehe, in ihren letzten Tagen stürzten sie gleich den Adlern empor,
um ihre Nester in den Sternen zu bauen, und ich brachte sie zu Fall."

Dieser Spruch galt ihnen. Dies ist nicht auf die Zukunft bezogen. Dies ist bereits Vergangenheit. Und als sie gleichsam in der Tat weiter damit fortfuhren, rissen sie das Stratum immer mehr auf. Und siehe gleichsam in der Tat, das, was unter der Erde gewesen war, das Licht, gleichsam in der Tat begann dort an die Oberfläche zu kommen, wo der Riß des Stratums aufgetreten war. Und das ganze, wie man es bezeichnet, Wasser, das im äußeren Stratum verblieben war, das nun an eurem, wie ihr es nennt, Äquator war, der den Grund von Terra umschloß, wurde fest. Denn es war keine Beständigkeit mehr vorhanden, nicht einmal mehr im Wasser, um das Licht gleichmäßig zu verteilen, damit Wärme ausgestrahlt würde. Jetzt war es verlagert.

Eins nach dem anderen brach der Kontinent ab und ging unter. Ich kam nach Atlatia in, wie man es bezeichnet, den letzten hundert Jahren. Und in den letzten hundert Jahren gleichsam in der Tat war bis zu euren, wie ihr es bezeichnet, Carolinas <US-Staaten>, der Kontinent unter ihnen abgebrochen; sie sind Überbleibsel der Bergspitzen ... bis ganz hinunter.

Die Zivilisation der Atlatianer hatte sich degeneriert bis hin zu dem Punkt von Tyrannen. Tyrannen, die nicht mehr länger wußten, wie man die technologischen Errungenschaften benutzt, die ihre Vorväter in Gebrauch hatten, sondern nur noch um die MACHT mittels des Gedankens wußten. Die Tyrannen bildeten Demokratien. In den Demokratien herrschten die Tyrannen über das Volk durch unwiderlegbares, nicht durch republikanisches Gesetz. In der Demokratie des unwiderlegbaren Gesetzes, gleichsam in der Tat, hatte man es auf uns ... die, wie man uns gleichsam in der Tat bezeichnet, Lemurier, die Slumbewohner, die Herbeiwanderer gleichsam in der Tat, die "Hunde", die "Nichtsgeltenden", der seelenlose, geistlose Abfall des Intellekts ... abgesehen. Und das war meine Zeit.

Wir hatten nicht mehr die großen Lichter. Die großen Lichter waren vernichtet worden gleichsam in der Tat, als sich das letzte große Erdbeben von Atlantis gleichsam in der Tat in dem Zentrum seiner Wissenschaftlichen Metropole ereignete. Dabei wurde alles zerstört.

Es existiert ein Ort gleichsam in der Tat, der "Dead Horse Drones" genannt wird. Er liegt in eurem Meer, gleichsam auf der Seite eurer Ostküste. Ihr wißt, dort gibt es keinen Wind. Es hat Seefahrer gegeben, die zu dieser schrecklichen, teuflischen Stelle segelten, und dort existiert kein Wind und sie starben dort. Dort ist es ... *weil* dort kein

Wind ist, wo das wissenschaftliche Zentrum von, wie man es bezeichnet, Atlantis ruht. Und von dort geht eine Türe aus. Sie wird von, wie man es bezeichnet, einer aus einem Vakuum bestehenden, großen Säule gesteuert, die zu der Inter-Zivilisation im Innern eurer Erde führt. Warum ist es an dieser Stelle so tot? Seht ihr, die geistige Einstellung, die sich dort in den letzteren Tagen häufte, nämlich die Mittelmäßigkeit höchster Intelligenz jener letzteren Tagen, strahlt noch immer eine Einstellung aus des Höhergestelltseins über alles und jedes. Dies ist der Grund, weshalb es dort kein Leben gibt.

Nun ... der *Tag des Ram* gleichsam in der Tat ... ich war ein kleiner Junge. Es regierte nicht mehr das Licht, sondern Tyrannen, unwiderlegbares Gesetz, und menschliches Leben bedeutete *nichts.*

Euer Roter Mann, eure Indianer, warum wurden sie niedergemetzelt? Weil *sie* diejenigen waren, von denen die weißen Völker niedergemetzelt wurden. Weil sie einst die großen Herrscher über die Gesamtheit von Terra waren und weil sich für sie gleichsam in der Tat der Kreis ihres Karmas schloß. Und in dem Land, das sie Ödland nannten, wohin sie ihren ganzen Abfall und ihre Dunghügel und ihre Toten brachten, in diesem Irrgarten, der die beiden Kontinente durch Sumpf, nicht durch Land miteinander verband ... habt ihr je versucht, es zu schaffen, dort etwas wachsen zu lassen, wo es immer naß ist? Dies ist es, wo euer Reis herrührt und wo die Wissenschaft des Reisanbaus herrührt .... von euren gelben Völkern, denn dies war *ihr* karges Heimatland, aufgrund der, wie sie bezeichnet werden, Atlatianer.

Nun ... in meiner Zeit war das einzige, was es für mich zu tun gab, mich mit den Tyrannen abzugeben. Ist das nicht genug? Ist das nicht mächtiger, als das Licht? In der Tat, das ist es. Und meine Zeit gleichsam in der Tat, es waren fürchterliche Zeiten, denn das Leben bedeutete *nichts.* Es war nichts für sie, gleichsam in der Tat, an einer auf der Straße verhungernden Frau vorüberzugehen, und seht ihr, sie alle hielten sich gleichsam in der Tat Halstücher aus feinstem Linnen, getränkt in Jasmin- und Rosenwasser, an ihre Nasen, während sie an uns vorübergingen. Wir wurden für stinkende, scheußliche Dinge gehalten.

Und so war die Lage, als ich geboren wurde. Wie könnte ich gegen ein Licht ankämpfen, das so groß war? Ich kämpfte gegen eine *Einstellung.* Und ich bin aufgefahren* gleichsam in der Tat vor der letzten Flutkatastrophe Onais, bevor die letzten Wasser gleichsam in der Tat vom Stratum freigesetzt wurden. Ich hatte das große Privileg, gleichsam in der Tat durch den Sudan zu reisen, und nach Ägypten, und gleichsam in der Tat quer durch die, wie man es bezeichnet, Persischen Lande - ihr würdet sie nicht einmal mehr erkennen -, bis hinauf nach Indus <Indien>, gleichsam in der Tat bis zu der nördlichsten Ecke von Indus, dort wo die Sonne ganz besonders wundervoll ist. Und wißt ihr, warum sie im Norden sitzt? Warum sie im Osten und Westen auf- und untergeht und nicht im Norden und Süden? Wie schade es für die Sonne wäre, sich im Süden niederzulassen, denn sie könnte dort nicht mehr länger gesehen werden, da ihn noch immer eine dünne Schicht des Stratums bedeckt. Wie wundervoll ist es für die Sonne, daß sie im östlichen und westlichen Reiche erblickt werden kann.

Ich fand im späteren Abschnitt meiner Jahre eine wundervolle Wonne darin, die Sonne, und den Mond, und den Wind, und die Sterne, und auch das Leben ... alles an meinem Leben ... vollständig zu lieben. Und wem wir den Garaus machten waren Tyrannen, nur um sie jedoch in religiösen Tyrannen, die anscheinend noch tödlicher sind, wieder hervorkommen zu sehen, was ich als tiefes Unglück empfand.

* * *

* <Der von Ramtha benutzte den Begriff "stratum" ist lateinischen Ursprungs und bedeutet "Decke" bzw. Schicht, ist also eine Lufthülle um die Erde>

* <"Auffahren": Hat der Mensch sein höchstes in ihm ruhendes Potential verwirklicht, dann ist er verwirklichter Gott-Mensch, d.h. ein Christus, der alles transzendiert hat, und der auch seinen Körper nicht mehr sterben läßt, sondern ihn auffahren läßt, d.h. dessen Schwingungsfrequenz wird bis zum höchsten Punkt angehoben und in die siebte Bewußtseinsebene mitgenommen>

Epilog

Wer traf die Wahl, Ramtha zu sein? .... Ich. Wer traf die Wahl, ihr zu sein? .... Ihr. Ihr habt genau wie ich, bevor ihr in den, wie man es bezeichnet, verdichteten Gedanken, welches die fleischliche Form ist, eintratet, die genetischen Muster ausgewählt, von denen aus ihr euch in eurem Prozeß des Verstehens der Materie weiterentwickeln könntet.

Wenn man auf der größeren Ebene ist und man nie in die niedrigeren Frequenzen hinabgestiegen ist, kann man nicht verstehen. Man hat dann in der ganzen Unschuld seines Seins nicht das Wissen, um verstehen zu können, infolgedessen versteht man nicht die *Gesamtheit* des Reiches Gottes. Ihr seid nun einmal da. Ich wählte es, Ramtha zu sein ... ihr wähltet es, ihr zu sein - eure Eltern, die Farbe eurer Haut, euer Geschlecht, das festgelegt ist durch eure Seele, und wo ihr lebt, also eure, wie ihr es nennen würdet, geographische Lage, korrekt?

Nun ... ihr seid also ihr. In meinem Leben war ich Ramtha, doch was würde Ramtha sein können? Ich war einzig das Image meiner Größeren und wurde nie gesehen von meinen Geringeren. Und das Image der Größeren hatte mir Verachtet-Werden auferlegt - unbeliebter, ungeliebter, wertloser Abschaum der Erde! Folglich war dies mein

Image, in dem ich mich gesehen habe. Und nichtsdestoweniger war die, wie man es bezeichnet, Linie meiner Vorfahren und die Linie in genetischer Hinsicht, durch die zu kommen ich gewählt hatte, grandios in ihrem Wissen um unsichtbare Werte. Und sie hielten an ihnen fest, sogar noch über ihr Mutterland hinaus, das jetzt am Grunde eines großen Meeres sitzt. Und jene Wanderer gleichsam in der Tat hielten an einem Wissen fest, an das die über uns Herrschenden nicht zu glauben pflegten, außer wenn es in Realität umgesetzt war, Realität in Form von ... ah ... wie ihr es bezeichnet, Maschinen, Reichen, Macht, Ordnungsgefügen.

Die Linie meiner Vorfahren wählte ich aus, denn ich entsprang einem Hause <Geschlecht> namens "Rameust" ... Ram. Jenes Haus ... das Haus wird festgelegt durch Seelenemotion, und zwar kollektiv. Und das emotionale Verstehen jenes Hauses, dem ich entstammte, war die Macht des *Meisterns.* Hmm. Es gab jene gleichsam in der Tat, die dem Hause der *emotionalen Kreativität* entstammten. Sie kreierten Maschinen, Ordnungsgefüge, Tyrannei, Getrenntheit, Haß, doch sie waren auch in jener Gruppe, bei der es um das Kreieren des Fortschritts ging. Wenn ihr einem Hause entstammt, ist es für euch ein Klares zu wissen, von welchem. Alles, was ihr zu tun braucht, ist eure Augen nach innen zu wenden, um herauszufinden, wo eure Ehre liegt und worauf deren Treue gerichtet ist. Ich brauche euch das nicht zu sagen. Ihr wißt es bereits. Und von daher gesehen, wählte ich es, bei den Lemuriern, Mu, hervorzugehen, gegen den *Fortschritt.*

Ich machte meiner Mutter keine Vorwürfe, daß ich keinen Vater hatte. Ich machte auch meinem Bruder keine Vorwürfe, daß unsere Väter nicht dieselben waren. Ich machte meiner Mutter keinen Vorwurf für unsere absolute Armut. Ich machte, wie man es bezeichnet, meinem Gott keine Vorwürfe für etwas, das ich offenkundig zu sein ausgewählt hatte. Dies ist etwas, das es für euch noch dringlich zu lernen gilt, Wesenheiten. Doch wozu es kam, als ein Haus der Emotion des *Meisterns* gegen ein Haus des *Fortschritts* stand und zu was es führte: es wurde zum Kampf. Kampf. Wißt ihr, was dieser Begriff bedeutet? Ihr braucht nicht erst in einer, wie man es gleichsam in der Tat bezeichnet, großen Armee zu sein, um Kampf zu kennen, alles, was ihr haben müßt, ist eine scharfe Zunge. Hmm.

Erst als ich von einem so ungeheuer großen Schwert durchbohrt worden war, und auch während man es mir hindurchstieß und ich es dazu kommen ließ, erlangte ich genügend Demut, um meinen Sinn und Zweck zu verstehen, in der Tat. Und es hat für mich vom 10. Jahr meines Marsches bis zu dreiundsechzig Jahren eurer Zeitrechnung nach gedauert, um Erleuchtung zu erlangen.

Nichtsdestoweniger, ich bin Ramtha. Ich wünschte es. Ich wollte es. Ich liebte den *Unbekannten Gott,* was immer er war. Und in 63 Jahren des Nachdenkens und des Verstehens, woher der Haß gekommen war, wer ihn erschuf und warum, bin ich mit mir selbst ins reine gekommen. Und als ich das war, wurde der, wie man es gleichsam in der Tat bezeichnet, Geist frei, um so wie ein grandioser Vogel hinaufgleiten zu können in die, wie man es bezeichnet, Himmel des Gedankens, der Weisheit, der Schöpfung, des Verstehens.

Haß. Das Verlangen ihn zu meistern. Die primitive Art und Weise war, ihn in anderen zu erschlagen - die Widerspiegelung dessen zu erschlagen, was ich in anderen verachtete, und diese Widerspiegelung zu beseitigen. Und alles den armen, elenden Geschöpfen zu geben, die nicht einmal "eine Seele besaßen". Sogar nachdem all das getan war, konnte ich nicht schlafen und schlummern an den Abenden, da ich eine gequälte Wesenheit war. Denn wenn ich auch alle Dinge hatte, hatte ich doch nicht das, was man Frieden nennt, der eine Folge ist von dem, wie man es bezeichnet, zarten Verstehen des eigenen Selbst ... des Ich, Ramtha.

Beim Erlangen von, wie man es bezeichnet, Wissenheit, muß man sich demütig werden lassen und sich das anschauen, wie man es bezeichnet, was man ist. Nicht das, was euch euer Spiegel an der Wand sagt, sondern das anschauen, *wer ihr seid*, und das erkennen, was inwendig in euch ist - individueller, erhabener Gott. Und ihr müßt damit aufhören, euer Selbst als Gefangenen zu halten. Wißt ihr, was ein Gefangener ist? Hmm? Ich kann für euch ein Verlies manifestieren, damit ihr verstehen könnt, wie sich Wahrheit anfühlt, wenn sie hinter Gittern ist... und wenn die Ratten zu euren Füßen essen und die Läuse durch eure Haare krabbeln, und die Würmer aus dem Gestank eures Dungs kommen. Ihr seid ein Gefangener eurer selbst, wie ich es war! Denn obgleich das Verlangen zu *meistern*, dem ich entspringe, vorhanden war, wußte und verstand ich doch nichts von der fleischlichen Form - dem verdichteten Gedanken -, und deren Bedürfnisse, Sehnsüchte, und deren Bewußtsein auf einer niedrigeren Existenzebene. Ich wußte nicht, was es brauchen würde, <dies zu meistern>.

Ich "landete" also in einem großen Konflikt in einer großen und schrecklichen Zeit eurer Zeiten, längst vergangen, in dem die Dinge wieder richtiggestellt werden mußten, sowohl im Bewußtsein, wie auch im Innern des eigenen Selbst.

Ihr, Wesenheiten, wißt ihr, wie ihr eure Wahrheit gefangenhaltet? Ihr wißt nicht, wer ihr seid! Ich war ein lausiger Lemurier! Seelenlos! Wißt ihr, wer ihr seid? Kennt ihr die Tugend, die in eurem Innern liegt? Was seid ihr zu tun hierher gekommen? Alle eure Vorwürfe euer Leben betreffend habt ihr anderen angelastet und zu deren Füßen gelegt. Ihr alle habt das getan. Jeder andere ist verantwortlich für euer Unglücklichsein! Das ist ein großer "Schnitzer", aber auch eine große Lernerfahrung. Wenn ihr wißt, wer ihr seid, - und in meinem Leben habe ich 63 Jahre gebraucht, um das zu lernen -, dann werdet auch ihr euch selbst anschauen und ohne Umschweife erkennen, wer all die Geschicke kreiert hat, die ihr gelebt habt ... aufgrund eurer eigenen Wahl, und jedes Unglücklichsein aufgrund eurer eigenen Wahl, und jedes Glücklichsein aufgrund eurer eigenen Wahl ... ihr selbst habt es kreiert und niemand sonst!

Wenn ihr die Demut erlangen könnt, euch selbst anzuschauen ... euch ANZUSCHAUEN, euch zu fühlen! ... und euch selbst nach dem 'Warum' zu fragen, und dann zu sagen: "Ich weiß, *warum*", und euch über das eigene Selbst klar zu werden, dann habt ihr die Gitterstäbe von der Wahrheit entfernt, und dann kommt jener frei schwebende Vogel hervor, der hineingleitet in den Himmel, genannt Glücklichsein, Tugend, Einssein, und Friede.

Im späteren Abschnitt meiner dreiundsechzig Jahre zur Erleuchtung konnte ich schlafen. Schlafen. Da ich ein friedvoller Mann war. Ich war mit allen Dingen ins reine gekommen. Ich hatte Frieden geschlossen mit ALLEM und hatte es gelernt, meine größten Widersacher zu lieben und zu respektieren und zu bewundern, denn ich war die Bedrohung für sie gewesen. Ich lernte es, sie zu lieben, weil ich es lernte, in der Tat die, wie man es bezeichnet, Vornehmheit, genannt Ramtha, zu lieben. In der Tat!

Euer Leben ... Leben um Leben um Leben ... eine Million Jahre können in einer einzigen Lebenszeit gelebt werden. Wißt ihr, warum ihr so lange braucht und so viele Leben? Aufgrund eurer, wie man es gleichsam in der Tat bezeichnet, Unfähigkeit euch anzuschauen, wer ihr seid. Ihr urteilt über andere in der Tat. Jene Beurteilung, die ihr gemacht habt, werdet ihr euch eines Tages zu leben entscheiden, zu eurem eigenen Besten, damit ihr andere einmal besser verstehen könnt anhand des Hilfsmittels, genannt euer eigenes Selbst. Doch im großen und ganzen ist alles, was ihr in jenen Leben gelernt habt immer nur eine einzige Sache gewesen ... ihr seid sehr langsam darin gewesen, eure Wissenheit anzukurbeln, weil ihr euch *geweigert* habt, euch anzuschauen, *wer* es kreiert hat. Geweigert habt ihr euch! Nun, ich kann euch sagen, Wesenheiten, daß ihr alle hier gleichsam jedes nur denkbare Wesen gelebt habt, das je in, wie man es bezeichnet, den genetischen Lenden und dem genetischen Schoß von Frau und Mann geschaffen wurde, und jede Hautfarbe. Und ihr seid gleichsam in der Tat ein Geringster gewesen, wie ein Lemurier, bis hin zum Arrogantesten, wie ein Atlatianer. Ihr seid sie alle gewesen. Alle von ihnen. Aber warum nicht in einem einzigen Leben, um gleichsam in der Tat das zu beschleunigen, wozu es nur einen Moment braucht, um es zu proklamieren und mit dem Mitgefühl in der Seele das Selbst zu offenbaren ... indem ihr euch anschaut, wer ihr seid.

Als ich zu verstehen begann, wer Ramtha war, da liebte ich mächtig herzlich das, was ich war. In der Tat! Und ich war sehr erfreut über die Wesenheit, die ich so wurde. Warum? Weil ich im Frieden war mit dem *Unbekannten Gott,* den ich durch mich gefunden hatte. Und auch die einzigartige, machtvolle, wundervolle Art und Weise hatte ich gefunden, mein Geschick zu *kreieren* und meine Leute in ein größeres Verstehen hineinzuführen. In der Tat! Und alles, was ich zuvor getan hatte, zählte nicht mehr, als ich mir selbst vergeben hatte und verstand, *warum* ich es getan hatte. Daraufhin quälte es mich nicht mehr. Schmerzte es nicht mehr. Trieb es mich nicht mehr länger zum Erobern an. Hmm?

Ich habe euch sehr gut gelehrt, doch ich sage euch - und viele von euch, wie man es bezeichnet, verstehen noch immer nicht, was ich hier zum Ausdruck bringe -, doch ich sage euch, alles, was ihr je gewesen seid, seid ihr gewesen zu dem Zweck, innerlich Verstehen ... Liebe zu erlangen. Des Menschen Schöpfung von Richtig und Falsch, von einer urteilenden Wahrheit, erschuf zugleich Angst und Schuld und die Unfähigkeit gleichsam in einem spirituellen Leben vorwärtszuschreiten. Wenn ich "spirituell" sage, meine ich die *Gesamtheit* des Lebens, nicht nur irgendetwas Wundervolles, über das man sich an bestimmten Tagen eurer Woche philosophisch ausläßt, denn das hemmt euch nur und ertränkt euch in eurem Gram und verursacht, daß ihr euch in eurem eigenen Hohn und Spott verliert und das spirituelle Leben durch euer eigenes Selbst leugnet.

Ich sage euch, Wesenheiten, alles, was ihr in all euren Leben getan habt, es ist in Ordnung. Gott der Vater, der genau die Schwingung dieser wundervollen molekularen Struktur ist, hat euch nicht gerichtet! Er *kennt* Urteil nicht! Weil er Perfektion nicht kennt, die eine totale Begrenzung ist. Er ist die *Istheit*, die all das liebt, was sie in ihrem Selbst ist, und *dieses* Selbst ist die allumfassende Macht *von euch allen*, die ihr hier seid ... von ALLEN Menschen, überall. Gott hat nie über euch geurteilt. Hat euch nie einen Heiligen und auch nicht einen Dämon genannt. Einzig und allein ihr selbst habt euch dies selbst angetan, wieder einmal dadurch, daß ihr nicht wißt, wer ihr seid. Es ist der Vater, der in allem, was er ist, den famosen Kern in eurem wundervollen Sein gefunden hat. Und daß ihr <Erfahrung> erlangt habt. Und ihr habt nach wie vor am nächsten Morgen das Leben, um überschwenglich euer, wie man es bezeichnet, Göttliches Selbst zu leben. Ich versichere euch, geliebte Wesenheiten, wenn ich zu euch sage 'ihr seid Gott', lebt es, daß ihr dann imstande seid zu vergeben und zu erkennen und zu verstehen, warum ihr gewesen seid, wie ihr gewesen seid. In der Tat!

Nun, der *Unbekannte Gott* ... er war alle Dinge: Abenddämmerung. Der Nachtvogel, der im Buschwerk raschelt. Die Wildvögel auf ihren regelmäßig wiederkehrenden Morgenflügen. Das Lachen von Kindern. Und der Zauber von Liebenden. Und das Rubinrot des Weines. Und die Süße von Honig. Er ist alles und jedes. Alles und jedes. Das ist auf ewig so.

Ich *kannte* den *Unbekannten Gott* in diesen Dingen. Es gab keinen Lehrer, der mich dies lehrte. Der RAM. Der MEISTER. Der

EROBERER. Es war *in* mir, daß ich verstand. Es lag gleichsam in der Tat an meinem Bedürfnis zu verstehen. Sodann war ich mir meiner großen Wunde überlassen, um zu heilen, dazusitzen, Überlegungen anzustellen, nachzudenken. Das einzige, was ich hatte, war mich selbst ... In der Tat ... allein, auf einem großen Felsbrocken sitzend. Dort dachte ich dann über Vergebung nach, lange bevor es ein solches Wort gab. Und ich dachte über das Selbst nach, lange bevor es eine solche Identität gab. Und ich dachte über Gott und das Selbst als EINES nach ... um das Geheimnis zu entschlüsseln.

Was ich in meinem Leben tat, habe ich euch beredt gelehrt und habe ich forsch für euch in eurem Leben manifestiert, damit ihr die Gelegenheiten haben würdet, danach dasselbe innere Verlangen zu zeigen, die Demut zu erlangen, um sehen zu können, wer ihr seid. Und für die unter euch, die nach wie vor ihre Augen geschlossen halten ... ich kann, wie man es bezeichnet, die einzige Unmöglichkeit, die je existierte, nämlich einen verschlossenen Geist, nicht lehren. Sie hören nichts und sie nehmen auch nichts wahr, weil es die Sicherheit ihrer *eingegrenzten* Wahrheit gefährdet.

Ihr ... wie könnt ihr euch selbst kennen? ... wie die Taube, die in dem Gefängnis ist ... vergebt euch. Der Vater hat euch immer vergeben; es wird verstanden. Schaut euch an, was ihr seid! Schaut es an! Schaut euch eure Wut an. Warum werdet ihr wütend? Schaut euch eure Eifersucht an. Warum seid ihr eifersüchtig? Schaut euch euren Neid an. Warum seid ihr neidisch? Schaut euch eure Unsicherheiten an und versteht das *Warum*. Schaut euch eure Urteile an. Warum beurteilt ihr? Schaut euch eure Erbarumungslosigkeit an. Warum habt ihr kein Erbarmen? Und schaut euch euer Lachen an. Wo ist es?

Denkt nach über das, was ich euch erzählt habe ... 63 Jahre lang, die Geduld habt ihr nicht, um das durchzuhalten, denn ihr seid sehr eilig, ungeduldig, verächtlich, braucht alles jetzt auf der Stelle.

Doch mein Leben, das *mein* Leben war, ließ mich zu dem werden, der ich auch in dieser Stunde für euch bin, und ließ dieses sogenannte Persönlichkeits-Selbst, genannt Ramtha der Große, fortbestehen. So daß die, wie man sie bezeichnet, Unbegrenzte Wissenheit Gottes nun durch dieses eingesetzte Gefährt* hervorkommen konnte, um euch in vertrauten Tönen zu lehren.

Ihr möchtet sein, wie ich bin? ... Denkt, wie ich denke. Wendet es an in welcher Art und Weise von Zeremonie auch immer ihr es tun wollt, aber tut es.

* * *

* <Ramtha meint mit "Gefährt" den Körper von JZ Knight, die ihren Körper zum Zweck des Channelns vollständig verläßt, d.h. sie selbst, das Bewußtsein, das sie ist, die Essenz, die sie ist, verläßt den Körper, den Ramtha dann jeweils übernimmt.>

MVV Michaels Verlag / Vertrieb GmbH
Sonnenbichl 12 · 86971 Peiting
Telefon 0 88 61 / 5 90 18 · Fax 0 88 61 / 6 70 91

RAMTHA

Dieser von der Kritik empfohlene Bestseller stellt die Eckpfeiler von Ramthas Lehren vor. Von Ramtha selbst wird es „Das große weiße Buch" genannt. Dieses Werk stellt für die in Unwissenheit und in ihrer Evolution feststeckende Menschheit ein Juwel von unschätzbarem Wert dar. Es setzt in dem Menschen ein Wissen wieder frei, das dieser vor langer Zeit vergessen hat.

Preis: 32,00 DM
ISBN 3-89539-050-X

RAMTHA: EINE EINFÜHRUNG

AUSGEWÄHLTE LEHREN

Dieses vielschichtige Buch nimmt die Emotionen gefangen, fordert den Geist heraus, berührt die Herzen und eröffnet dem Leser die Großartigkeit des Lebens.

Dieses Buch ist eigentlich mehr als eine Einführung, denn diese ausgezeichnete Buchausgabe führt uns das volle Spektrum von Ramthas Lehren vor.

Preis: 25,00 DM
ISBN 3-89539-054-2

RAMTHA INTENSIV: WENDEZEIT

DIE KÜNFTIGEN TAGE

Der erste Band der Intensivserie legt offen, wie die Menschheit bis heute ihre eigene Umwelt zugerichtet hat. Das Buch stellt eine kompromißlose Schau auf die Natur und auch darauf dar, wie sie sich erneuern wird. In diesen einmaligen Lehren drängt uns Ramtha, eine persönliche Eigenständigkeit aufzubauen, um physisch und psychisch jene dramatischen Veränderungen, die wir in der Gesellschaft und der Natur zu erwarten haben, zu überleben.

Preis: 24,00 DM
ISBN 3-89539-052-6

RAMTHA INTENSIV: SEELENGEFÄHRTEN

Der zweite Band der Intensivserie ist eine Aufzeichnung des Seattle Intensivseminar.

Es ist eine leidenschaftliche Lehre über die Wissenschaft von Seelengefährten, die Entwürdigung der männlich-weiblichen Beziehungsverhältnisse, die die Seelengefährten getrennt gehalten hat - und über die Wiedervereinigung der Seelengefährten durch die Macht der Liebe.

Preis: 24,00 DM
ISBN 3-89539-053-4